U0805981

国家示范性高等职业院校建设规划教材
建筑工程技术专业理实一体化特色教材

建筑构造与识图

主　编　李永祥
副主编　王小春　叶　琳
　　　　李有香　徐少华
主　审　满广生

黄河水利出版社
·郑州·

内容提要

本书是国家示范性高等职业院校建设规划教材、建筑工程技术专业理实一体化特色教材，是安徽省地方高水平大学理实一体化项目建设系列教材之一，根据高职高专教育建筑构造与识图课程标准及理实一体化教学要求编写完成。本书共分11章，主要内容包括：建筑构造概论，基础和地下室，墙体，楼地层，楼梯，屋顶，门和窗，建筑施工图的识读，结构施工图的识读，给排水施工图的识读，钢结构施工图的识读等。

本书可供高职高专建筑工程技术专业教学使用，也可供土建类相关专业及从事建筑工程专业技术人员学习参考。

图书在版编目(CIP)数据

建筑构造与识图/李永祥主编. —郑州：黄河水利出版社，2016.2

国家示范性高等职业院校建设规划教材

ISBN 978-7-5509-1374-5

Ⅰ.①建… Ⅱ.①李… Ⅲ.①建筑构造-高等职业教育-教材 ②建筑制图-识别-高等职业教育-教材 Ⅳ.①TU22②TU204

中国版本图书馆CIP数据核字(2016)第031112号

组稿编辑：王路平 电话：0371-66022212 E-mail：hhslwlp@163.com

出 版 社：黄河水利出版社

地址：河南省郑州市顺河路黄委会综合楼14层 邮政编码：450003

发行单位：黄河水利出版社

发行部电话：0371-66026940、66020550、66028024、66022620（传真）

E-mail：hhslcbs@126.com

承印单位：河南承创印务有限公司

开本：787 mm×1 092 mm 1/16

印张：12

字数：280千字 印数：1—3 000

版次：2016年2月第1版 印次：2016年2月第1次印刷

定价：30.00元

前 言

本书是根据高职高专教育建筑工程技术专业人才培养方案和课程建设目标并结合安徽省地方高水平大学立项建设项目的建设要求进行编写的。

本套教材在编写过程中,充分汲取了高等职业教育探索培养技术应用型专门人才方面取得的成功经验和研究成果,使教材编写更符合高职学生培养的特点;教材内容体系上坚持“以够用为度,以实用为主,注重实践,强化训练,利于发展”的理念,淡化理论,突出技能培养这一主线;教材内容组织上兼顾“理实一体化”教学的要求,将理论教学和实践教学进行有机结合,便于教学组织实施;注重课程内容与现行规范和职业标准的对接,及时引入行业新技术、新材料、新设备、新工艺,注重教材内容设置的新颖性、实用性、可操作性。

本书注重把建筑构造与建筑识图的知识融会贯通,把培养学生的专业及岗位能力作为重心,突出其综合性、应用性和技能型的特色。以民用建筑构造为主,体现了建筑业现行的新标准、新材料、新工艺,做到重点突出,并注重实用性。本书按照理实一体化教学要求编写,每一章前编写“实训活动及技能掌握”,讲明实训活动内容及需要学生掌握的技能;每一章后编写小结、思考与练习题,便于学生巩固所学知识。注重对方法的理解和理论的运用,以实际建筑工程施工图为例,理论联系实际,图文并茂、深入浅出,立足实用,强化能力,注重实践。

本书由安徽水利水电职业技术学院主持编写工作,编写人员及编写分工如下:安徽水利水电职业技术学院王小春编写第1、2、3、4章,合肥建工集团有限公司徐少华编写第5章,安徽水利水电职业技术学院李有香编写第6、7章,李永祥编写第8、9、10章,叶琳编写第11章。本书由李永祥担任主编并负责全书统稿,由王小春、叶琳、李有香、徐少华担任副主编,由满广生教授担任主审。

本书的编写出版,得到了安徽水利水电职业技术学院各级领导、建筑工程系领导及专业老师、合肥建工集团有限公司,以及黄河水利出版社的大力支持,在此一并表示衷心的感谢!

由于编者水平有限,书中难免存在错漏和不足之处,恳请广大师生及专家、读者批评指正。

编 者

2016年1月

目 录

第 1 章 建筑构造概论

【实训活动】

带领学生参观学校教学楼、行政楼、宿舍、食堂、体育馆、实习工厂等，通过实地讲解，对建筑物各组成部分的基本知识和设计内容有基本了解。

【技能掌握】

通过本章节的学习，掌握建筑构造的基本知识和设计内容。

1.1 建筑的分类分级

建筑可以按不同条件进行分类，常见的主要有以下五种分类方式。

1.1.1 按使用功能分类

建筑按使用功能不同可分为民用建筑、工业建筑和农业建筑。

1.1.1.1 民用建筑

民用建筑又分为居住建筑和公共建筑。

(1)居住建筑是供人们生活起居用的建筑物，包括住宅、公寓、宿舍等。

(2)公共建筑是供人们进行社会活动的建筑物。

许多公共建筑可能同时具备上述两种或两种以上的功能，这类建筑称为综合性建筑。

1.1.1.2 工业建筑

工业建筑是供人们进行工业生产的建筑。包括生产用建筑及生产辅助用建筑，如动力配备间、机修车间、锅炉房、车库、仓库等。

1.1.1.3 农业建筑

农业建筑是供人们进行农牧业种植、养殖、贮存等用途的建筑，以及农业机械用建筑。如种植用温室大棚、鱼塘、畜舍、粮仓等。

1.1.2 按层数和高度分类

1.1.2.1 住宅按层数分类

(1)低层：1～3 层。

(2)多层：4～6 层。

(3)中高层：7～9 层。

(4)高层：10 层以上。

1.1.2.2 其他民用建筑按高度分类

当屋面采用檐沟排水时，建筑高度是指自室外设计地面至建筑主体檐口顶部的垂直高度；当屋面采用女儿墙内、外排水时，建筑高度是指自室外设计地面至女儿墙顶部的垂直高度。

(1)普通建筑:建筑高度不超过24 m的单层或多层民用建筑。

(2)高层建筑:建筑高度超过24 m的公共建筑(不包括单层主体建筑和十层及十层以上的住宅)。

(3)超高层建筑:建筑高度超过100 m的民用建筑。

1.1.3 按承重结构材料分类

建筑的承重结构是指由水平承重构件和垂直承重构件组成的承重骨架。

(1)砖木结构:由砖、木组成的承重结构。

(2)砖混结构:由钢筋混凝土楼板、梁作为水平承重构件,砖墙(柱)作为垂直承重构件的结构。

(3)钢筋混凝土结构:水平承重构件和垂直承重构件都由钢筋混凝土组成的结构。

(4)钢结构:水平承重构件和垂直承重构件全部采用钢材的结构。具有自重轻、强度高的特点,但耐火能力较差。大型公共建筑、工业建筑、大跨度和高层建筑经常采用这种结构形式。

1.1.4 按承重结构形式分类

(1)砖墙承重结构:由砖墙承受建筑的全部荷载,并把荷载传递给基础的承重结构。这种承重结构形式适用于开间较小,建筑高度较小的低层和多层建筑。

(2)框架结构:由钢筋混凝土或型钢组成的梁柱体系承受建筑的全部荷载,墙体只起围护和分隔作用的承重结构。适用于跨度大、荷载大,高度大的建筑。

(3)框架－剪力墙结构:由钢筋混凝土梁柱组成的承重体系承受建筑的荷载时,由于建筑荷载分布不均匀性和地基的不均匀性,在建筑物的某些部位产生不均匀剪力,为抵抗不均匀剪力且保证建筑物的整体性,在建筑物不均匀剪力足够大的部位的柱与柱之间设钢筋混凝土剪力墙,这就是框架－剪力墙结构。

(4)筒体结构:由剪力墙在建筑物的中心形成筒体结构承受建筑的全部荷载。

(5)空间结构:由钢筋混凝土或型钢组空间结构承受建筑的全部荷载,如网架、悬索、壳体等。适用于大空间建筑。

(6)混合结构:同时具备上述两种或两种以上的承重结构。如建筑内部采用框架承重,四周用外墙承重。

1.1.5 按规模和数量分类

民用建筑还可以根据建筑规模和建造数量的差异进行分类。

(1)大型性建筑:主要包括建造数量少、单体面积大、个性强的建筑,如机场候机楼、大型商场等。

(2)大量性建筑:主要包括建造数量多、相似性大的建筑,如住宅、中小学校等。

1.1.6 按耐久年限分级

建筑物主体结构耐久年限主要是根据建筑物的重要性、规模大小来确定的,如表1-1

所示。

表 1-1 按建筑主体结构耐久年限分级

级别	耐久年限	适用于建筑物性质
一	100 年以上	重要建筑物和高层建筑
二	50 ~ 100 年	一般性建筑物
三	25 ~ 50 年	次要建筑物
四	15 年以下	临时建筑物

1.1.7 按耐火等级分级

建筑物的耐火等级是由其构件的耐火极限和燃烧性能决定的。

1.1.7.1 构件的耐火极限

建筑构件的耐火极限是指对任一建筑构件按“时间 - 温度”标准曲线进行耐火试验，从受到火的作用时起，到失去支持能力或完整性被破坏或失去隔火的作用时为止的时间，用小时(h)计。

在我国，构件的耐火极限判定条件为：

(1)当用标准规定的棉垫进行完整性测试时，如棉垫被引燃，表明试件完整性被破坏。

(2)如试件背火面的平均温升超过试件表面初始温度 140 ℃或单点最高温升超过试件表面初始温度 180 ℃时，表明试件失去隔火作用。

(3)如试件在试验中发生跨塌或变形量超过规定数值，表明试件失去支持能力。

1.1.7.2 燃烧性能

燃烧性能是指建筑构件在明火或高温辐射情况下，是否能燃烧及燃烧的难易程度。按建筑构件在空气中遇火时的不同反应将其分为非燃烧体、难燃烧体和燃烧体三类。

(1)非燃烧体。用非燃烧材料制成的构件。此类材料在空气中受到火烧或高温作用时，不起火、不碳化、不微燃，如砖石材料、钢筋混凝土、金属等。

(2)难燃烧体。用难燃烧材料做成的构件，或用燃烧材料做成，而用非燃烧材料做保护层的构件。此类材料在空中受到火烧或高温作用时难燃烧、难碳化，离开火源后燃烧或微燃立即停止，如石膏板、水泥石棉板等。

(3)燃烧体。用燃烧材料做成的构件。此类材料在空气中受到火烧或高温作用时立即起火或燃烧，离开火源继续燃烧或微燃，如木材、胶合板等。

建筑物的耐火等级分为四级，按《建筑设计防火规范》(GB 50016—2014)的规定，其构件的燃烧性能和耐火极限不应低于国家标准的规定。

1.2 建筑物的构造组成及其作用

1.2.1 民用建筑

一幢民用建筑，一般是由基础、墙或柱、楼地层、楼梯、屋顶和门窗等六大部分所组成的,如图 1-1 所示。

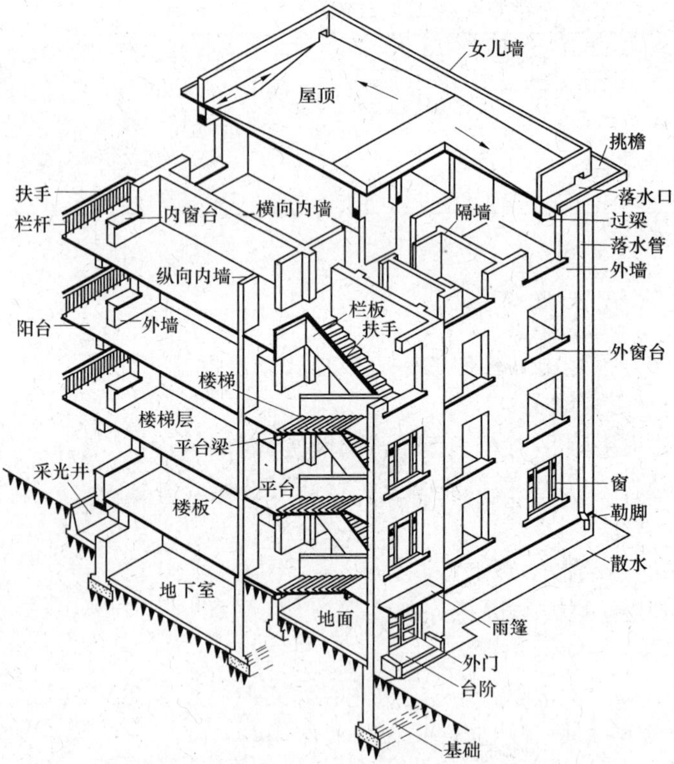

图 1-1 房屋构造组成

1.2.1.1 **基础**

基础是建筑物最下部的承重构件,其作用是承受建筑物的全部荷载,并将这些荷载传给地基。因此,基础必须具有足够的强度,并能抵御地下各种有害因素的侵蚀。

1.2.1.2 **墙或柱**

墙或柱是建筑物的承重构件和围护构件。作为承重构件的外墙,其作用是抵御自然界各种因素对室内的侵袭;内墙主要起分隔空间及保证舒适环境的作用。框架或排架结构的建筑物中,柱起承重作用,墙仅起围护作用。因此,要求墙体具有足够的强度、稳定性,保温、隔热、防水、防火、耐久及经济等性能。

1.2.1.3 **楼地层**

楼地层包括楼板层和地坪层。楼板层是水平方向的承重构件,按房间层高将整幢建筑物沿水平方向分为若干层;楼板层承受家具、设备和人体荷载以及本身的自重,并将这些荷载传给墙或柱;同时对墙体起着水平支撑的作用。因此,要求楼板层应具有足够的抗弯强度、刚度和隔声、防潮、防水的性能。

地坪层是底层房间与地基土层相接的构件,起承受底层房间荷载的作用。要求地坪具有耐磨、防潮、防水、防尘和保温的性能。

1.2.1.4 **楼梯**

楼梯是楼房等建筑的垂直交通设施,供人们上下楼层和紧急疏散之用。故要求楼梯具有足够的通行能力，并且防滑、防火，能保证安全使用。

1.2.1.5　屋顶

屋顶是建筑物顶部的围护构件和承重构件。抵抗风、雨、雪、霜、冰雹等的侵袭和太阳辐射热的影响，又承受风雪荷载及施工、检修等屋顶荷载，并将这些荷载传给墙或柱。故屋顶应具有足够的强度、刚度及防水、保温、隔热等性能。

1.2.1.6　门窗

门窗均属非承重构件，也称为配件。门主要供人们出入内外交通和分隔房间使用，窗主要起通风、采光、分隔、眺望等作用。处于外墙上的门窗又是围护构件的一部分，要满足热工及防水的要求；某些有特殊要求的房间门、窗应具有保温、隔声、防火的能力。

一幢民用建筑除上述六大基本组成部分外，对不同使用功能的建筑物，还有许多特有配件，如阳台、雨篷、台阶、排烟道等。

1.2.2　厂房建筑

我国单层工业厂房广泛采用钢筋混凝土排架结构。钢筋混凝土排架结构主要由承重结构和围护结构两部分组成。承重结构主要由基础、柱、屋架、吊车梁、圈梁、连系梁、基础梁、抗风柱及支撑系统等构件组成。围护结构包括外墙、屋顶、地面、门窗、天窗、地沟、散水、坡道、消防梯、吊车梯等。其构件组成如图 1-2 所示。

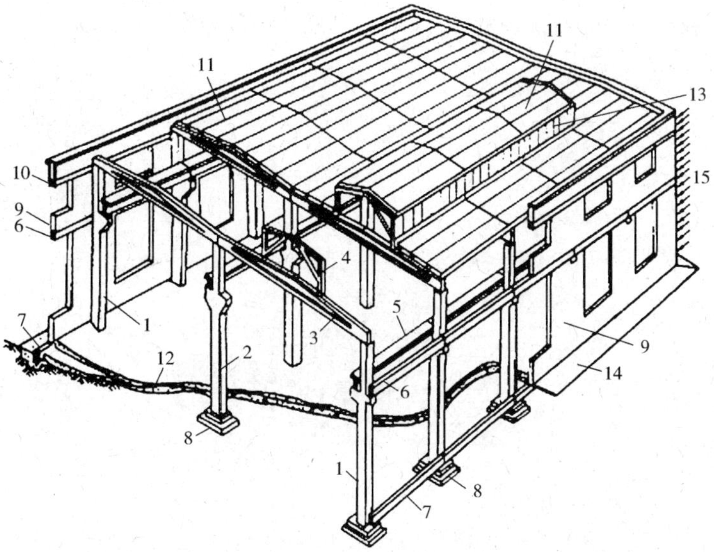

1—边列柱；2—中列柱；3—屋面大梁；4—天窗架；5—吊车梁；6—连系梁；7—基础梁；8—基础；9—外墙；10—圈梁；11—屋面板；12—地面；13—天窗扇；14—散水；15—风荷载

图 1-2　装配式钢筋混凝土排架结构厂房的组成

小　结

本章主要介绍一般民用建筑、单层工业厂房建筑构造的基本知识和设计内容。

第2章　基础和地下室

【实训活动】

带领学生参观地下室等，通过现场讲解，了解地基与基础的关系，地基的分类；掌握基础的埋置深度及其影响因素；掌握基础的类型及构造形式；了解地下室的分类、构造组成；熟悉地下室防潮、防水的构造要求及做法。

【技能掌握】

通过实训活动和本章节的理论学习，掌握基础、地基、埋深、基础构造等基本知识和设计内容。

2.1　基础和地基

2.1.1　基础和地基的基本概念

在建筑工程中，建筑物与土层直接接触的部分称为基础，支承建筑物重量的土层叫地基。基础是建筑物的组成部分，它承受着建筑物上部结构传下来的全部荷载，并将其与基础自身重量一起传给地基。而地基则不是建筑物的组成部分，它只是承受建筑物荷载的土壤层。其中，直接支承基础，持有一定承载能力的土层称为持力层；持力层以下的土层称为下卧层，如图2-1所示。地基土层在荷载作用下产生的变形，随着土层深度的增加而减少，到若干深度则可忽略不计。

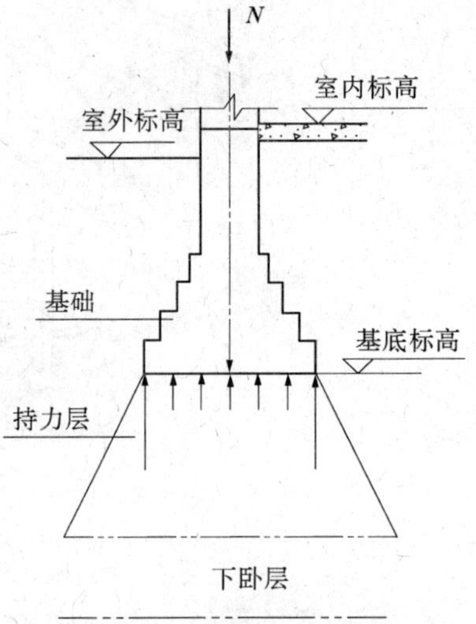

图2-1　地基与基础

2.1.2　基础的作用和地基土的分类

基础是建筑物的主要承重构件，处在建筑物地面以下，属于隐蔽工程。基础质量的好坏，关系着建筑物的安全。建筑设计中合理地选择基础极为重要。

地基按土层性质不同，分为天然地基和人工地基两大类。凡天然土层具有足够的承载能力，不须经人工改良或加固，可直接在上面建造房屋的称为天然地基。岩石、碎石、砂石、黏土等，均可作为天然地基。当建筑物上部的荷载较大或地基土层的承载能力较弱，缺乏足够的稳定性,须预先对土壤进行人工加固后才能在上面建造房屋的称为人工地基。人工加固地基通常采用压实法、换土法、化学加固法和打桩法等。

2.2 基础的埋置深度及影响因素

2.2.1 基础的埋置深度

室外设计地面至基础底面的垂直距离称为基础的埋置深度,简称基础埋深,如图2-2所示。埋深大于或等于5 m的称为深基础;埋深小于5 m的称为浅基础;当基础直接做在地表面上的称为不埋式基础。在保证安全使用的前提下,应优先选用浅基础,可降低工程造价。但当基础埋深过小时,有可能在地基受到压力后,会把基础四周的土挤出,使基础产生滑移而失去稳定,同时易受到自然因素的影响,使基础破坏,故基础的埋深在一般情况下,不要小于0.5 m。

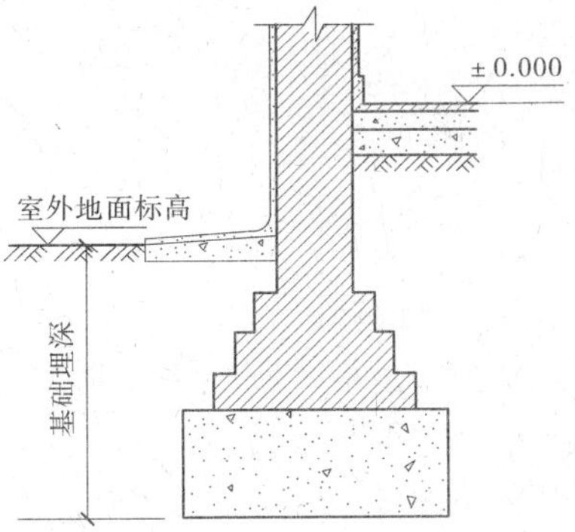

图2-2 基础的埋置深度

2.2.2 影响基础埋深的因素

(1)建筑物上部荷载的大小和性质。多层建筑一般根据地下水位及冻土深度等来确定埋深尺寸,如图2-3所示。一般高层建筑的基础埋深为地面以上建筑物总高度的1/10。在抗震设防区,除岩石地基外,天然地基上的箱形和筏形基础其埋深不宜小于建筑物高度的1/15;桩箱或桩筏基础的埋深(不计桩长)不宜小于建筑物高度的1/18~1/20。位于岩石地基上的高层建筑,其基础埋深应满足抗滑要求。

(2)工程地质条件。基础底面应尽量选在常年未经扰动而且坚实平坦的土层或岩石上,俗称"老土层"。

(3)水文地质条件。确定地下水的常年水位和最高水位,以便选择基础的埋深。一般宜将基础落在地下常年水位和最高水位之上,这样可不需进行特殊防水处理,节省造价,还可防止或减轻地基土层的冻胀。

(4)地基土层冻结深度。应根据当地的气候条件了解土层的冻结深度,一般将基础的垫层部分做在土层冻结深度以下。否则,冬天土层的冻胀力会把房屋拱起,产生变形;天气转暖,冻土解冻时又会产生陷落。

(5)相邻建筑物基础的影响。新建建筑物的基础埋深不宜深于相邻的原有建筑物的基础;但当新建基础深于原有基础时,则要采取一定的措施加以处理,以保证原有建筑的安全和正常使用,如图2-4所示。

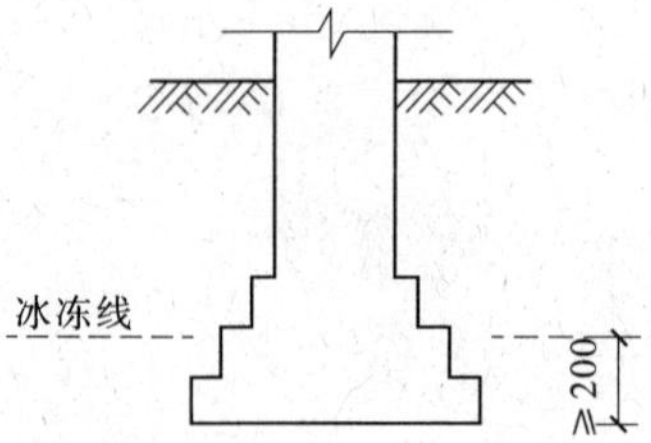

图 2-3　冰冻深度对埋深的影响

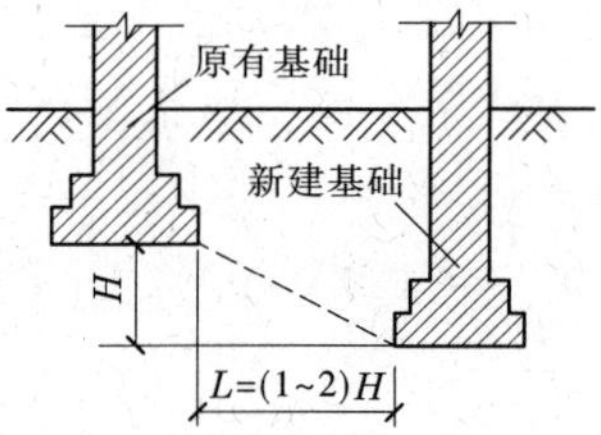

图 2-4　基础埋深与相邻基础的关系

2.3　基础的类型

2.3.1　按材料及受力特点分类

2.3.1.1　刚性基础

刚性基础是指受刚性角限制的基础。一般由抗压强度高，抗拉、抗剪强度较低的刚性材料制作。常用的有砖、灰土、混凝土、三合土、毛石等。为满足地基容许承载力的要求，基底宽 B 一般大于上部墙宽，为了保证基础不被拉力、剪力而破坏，基础必须具有相应的高度。通常按刚性材料的受力状况，基础在传力时只能在材料的允许范围内控制，这个控制范围的夹角称为刚性角，用 α 表示。砖、石基础的刚性角控制在 26°～33°(1∶1.25～1∶1.50)以内，混凝土基础刚性角控制在 45°(1∶1)以内。刚性基础的受力、传力特点如图 2-5所示。

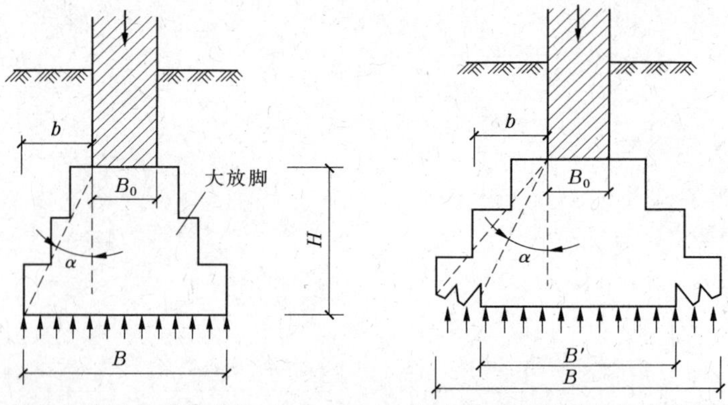

(a)基础在刚性角范围内传力　　(b)基础底面宽超过刚性角范围而破坏

图 2-5　刚性基础的受力、传力特点

2.3.1.2　柔性基础

柔性基础是宽度不受刚性角限制的基础。当建筑物的荷载较大而地基承载能力较小时，基础底面宽度 B 必须加宽，如果仍采用混凝土材料做基础，势必加大基础的深度，这样很不经济。如果在混凝土基础的底部配以钢筋，利用钢筋来承受拉应力，使基础底部能够承受较大的弯矩，这时，基础宽度不受刚性角的限制，故钢筋混凝土基础为柔性基础，如图2-6所示。

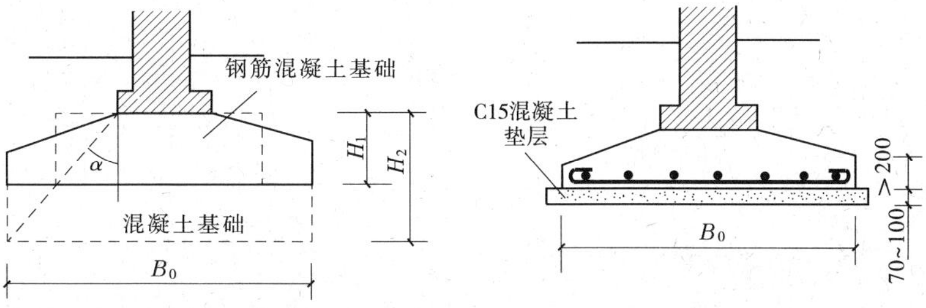

(a)混凝土基础与钢筋混凝土基础比较　　(b)基础配筋情况

图2-6　钢筋混凝土基础

2.3.2　按构造形式分类

2.3.2.1　条形基础

当建筑物上部结构采用墙承重时，基础沿墙身设置，多做成长条形，这类基础称为条形基础或带形基础，是墙承式建筑基础的基本形式。墙下条形基础一般为黏土砖、灰土、三合土等材料制成的刚性条基础，当建筑物荷载很大、地基承载力小或上部结构有需要时，可用钢筋混凝土条形基础，如图2-7所示。

条形基础（带形基础）有墙下条形基础和柱下条形基础两类。

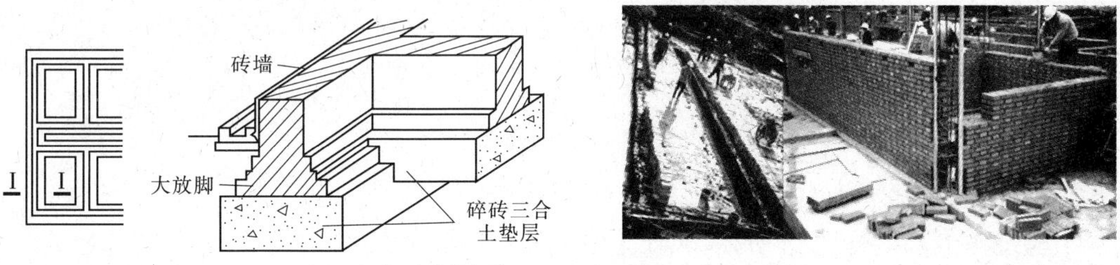

(a)平面图　　(b) Ⅰ—Ⅰ剖面　　(c)

图2-7　条形基础

2.3.2.2　独立式基础

当建筑物上部采用框架结构或单层排架结构承重时，基础常采用方形或矩形的独立式基础，这类基础称为独立式基础或柱式基础。独立式基础是柱下基础的基本形式，如图2-8所示。

当柱采用预制构件时，则基础做成杯口形，然后将柱子插入并嵌固在杯口内，故称为杯形基础，如图2-9所示。

2.3.2.3　井格式基础

当地基条件较差，为了提高建筑物的整体性，防止柱子之间产生不均匀沉降，常将柱下基础沿纵横两个方向扩展连接起来，做成十字交叉的井格基础。

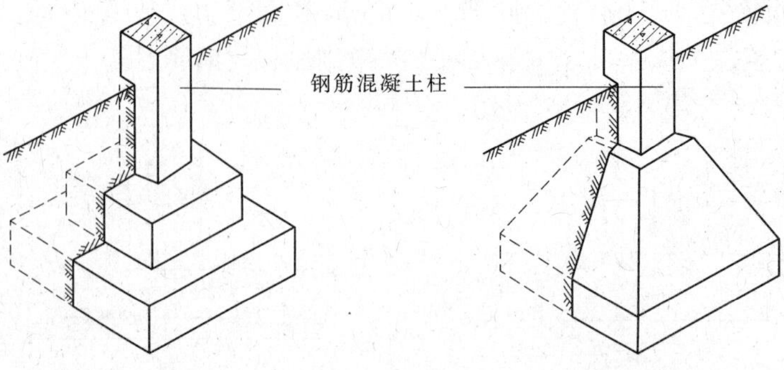

(a)阶梯形基础　　(b)锥形基础

图 2-8　独立式基础

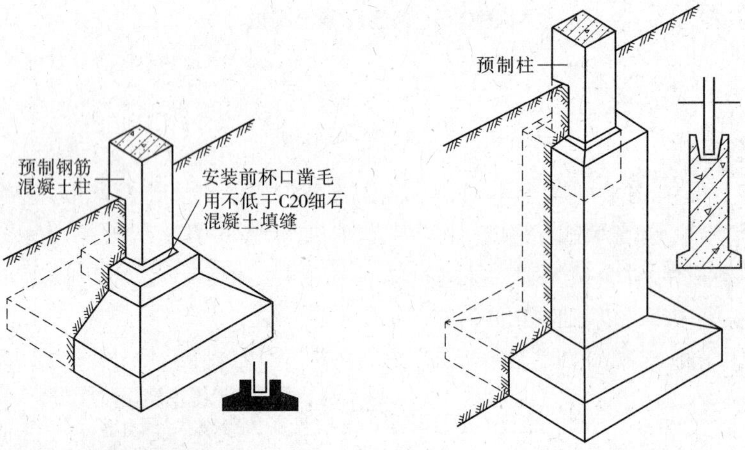

(a)普通杯形基础　　(b)高杯口基础

图 2-9　杯形基础

2.3.2.4　**筏形基础**

当建筑物上部荷载大，而地基承载能力又较弱，采用简单的条形基础或独立基础已不能适应地基变形的需要，通常将墙或柱下基础连成一片，使建筑物的荷载承受在一块整板上，这种基础称为筏形基础。筏形基础有平板式和梁板式两种，如图 2-10 所示。

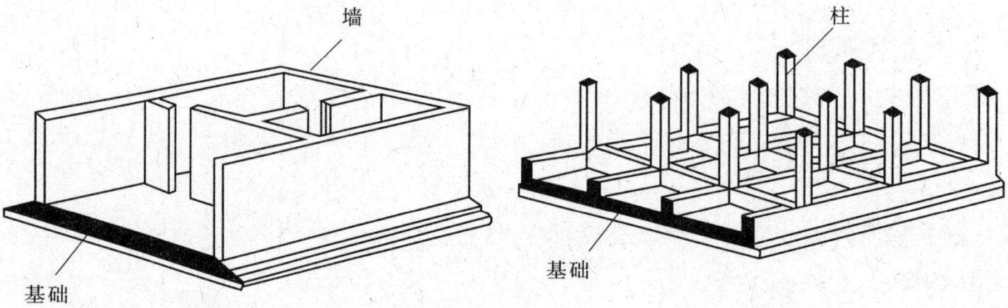

(a)平板式　　(b)梁板式

图 2-10　筏形基础

2.3.2.5 **箱形基础**

当板式基础做得很深时,常将基础改做成箱形基础。箱形基础是由钢筋混凝土底板、顶板和若干纵横隔墙组成的整体结构,以共同承受上部结构的荷载。基础的中空部分可用作地下室(单层或多层的)或地下停车库。箱形基础整体空间刚度大,整体性强,能抵抗地基的不均匀沉降,较适用于高层建筑或在软弱地基上建造的重型建筑物,如图 2-11 所示。

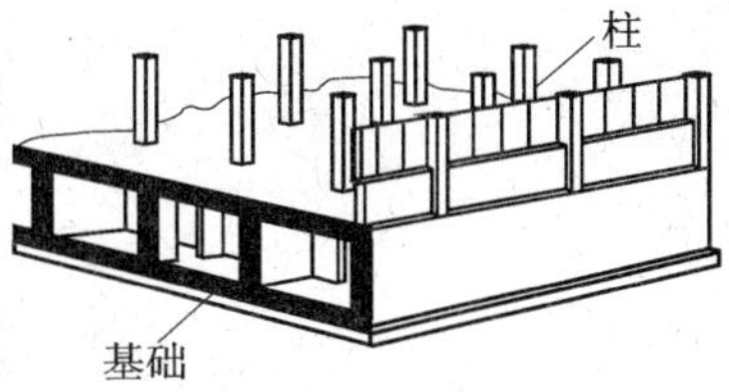

图 2-11　箱形基础

2.3.2.6 **桩基础**

当建筑物荷载较大,地基的软弱土层厚度在 5 m 以上,软弱土层无法满足要求,需对软弱土层进行人工处理以改变地基的承载力不经济时,常采用桩基础。桩基础由桩和承台两部分组成,如图 2-12 所示。桩基础根据荷载传递的方式不同,可分为支承桩和摩擦桩等。

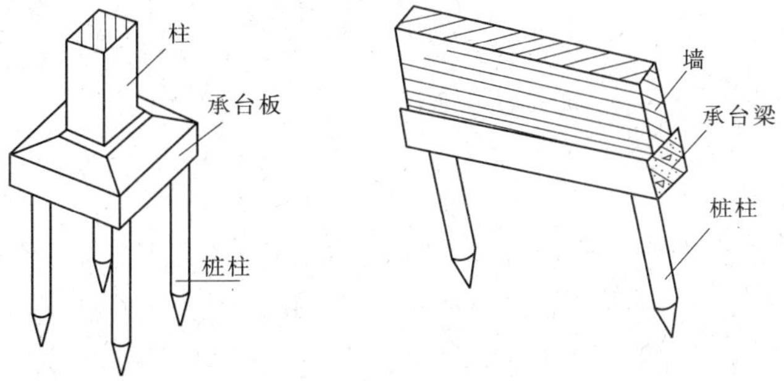

图 2-12　桩基础

2.4　地下室的构造

2.4.1　地下室的构造组成

建筑物下部的地下使用空间称为地下室。地下室一般由墙身、底板、顶板、门窗、楼梯等部分组成。

2.4.2　地下室的分类

2.4.2.1 **按埋入地下深度的不同分类**

地下室按埋入地下深度的不同,可分为全地下室和半地下室。

(1)全地下室是指地下室地面低于室外地坪的高度超过该房间净高的 1/2。

(2)半地下室是指地下室地面低于室外地坪的高度为该房间净高的 1/3 ~ 1/2。

2.4.2.2 **按使用功能不同分类**

地下室按使用功能不同,可分为普通地下室和人防地下室。

(1)普通地下室:一般用作高层建筑的地下停车库、设备用房;根据用途及结构需要可做成一层或二、三层、多层地下室,如图 2-13 所示。

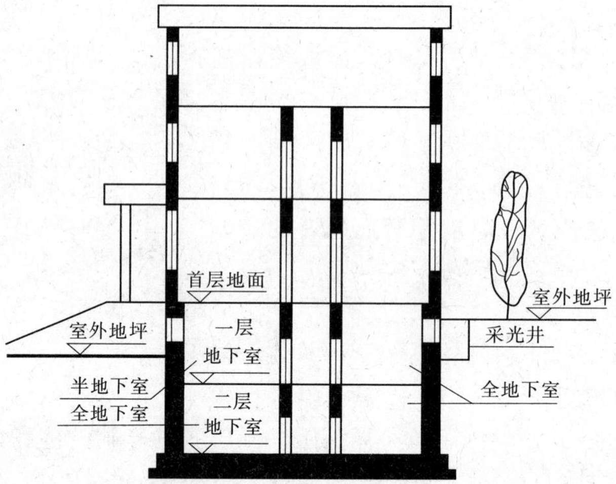

图 2-13　地下室示意图

(2)人防地下室:结合人防要求设置的地下空间,用以应付战时情况下人员的隐蔽和疏散,并具备保障人身安全的各项技术措施。

2.4.3　地下室防潮构造

当地下水的常年水位和最高水位均在地下室地坪标高以下时,须在地下室外墙外面设垂直防潮层。其做法是在外墙外表面先抹一层 20 mm 厚的 1∶2.5 水泥砂浆找平层,再涂一道冷底子油和两道热沥青,最后在外侧回填低渗透性土壤,如黏土、灰土等,并逐层夯实,土层宽度为不少于 500 mm,以防地面雨水或其他地表水的影响。另外,地下室的所有墙体都应设两道水平防潮层,一道设在地下室地坪附近,另一道设在室外地坪以上 150 ~ 200 mm 处,使整个地下室防潮层连成整体,以防地潮沿地下墙身或勒脚处进入室内。地下室防潮构造如图 2-14 所示。

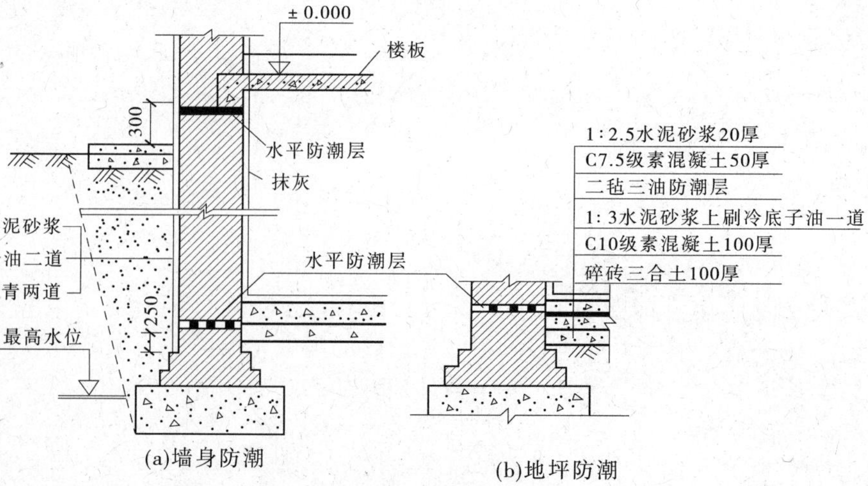

图 2-14　地下室的防潮构造

2.4.4　地下室防水构造

当设计最高水位高于地下室地坪时，地下室的外墙和底板都浸泡在水中，应考虑进行防水处理。常采用的防水措施有以下三种。

2.4.4.1　沥青卷材防水

1. 外防水

外防水是将防水卷材贴在地下室外墙的外表面，这对防水有利，但维修困难。外防水构造要点是：先在外墙外表面抹 20 mm 厚的 1∶3 水泥砂浆找平层，并刷冷底子油一道，然后选定油毡层数，分层粘贴防水卷材，防水层须高出最高地下水位 500 ~ 1 000 mm 为宜。油毡防水层以上的地下室侧墙应抹水泥砂浆涂两道热沥青，直至室外散水处。垂直防水层外侧砌半砖厚的保护墙一道。地下室卷材外防水构造如图 2-15(a)、(b)所示。

2. 内防水

内防水是将防水卷材贴在地下室外墙的内表面，这样施工方便，容易维修，但对防水不利，故常用于修缮工程。

地下室地坪的防水构造是先浇混凝土垫层，厚约 100 mm；再以选定的油毡层数在地坪垫层上作防水层，并在防水层上抹 20 ~ 30 mm 厚的水泥砂浆保护层，以便于上面浇筑钢筋混凝土。为了保证水平防水层包向垂直墙面，地坪防水层必须留出足够的长度以便与垂直防水层搭接，同时要做好转折处油毡的保护工作，以免因转折交接处的油毡断裂而影响地下室的防水。地下室卷材内防水构造如图 2-15(c)所示。

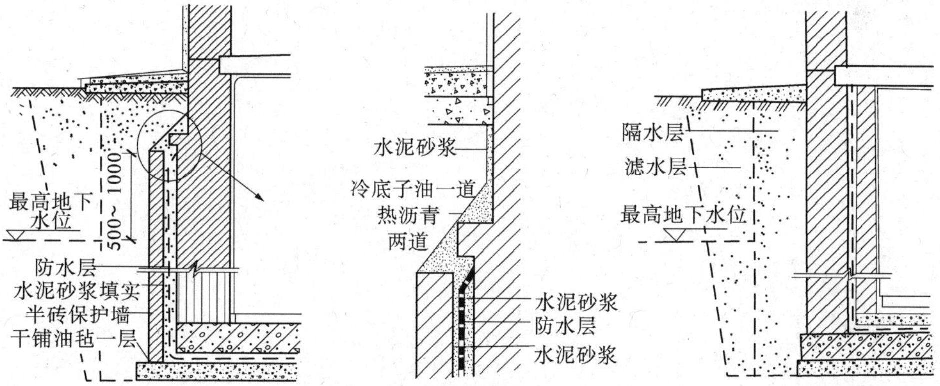

(a) 外包防水　(b) 墙身防水层收头处理　(c) 内包防水

图 2-15　地下室卷材防水构造

2.4.4.2　防水混凝土防水

当地下室地坪和墙体均为钢筋混凝土结构时，应采用抗渗性能好的防水混凝土材料，常采用的防水混凝土有普通混凝土和外加剂混凝土。普通混凝土主要是采用不同粒径的骨料进行级配，并提高混凝土中水泥砂浆的含量，使砂浆充满于骨料之间，从而堵塞因骨料间不密实而出现的渗水通路，以达到防水目的。外加剂混凝土是在混凝土中掺入加气剂或密实剂，以提高混凝土的抗渗性能。地下室防水混凝土防水构造如图 2-16 所示。

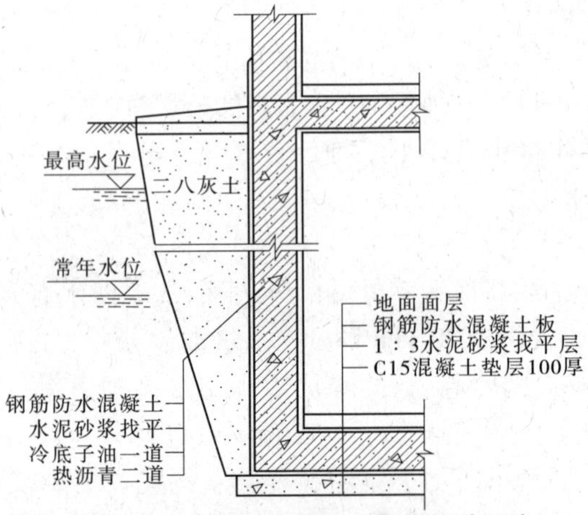

图 2-16　地下室防水混凝土防水构造示意

2.4.4.3　弹性材料防水

随着新型高分子合成防水材料的不断涌现，地下室的防水构造也在更新，如我国目前使用的三元乙丙橡胶卷材，能充分适应防水基层的伸缩及开裂变形，拉伸强度高，拉断延伸率大，能承受一定的冲击荷载，是耐久性极好的弹性卷材；又如聚氨酯涂膜防水材料，有利于形成完整的防水涂层，对在建筑内有管道、转折和高差等特殊部位的防水处理极为有利。

小　结

本章主要介绍地基与基础的关系；基础的埋置深度及其影响因素；工程中常见的基础类型；地下室的防潮、防水构造要求及做法。本章重点是基础类型的选择。不同的工程，不同的地基条件，科学合理地选择基础类型，在保证建筑安全性的同时，降低工程造价。

思考与练习题

一、思考题

1. 什么是基础？对基础概念的几种定义哪种准确？
2. 理解基础与地基、地基承载力的概念。
3. 结合身边实例说明什么是刚性基础？
4. 观察身边在建施工工地，说明基础类型。

二、练习题

1. 地基和基础有何区别？
2. 建筑常用地基有哪些？其承载力受什么因素影响？
3. 通常地基处理采用什么方法？各适用于什么土质？
4. 什么是基础的埋深？其影响因素有哪些？

5. 什么是刚性基础、柔性基础？
6. 基础按构造形式分为哪几类？一般适用于什么情况？
7. 桩基础由哪些部分组成？按其施工方法分为几类？
8. 地下室由哪些部分组成？
9. 试比较地下室防潮和防水构造有何相同点和不同点？

第3章 墙 体

【实训活动】

带领学生参观施工中的墙体,通过实地讲解,了解墙体的类型、设计要求、墙身的加固措施、内外墙面装修及基础与地基的基本概念,了解砌块墙常用隔墙、隔断类型和要求,了解变形缝设置的意义和构造。

【技能掌握】

通过实训活动和本章节的理论学习,理解并能绘制墙身基本构造节点(含墙脚、窗台、过梁节点及砖混结构建筑平面图)。

3.1 墙体的类型及设计要求

3.1.1 墙体的类型

3.1.1.1 按墙体所在位置分类

按墙体在平面上所处位置不同,可分为外墙和内墙、纵墙和横墙。对于一片墙来说,窗与窗之间和窗与门之间的称为窗间墙,窗台下面的墙称为窗下墙。墙体各部分名称如图3-1所示。

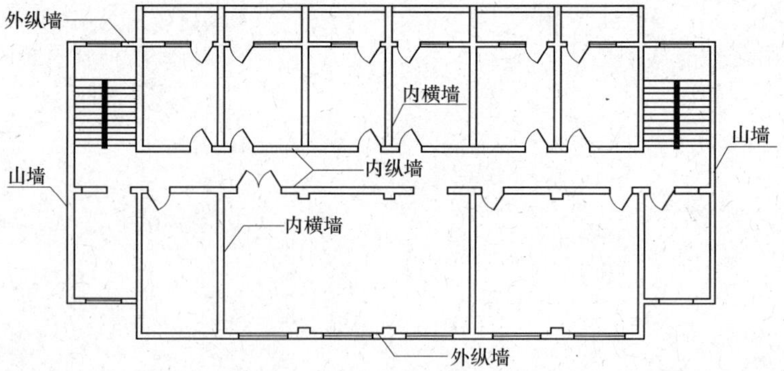

图3-1 墙体各部分名称

3.1.1.2 按墙体受力状况分类

在混合结构建筑中,墙体按受力方式分为两种:承重墙和非承重墙。非承重墙又可分为两种:一是自承重墙,不承受外来荷载,仅承受自身重量并将其传至基础;二是隔墙,起分隔房间的作用,不承受外来荷载,并把自身重量传给梁或楼板。框架结构中的墙称为框架填充墙。

3.1.1.3 **按墙体构造和施工方式分类**

(1)墙体按构造方式可以分为实体墙、空体墙和组合墙三种。实体墙由单一材料组成,如砖墙、砌块墙等。空体墙也是由单一材料组成,可由单一材料砌成内部空腔,也可用具有孔洞的材料建造墙,如空斗砖墙、空心砌块墙等。组合墙由两种以上材料组合而成,例如混凝土、加气混凝土复合板材墙。其中混凝土起承重作用,加气混凝土起保温隔热作用。

(2)按施工方法墙体可以分为块材墙、板筑墙及板材墙三种。块材墙是用砂浆等胶结材料将砖石、块材等组砌而成,例如砖墙、石墙及各种砌块墙等。板筑墙是在现场立模板,现浇而成的墙体,例如现浇混凝土墙等。板材墙是预先制成墙板,施工时安装而成的墙,例如预制混凝土大板墙、各种轻质条板内隔墙等。

3.1.2 墙体的设计要求

3.1.2.1 **结构要求**

对以墙体承重为主结构,常要求各层的承重墙上、下必须对齐;各层的门、窗洞孔也以上、下对齐为佳。此外,还需考虑以下两方面的要求。

1. 合理选择墙体结构布置方案

墙体结构布置方案有:

(1)横墙承重。凡以横墙承重的称为横墙承重方案或横向结构系统。这时,楼板、屋顶上的荷载均由横墙承受,纵向墙只起纵向稳定和拉结的作用。它的主要特点是横墙间距密,加上纵墙的拉结,使建筑物的整体性好、横向刚度大,对抵抗地震力等水平荷载有利。但横墙承重方案的开间尺寸不够灵活,适用于房间开间尺寸不大的宿舍、住宅及病房楼等小开间建筑,如图3-2所示。

(2)纵墙承重。凡以纵墙承重的称为纵墙承重方案或纵向结构系统。这时,楼板、屋顶上的荷载均由纵墙承受,横墙只起分隔房间的作用,有的起横向稳定作用。纵墙承重可使房间开间的划分灵活,多适用于需要较大房间的办公楼、商店、教学楼等公共建筑,如图3-3所示。

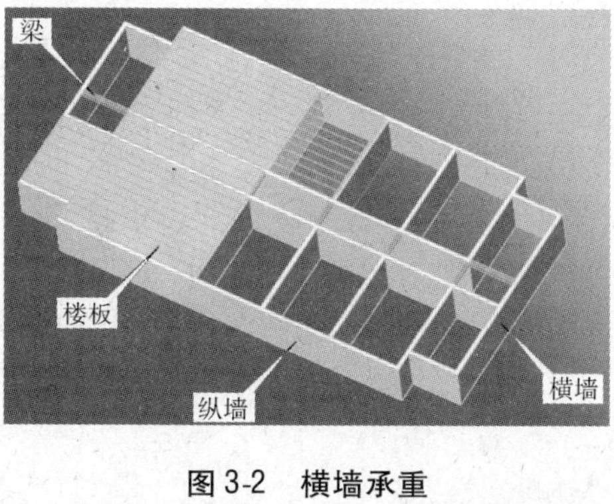

图3-2 横墙承重

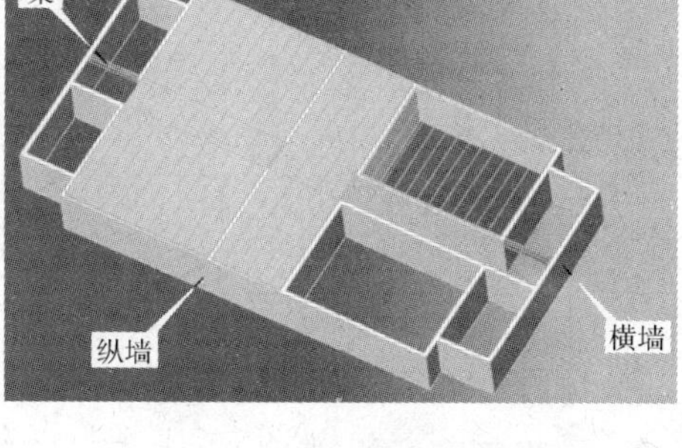

图3-3 纵墙承重

(3)纵横墙承重。凡由纵向墙和横向墙共同承受楼板、屋顶荷载的结构布置称纵横墙(混合)承重方案。该方案房间布置较灵活,建筑物的刚度亦较好。混合承重方案多用于开间、进深尺寸较大且房间类型较多的建筑和平面复杂的建筑中，前者如教学楼、住宅等建筑，如图3-4所示。

(4)部分框架承重。在结构设计中，有时采用墙体和钢筋混凝土梁、柱组成的框架共同承受楼板和屋顶的荷载，这时，梁的一端支承在柱上，而另一端则搁置在墙上，这种结构布置称为部分框架结构或内部框架承重方案。它较适合于室内需要较大使用空间的建筑，如商场等。

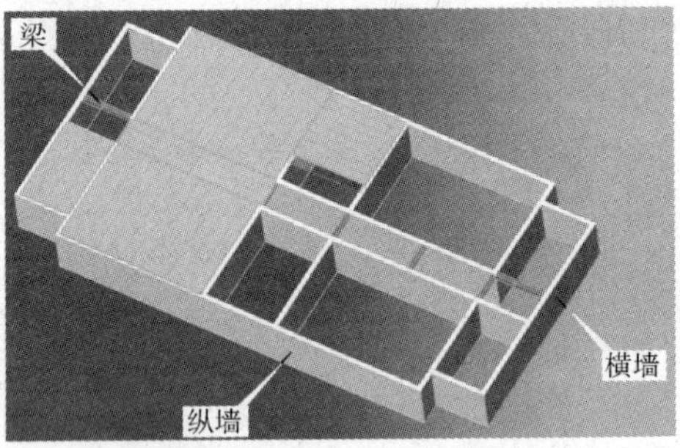

图3-4 纵横墙承重

2. 具有足够的强度和稳定性

强度是指墙体承受荷载的能力，它与所采用的材料以及同一材料的强度等级有关。作为承重墙的墙体，必须具有足够的强度，以确保结构的安全。

墙体的稳定性与墙的高度、长度和厚度有关。高而薄的墙稳定性差，矮而厚的墙稳定性好；长而薄的墙稳定性差，短而厚的墙稳定性好。

3.1.2.2 热工要求

1. 墙体的保温要求

对有保温要求的墙体，须提高其构件的热阻，通常采取以下措施。

(1)增加墙体的厚度。墙体的热阻与其厚度成正比，欲提高墙身的热阻，可增加其厚度。

(2)选择导热系数小的墙体材料。要增加墙体的热阻，常选用导热系数小的保温材料，如泡沫混凝土、加气混凝土、陶粒混凝土、膨胀珍珠岩、膨胀蛭石、浮石及浮石混凝土、泡沫塑料、矿棉及玻璃棉等。其保温构造有单一材料的保温结构和复合保温结构之分。

(3)采取隔蒸汽措施。为防止墙体产生内部凝结，常在墙体的保温层靠高温一侧，即蒸汽渗入的一侧，设置一道隔蒸汽层。隔蒸汽材料一般采用沥青、卷材、隔汽涂料以及铝箔等防潮、防水材料。

2. 墙体的隔热要求

隔热措施有以下几种：

(1)外墙采用色浅而平滑的外饰面，如白色外墙涂料、玻璃马赛克、浅色墙地砖、金属外墙板等，以反射太阳光，减少墙体对太阳辐射的吸收。

(2)在外墙内部设通风间层，利用空气的流动带走热量，降低外墙内表面温度。

(3)在窗口外侧设置遮阳设施，以遮挡太阳光直射室内。

(4)在外墙外表面种植攀缘植物使之遮盖整个外墙，吸收太阳辐射热，从而起到隔热作用。

3.1.2.3 建筑节能要求

为贯彻国家的节能政策，改善严寒和寒冷地区居住建筑采暖能耗大，热工效率差的状况，必须通过建筑设计和构造措施来减少能耗。

3.1.2.4 **隔声要求**

墙体主要隔离由空气直接传播的噪声。一般采取以下措施：

(1)加强墙体缝隙的填密处理。

(2)增加墙厚和墙体的密实性。

(3)采用有空气间层式多孔性材料的夹层墙。

(4)尽量利用垂直绿化降噪声。

此外，墙体还要满足防火要求，选择防火性能和耐火极限符合防火规范规定的材料。在较大的建筑中应设置防火墙，把建筑分成若干区段，以防止火灾蔓延。满足防水防潮要求，卫生间、厨房、实验室等有水的房间及地下室的墙应采取防水、防潮措施。选择良好的防水材料以及恰当的构造做法，保障墙体的坚固耐久性，使室内有良好的卫生环境。

3.2 砖墙构造

3.2.1 砖墙材料

砖墙是用砂浆将一块块砖按一定技术要求砌筑而成的砌体，其材料是砖和砂浆。

3.2.1.1 **砖**

砖按形状分有实心砖、多孔砖和空心砖等；按材料不同，有黏土砖、页岩砖、粉煤灰砖、灰砂砖、炉渣砖等。其中常用的是普通黏土砖。

普通黏土砖以黏土为主要原料，经成型、干燥焙烧而成，有红砖和青砖之分。青砖比红砖强度高，耐久性好。

我国标准砖的规格为240 mm×115 mm×53 mm，砖长∶宽∶厚=4∶2∶1(包括10 mm宽灰缝)，标准砖砌筑墙体时是以砖宽度的倍数，即115+10=125(mm)为模数。这与我国现行《建筑模数协调统一标准》中的基本模数$M=100$ mm不协调，因此在使用中，须注意标准砖的这一特征。

砖的强度以强度等级表示，分别为MU30、MU25、MU20、MU15、MU10、MU7.5六个等级。如MU30表示砖的极限抗压强度平均值为30 MPa，即每平方毫米可承受30 N的压力。

烧结多孔砖内的孔洞尺寸小而数量多，孔洞分布在大面尚且均匀合理，非孔部分砖体较密实，所以强度较高。工程中使用时常以孔洞垂直于承压面，以充分利用砖的抗压强度。多孔砖有190 mm×190 mm×90 mm(代号为M)和240 mm×115 mm×90 mm(代号为P)两种规格。烧结多孔砖根据抗压强度、抗折荷重分为MU30、MU25、MU20、MU15、MU10、MU7.5六个强度等级。根据尺寸的偏差、外观质量、强度等级和物理性能分为优等品(A)、一等品(B)和合格品(C)三个等级。

烧结空心砖孔洞尺寸大而数量少，作填充非承重用砖。烧结空心砖的长度、宽度、高度均应符合下列要求：①290 mm、190 mm、90 mm；②240 mm、180(175) mm、115 mm。空心砖的强度等级分为MU5.0、MU3.0、MU2.0三个等级。根据空心砖(含空洞)的表观密度划分为800、900、1 100 kg/m^{3}三个等级的空心砖。每个密度级别根据孔洞及其排数，尺寸偏差,外观质量、强度等级和物理性能分为优等品(A)、一等品(B)和合格品(C)三个等级。

3.2.1.2　**砂浆**

砂浆是砌块的胶结材料。常用的砂浆有水泥砂浆、石灰砂浆、混合砂浆和黏土砂浆。

(1)水泥砂浆由水泥、砂加水拌和而成,属水硬性材料,强度高,但可塑性和保水性较差,适应砌筑湿环境下的砌体,如地下室、砖基础等。

(2)石灰砂浆由石灰膏、砂加水拌和而成。由于石灰膏为塑性掺合料,所以石灰砂浆的可塑性很好,但它的强度较低,且属于气硬性材料,遇水强度即降低,所以适宜砌筑次要的民用建筑的地上砌体。

(3)混合砂浆由水泥、石灰膏、砂加水拌和而成。既有较高的强度,也有良好的可塑性和保水性,故在民用建筑地上砌体中被广泛采用。

(4)黏土砂浆是由黏土加砂加水拌和而成,强度很低,仅适于土坯墙的砌筑,多用于乡村民居。它们的配合比取决于结构要求的强度。

砂浆强度等级有 M15、M10、M7.5、M5、M2.5、M1、M0.4 共七个级别。

3.2.2　砖墙的组砌方式

为了保证墙体的强度,砖砌体的砖缝必须横平竖直,错缝搭接,避免通缝。同时砖缝砂浆必须饱满,厚薄均匀。常用的错缝方法是将顶砖和顺砖上下皮交错砌筑。每排列一层砖称为一皮。常见的砖墙砌式有一顺一丁式、三顺一丁式或多顺一丁式、每皮丁顺相间式也叫十字式(240 墙)、全顺式两平一侧式(180 墙)等,砖墙的组砌方式如图 3-5 所示。

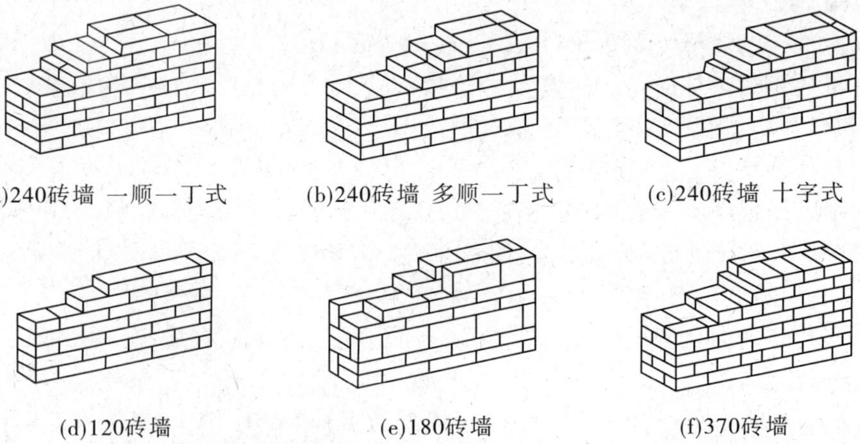

(a)240砖墙 一顺一丁式　(b)240砖墙 多顺一丁式　(c)240砖墙 十字式

(d)120砖墙　(e)180砖墙　(f)370砖墙

图 3-5　砖墙的组砌方式

3.2.3　砖墙细部构造

砖墙的细部构造包括门窗过梁、窗台、墙脚、变形缝、墙身加固和防火墙等。

3.2.3.1　**门窗过梁**

过梁的形式有砖拱过梁、钢筋砖过梁和钢筋混凝土过梁三种。

1. 砖拱过梁

砖拱过梁分为平拱和弧拱。由竖砌的砖作拱圈,一般将砂浆灰缝做成上宽下窄,上宽不大于20 mm,下宽不小于5 mm。砖强度不低于MU7.5,砂浆强度不能低于M2.5,砖砌平拱过梁净跨宜小于1.2 m,不应超过1.8 m,中部起拱高约为1/50L(L为洞口跨度)。

2. 钢筋砖过梁

钢筋砖过梁用砖强度不低于MU7.5,砌筑砂浆强度不低于M2.5。一般在洞口上方先支木模,砖平砌,下设3~4根Φ6钢筋,要求伸入两端墙内不少于240 mm,梁高砌5~7皮砖或≥$L/4$,钢筋砖过梁净跨宜为1.5~2 m,如图3-6所示。

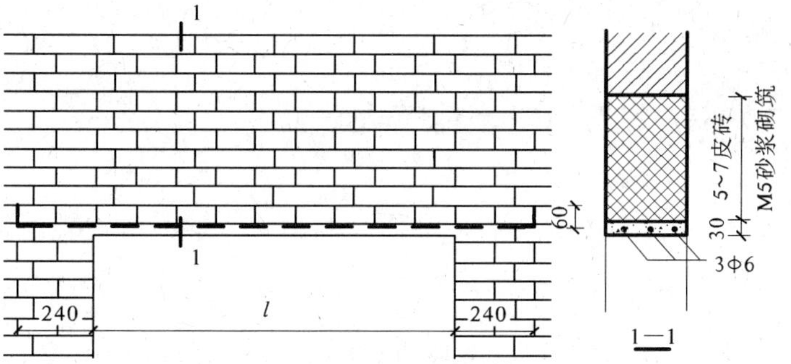

图3-6 钢筋砖过梁构造示意图

3. 钢筋混凝土过梁

钢筋混凝土过梁有现浇和预制两种,梁高及配筋由计算确定。为了施工方便,梁高应与砖的皮数相适应,以方便墙体连续砌筑,故常见梁高为60 mm、120 mm、180 mm、240 mm,即60 mm的整倍数。梁宽一般同墙厚,梁两端支承在墙上的长度不少于240 mm,以保证足够的承压面积。

过梁断面形式有矩形和L形。为简化构造,节约材料,可将过梁与圈梁、悬挑雨篷、窗楣板或遮阳板等结合起来设计。如在南方炎热多雨地区,常从过梁上挑出300~500 mm宽的窗楣板,既保护窗户不淋雨,又可遮挡部分直射太阳光。钢筋混凝土过梁最常用,其构造形式如图3-7所示。

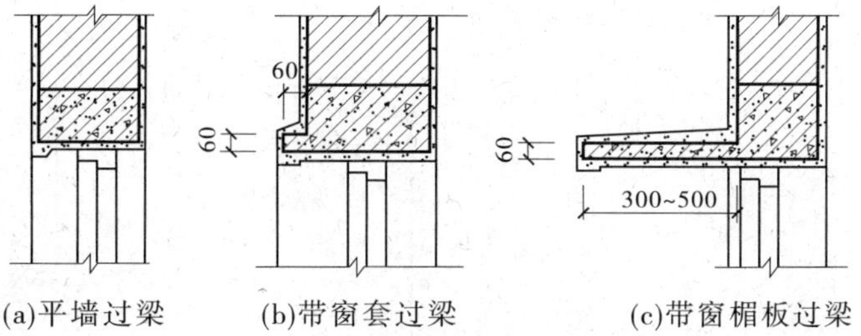

图3-7 钢筋混凝土过梁的形式

3.2.3.2 窗台

窗台的作用是排除沿窗面流下的雨水,防止其渗入墙身、沿窗缝渗入室内,同时避免雨水污染外墙面。处于内墙或阳台等处的窗,不受雨水冲刷,可不必设挑窗台。外墙面材料为贴面砖时，墙面可以被雨水冲洗干净，也可不设挑窗台。

窗台可用砖砌挑出，也可以采用预制钢筋混凝土窗台。砖砌挑窗台施工简单，应用广泛。根据设计要求可分为 60 mm 厚平砌挑窗台及 120 mm 厚侧砌挑窗台，如图 3-8 所示。

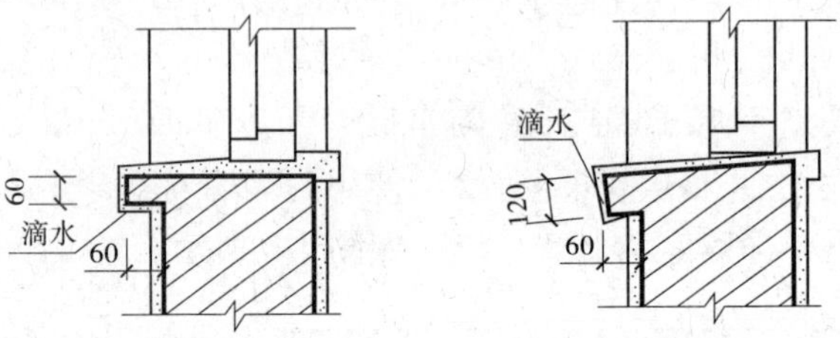

(a)平砌砖悬挑外窗台　　(b)侧砌砖悬挑外窗台

图 3-8　窗台构造

3.2.3.3　墙脚

底层室内地面以下，基础以上的墙体常称为墙脚。墙脚包括勒脚、墙身防潮层、散水和明沟等。

1. 勒脚

勒脚是外墙墙身接近室外地面的部分，为防止雨水上溅墙身和机械力等的影响，所以要求墙脚坚固耐久和防潮。一般采用以下几种构造做法。

(1)抹灰：可采用 20 mm 厚 1∶3水泥砂浆抹面，1∶2水泥白石子浆水刷石或斩假石抹面。此法多用于一般建筑。

(2)贴面：可采用天然石材或人工石材，如花岗石、水磨石板等。其耐久性、装饰效果好，用于高标准建筑。

(3)勒脚采用石材，如条石等。

2. 墙身防潮层

(1)防潮层的位置。根据防潮层的位置分为水平防潮层和垂直防潮层，其构造如图 3-9 所示。

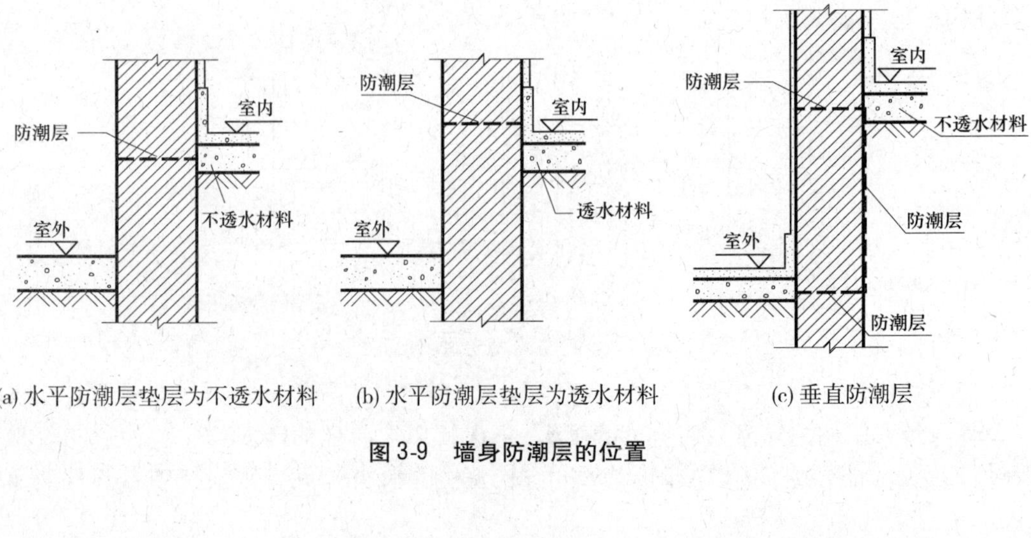

(a) 水平防潮层垫层为不透水材料　(b) 水平防潮层垫层为透水材料　(c) 垂直防潮层

图 3-9　墙身防潮层的位置

(2)墙身防潮层的构造做法。墙身水平防潮层的构造做法常用的有以下三种:

第一,防水砂浆防潮层,采用1∶2水泥砂浆加水泥用量3% ~5%防水剂,厚度为20~25 mm或用防水砂浆砌三皮砖作防潮层。此种做法构造简单,但砂浆开裂或不饱满时影响防潮效果。

第二,细石混凝土防潮层,采用60 mm厚的细石混凝土带,内配3根Φ6钢筋,其防潮性能好。

第三,油毡防潮层,先抹20 mm厚水泥砂浆找平层,上铺一毡二油,此种做法防水效果好,但有油毡隔离,削弱了砖墙的整体性,不应在刚度要求高或地震设防区采用。

如果墙脚采用不透水的材料(如条石或混凝土等),或设有钢筋混凝土地圈梁时,可以不设防潮层。

3. 散水与明沟

房屋四周可采取散水或明沟排除雨水。当屋面为有组织排水时一般设明沟或暗沟,也可设散水。屋面为无组织排水时一般设散水,但应加滴水砖(石)带。散水的做法通常是在素土夯实后铺三合土、混凝土等材料,厚度60~70 mm。散水应设不小于3%的排水坡。散水宽度一般为0.6~1.0 m。散水与外墙交接处应设分格缝,分格缝用弹性材料嵌缝,防止外墙下沉时将散水拉裂。散水整体面层纵向距离每隔6~12 m做一道伸缩缝。

明沟的构造做法可用砖砌、石砌、混凝土现浇,沟底应做纵坡,坡度为0.5% ~1%,宽度为220~350 mm。

3.2.3.4 变形缝

变形缝有伸缩缝、沉降缝、防震缝三种,其构造形式如图3-10所示。

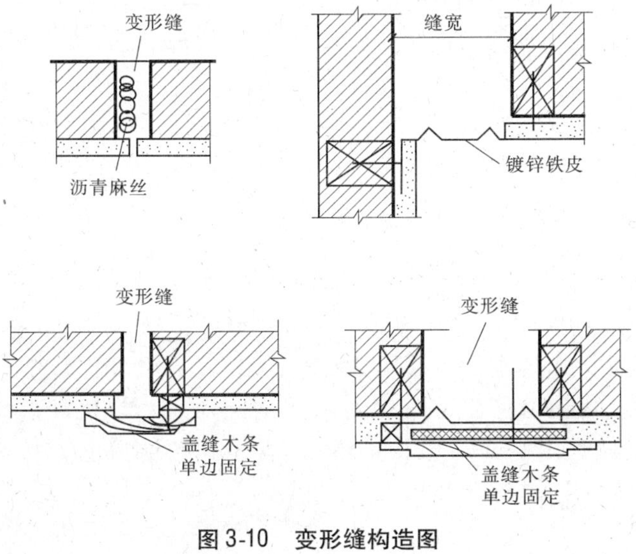

图3-10 变形缝构造图

1. 伸缩缝(或温度缝)

伸缩缝是在长度或宽度较大的建筑物中,为避免由于温度变化引起材料的热胀冷缩导致构件开裂,而沿建筑物的竖向将基础以上部分全部断开的垂直缝隙。有关规范规定砌体结构和钢筋混凝土结构伸缩缝的最大间距一般为 50 ~ 75 mm，伸缩缝的宽度一般为 20 ~ 40 mm。

2. 沉降缝

为减少地基不均匀沉降对建筑物造成危害，在建筑物某些部位设置从基础到屋面全部断开的垂直缝称为沉降缝。

(1)沉降缝的设置。沉降缝一般在下列部位设置：

当同一建筑物持力层地基承载力相差很大时；建筑物高度或荷载相差很大，或结构形式不同时；新建、扩建的建筑物与原有建筑物紧相毗连时。

(2)沉降缝的缝宽。沉降缝的缝宽与地基情况和建筑物高度有关，其沉降缝宽度一般为 30 ~ 70 mm，在软弱地基上其缝宽应适当增加。

3. 防震缝

防震缝是为了防止建筑物的各部分在地震时相互撞击造成变形和破坏而设置的垂直缝。防震缝应将建筑物分成若干体型简单、结构刚度均匀的独立单元。

(1)防震缝的位置。①建筑平面体型复杂，有较长的突出部分，应用防震缝将其分为简单规整的独立单元。②建筑物(砌体结构)立面高差超过 6 m，在高差变化处须设防震缝。③建筑物毗连部分结构的刚度、重量相差悬殊处。④建筑物有错层且楼板高差较大时，须在高度变化处设防震缝。⑤防震缝应与伸缩缝、沉降缝协调布置。

(2)防震缝的宽度。防震缝的宽度与结构形式、设防烈度、建筑物高度有关。在砖混结构中，缝宽一般取 50 ~ 100 mm，多(高)层钢筋混凝土结构防震缝最小宽度见表 3-1。

表 3-1　多(高)层钢筋混凝土结构防震缝最小宽度

结构体系	建筑高度 $H \leq 15$ m	建筑高度 $H > 15$ m，每增高 5 m 加宽		
		7 度	8 度	9 度
框架结构、框 - 剪结构	70	20	33	50
剪力墙结构	50	14	23	35

3.2.3.5　墙身加固

1. 壁柱和门垛

当墙体的窗间墙上出现集中荷载，而墙厚又不足以承担其荷载；或当墙体的长度和高度超过一定限度并影响到墙体稳定性时，常在墙身局部适当位置增设凸出墙面的壁柱以提高墙体刚度。壁柱突出墙面的尺寸一般为 120 mm × 370 mm、240 mm × 370 mm、240 mm × 490 mm 或根据结构计算确定。

当在较薄的墙体上开设门洞时，为便于门框的安置和保证墙体的稳定，须在门靠墙转角处或丁字接头墙体的一边设置门垛，门垛凸出墙面不少于 120 mm，宽度同墙厚，如图 3-11 所示。

2. 圈梁

(1)圈梁的设置要求。圈梁是沿外墙四周及部分内墙设置在楼板处的连续闭合的

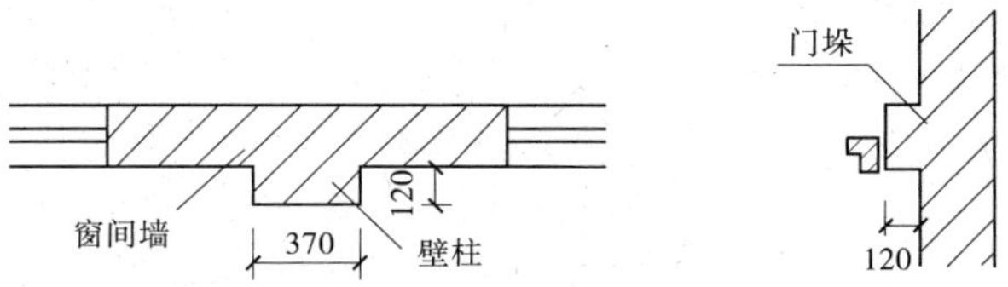

图 3-11 壁柱和门垛

梁，可提高建筑物的空间刚度及整体性，增加墙体的稳定性。减少由于地基不均匀沉降而引起的墙身开裂。对于抗震设防地区，利用圈梁加固墙身更加必要。

（2）圈梁的构造。圈梁有钢筋砖圈梁和钢筋混凝土圈梁两种。

钢筋砖圈梁就是将前述的钢筋砖过梁沿外墙和部分内墙一周连通砌筑而成。钢筋混凝土圈梁的高度不小于120 mm，宽度与墙厚相同，其构造如图3-12所示。

当圈梁被门窗洞口截断时，应在洞口上部增设相同截面的附加圈梁，其配筋和混凝土强度等级均不变，如图3-13所示。

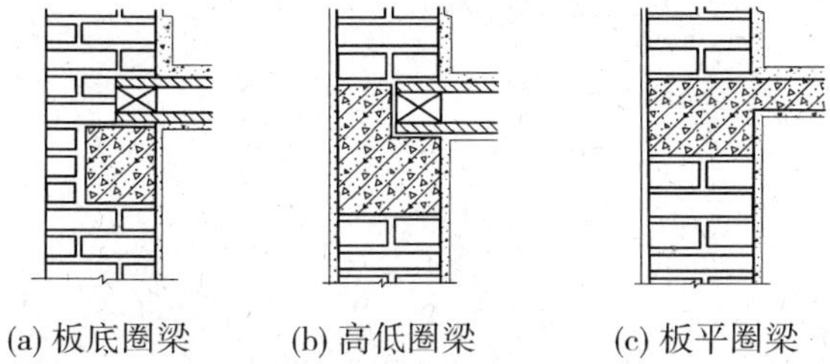

图 3-12 圈梁构造

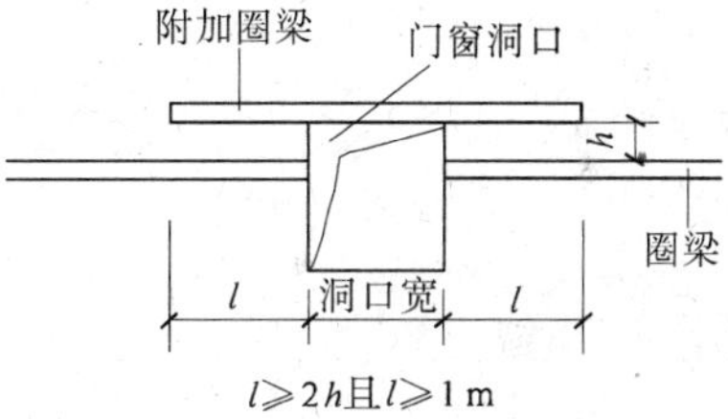

图 3-13 附加圈梁

在地震设防区，多层砖房的圈梁设置及配筋应符合表3-2的要求。

表 3-2 圈梁设置及配筋

圈梁设置及配筋		设计烈度		
		7度	8度	9度
圈梁设置	沿外墙及内纵墙	屋盖处必须设置，楼层处隔层设置	屋盖处及每层楼盖处设置	屋盖处及每层楼盖处设置
	沿内横墙	同上，屋盖处间距不大于7 m，楼盖处间距不大于15 m，构造柱对应部位	同上，屋盖处沿所有横墙且间距不大于7 m，楼盖处间距不大于7 m，构造柱对应部位	同上，各层所有横墙
配筋		4Φ8，Φ6@250	4Φ10，Φ6@200	4Φ12，Φ6@150

3. 构造柱

钢筋混凝土构造柱是从构造角度考虑设置的，是防止房屋倒塌的一种有效措施。构造柱必须与圈梁及墙体紧密相连，从而加强建筑物的整体刚度，提高墙体抗变形的能力。

（1）构造柱的设置要求。由于建筑物的层数和地震烈度不同，构造柱的设置要求也不相同。

(2)构造柱的构造。①构造柱最小截面为 180 mm×240 mm,纵向钢筋宜用 4 Φ 12,箍筋间距不大于 250 mm,且在柱上下端宜适当加密;7 度时超过六层、8 度时超过五层和 9 度时,纵向钢筋宜用 4 Φ 14,箍筋间距不大于 200 mm;房屋角的构造柱可适当加大截面及配筋,如图 3-14 所示。②构造柱与墙连结处宜砌成马牙槎,并应沿墙高每 500 mm 设 2 Φ 6 拉接筋,每边伸入墙内不少于 1 m,其构造如图 3-15 所示。③构造柱可不单独设基础,但应伸入室外地坪下 500 mm,或锚入小于 500 mm 的基础梁内。

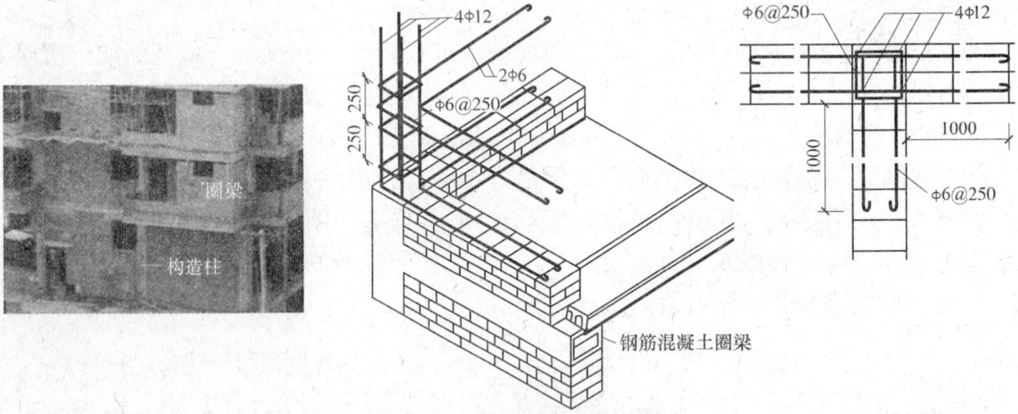

图 3-14　构造柱位置示意图

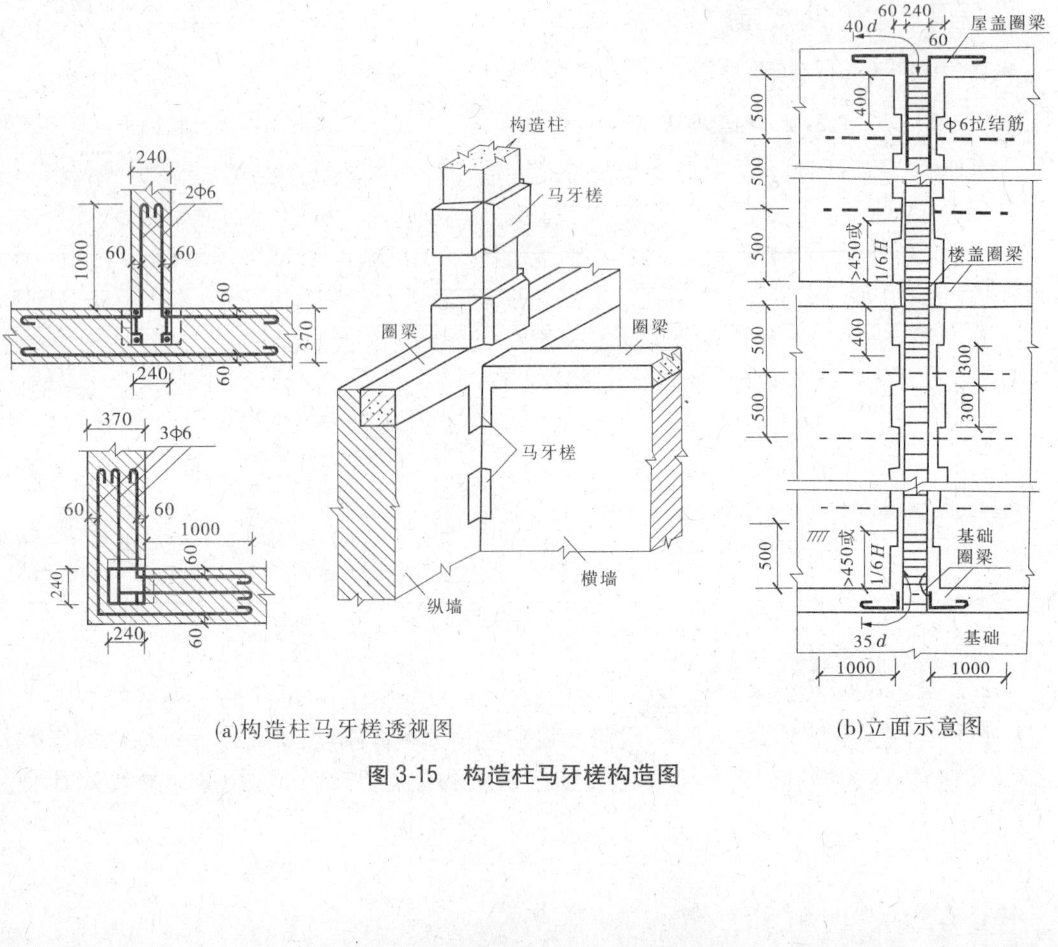

(a)构造柱马牙槎透视图　　(b)立面示意图

图 3-15　构造柱马牙槎构造图

3.2.3.6 防火墙

防火墙的作用在于截断火灾区域,防止火灾蔓延。作为防火墙,其耐火极限应不小于4.0 h。防火墙的最大间距应根据建筑物的耐火等级而定,当耐火等级为一、二级时,其间距为150 m;耐火等级为三级时为100 m;耐火等级为四级时为75 m。防火墙应截断燃烧体或难燃烧体的屋顶,并高出非燃烧体屋顶400 mm,高出难燃烧体屋顶500 mm,如图3-16所示。

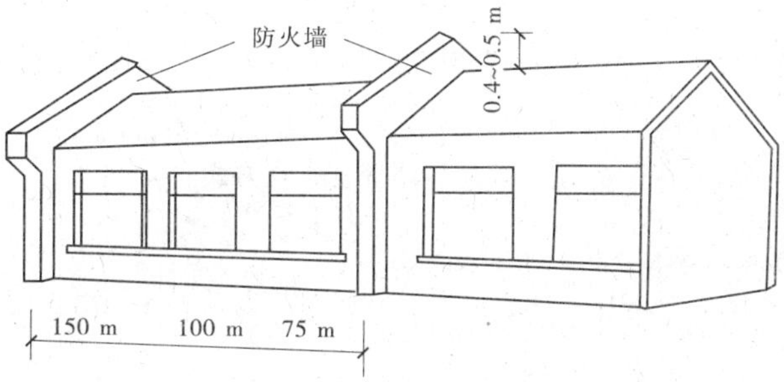

图3-16 防火墙的设置

3.3 骨架墙

骨架墙是指填充或悬挂于框架或排架柱间,并由框架或排架承受其荷载的墙体。它在多层、高层民用建筑和工业建筑中应用较多。

3.3.1 框架外墙板的类型

按所使用的材料,外墙板可分为三类,即单一材料墙板、复合材料墙板、玻璃幕墙。单一材料墙板用轻质保温材料制作,如加气混凝土、陶粒混凝土等。复合材料墙板通常由三层组成,即内外壁和夹层。外壁选用耐久性和防水性均较好的材料,如石棉水泥板、钢丝网水泥、轻骨料混凝土等。内壁应选用防火性能好,又便于装修的材料,如石膏板、塑料板等。夹层宜选用容积密度小、保温隔热性能好、价廉的材料,如矿棉、玻璃棉、膨胀珍珠岩、膨胀蛭石、加气混凝土、泡沫混凝土、泡沫塑料等。

3.3.2 外墙板的布置方式

外墙板可以布置在框架外侧,或框架之间,或安装在附加墙架上,如图3-17所示。轻型墙板通常需安装在附加墙架上,以使外墙具有足够的刚度,保证在风力和地震力的作用下不会变形。

3.3.3 外墙板与框架的连接

外墙板可以采用上挂或下承两种方式支承于框架柱、梁或楼板上。根据不同的板材类型和板材的布置方式,可采取焊接法、螺栓连接法、插筋锚固法等将外墙板固定在框架上。

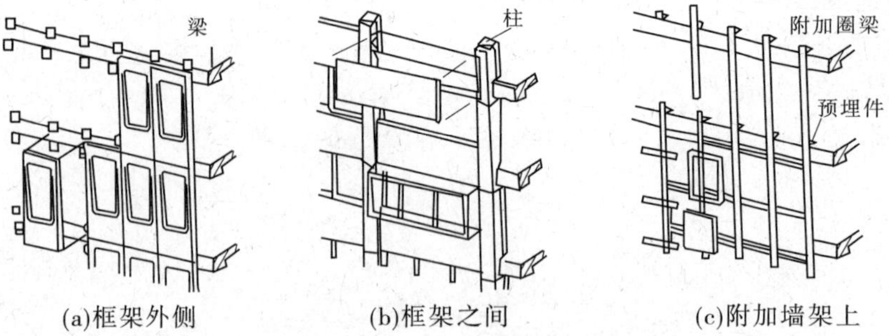

图 3-17　外墙板的布置方式

无论采用何种方法,均应注意以下构造要点:

(1)外墙板与框架连接应安全可靠。

(2)不要出现“冷桥”现象,防止产生结露。

(3)构造简单,施工方便。

3.3.4　框架与主体结构的连接

建筑的主体结构中常用的构件为梁、板、柱,框架与主体结构连接点设置的位置与数量,根据工程实际情况而定,如图 3-18 和图 3-19 所示。

图 3-18　框架与梁的连接

图 3-19　框架与柱的连接

3.4　隔墙构造

隔墙是分隔建筑物内部空间的非承重构件,其本身重量由楼板或梁来承担。设计要求隔墙自重轻,厚度薄,有隔声和防火性能,便于安装和拆卸,浴室、厕所和厨房的隔墙能防潮、防水。常用隔墙有块材隔墙、轻骨架隔墙和板材隔墙三大类。

3.4.1　块材隔墙

块材隔墙是用普通黏土砖、空心砖、加气混凝土等块材砌筑而成的,常采用普通砖隔墙和砌块隔墙两种。

3.4.1.1 普通砖隔墙

普通砖隔墙一般采用1/2砖(120 mm)隔墙。1/2砖墙用普通黏土砖采用全顺式砌筑而成,砌筑砂浆强度等级不低于M5,砌筑较大面积墙体时,长度超过6 m应设砖壁柱,高度超过5 m时应在门过梁处设贯通全长的钢筋混凝土带。

为了保证砖隔墙不承重,在砖墙砌到楼板底或梁底时,将立砖斜砌一皮,或将空隙塞木楔打紧,然后用砂浆填缝。8度和9度时长度大于5.1 m的后砌非承重砌体隔墙的墙顶,应与楼板或梁拉接。普通砖隔墙构造如图3-20所示。

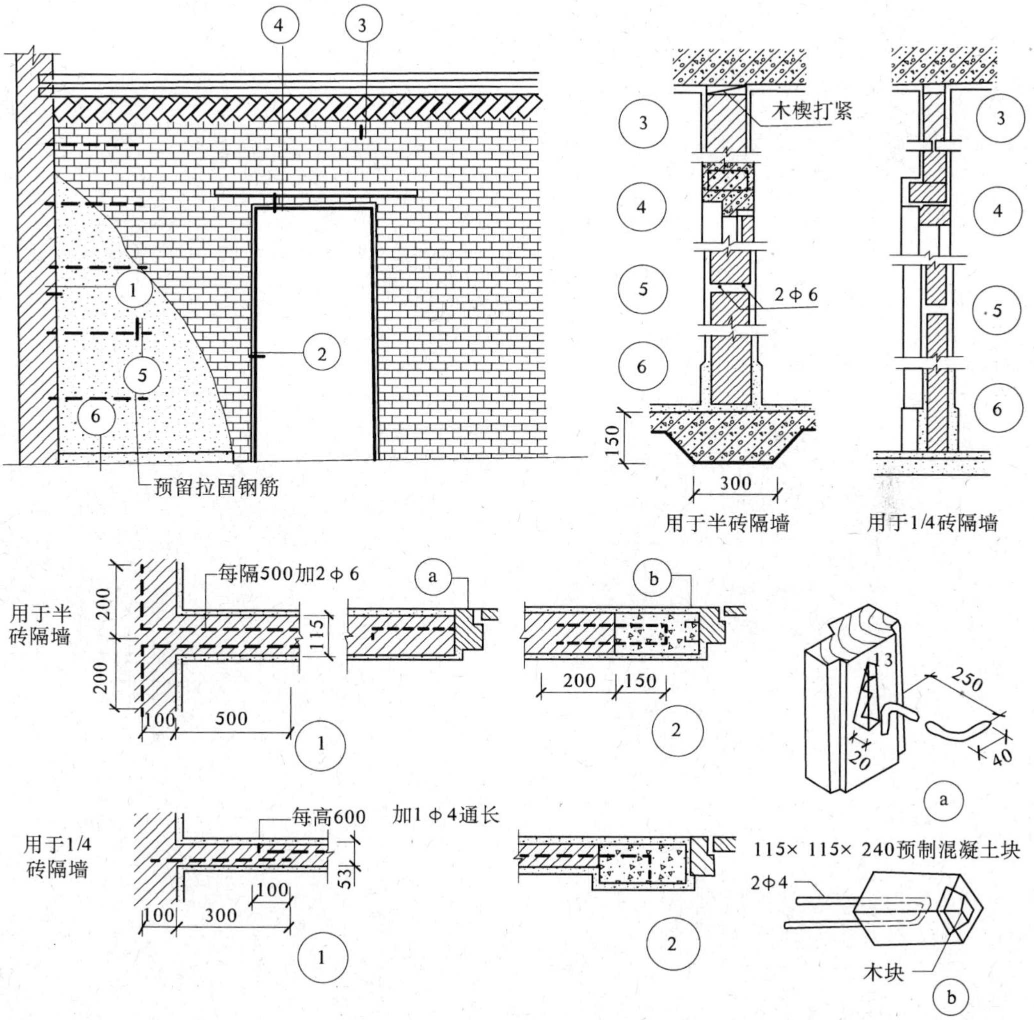

图3-20 普通砖隔墙构造图

工程中常用的还有空心砖,由于空心砖质轻、消耗原材少、保温、隔声、降噪性能好等优势,它已成为国家建设部提倡、推广使用的产品,是建筑行业常用的墙体主材,是框架结构建筑物的理想填充材料,如图3-21所示。

(a) 空心砖　　(b) 空心砖隔墙工程应用

图 3-21　空心砖隔墙

3.4.1.2　**砌块隔墙**

为减轻隔墙自重，可采用轻质砌块，墙厚一般为 90 ~ 120 mm。加固措施同 1/2 砖隔墙的做法。砌块不够整块时宜用普通黏土砖填补。因砌块孔隙率大、吸水量大，故在砌筑时先在墙下部实砌 3 ~ 5 皮实心黏土砖再砌砌块。其构造如图 3-22 所示。

3.4.2　轻骨架隔墙

轻骨架隔墙由骨架和面层两部分组成，骨架有木骨架和金属骨架之分，面层有板条抹灰、钢丝网板条抹灰、胶合板、纤维板、石膏板等。由于先立墙筋（骨架），再做面层，故又称为立筋式隔墙。

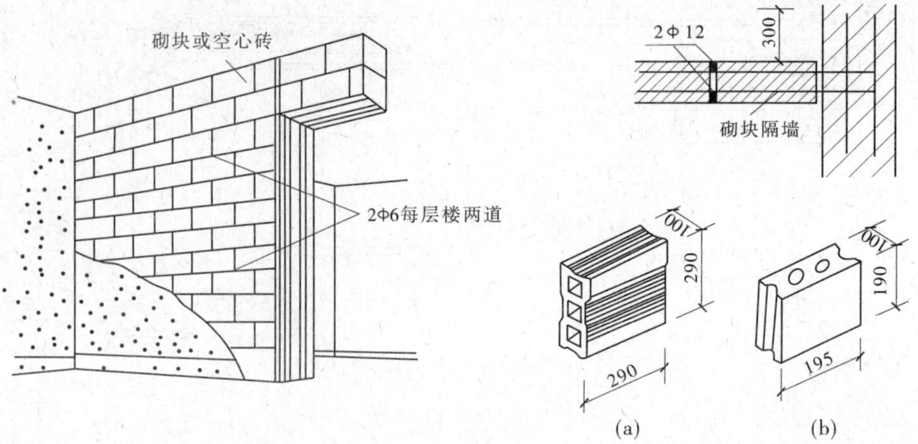

图 3-22　砌块隔墙构造图

3.4.2.1　**板条抹灰隔墙**

板条抹灰隔墙是由上槛、下槛、墙筋斜撑或横挡组成木骨架，其上钉以板条再抹灰而成的，其构造如图 3-23 所示。

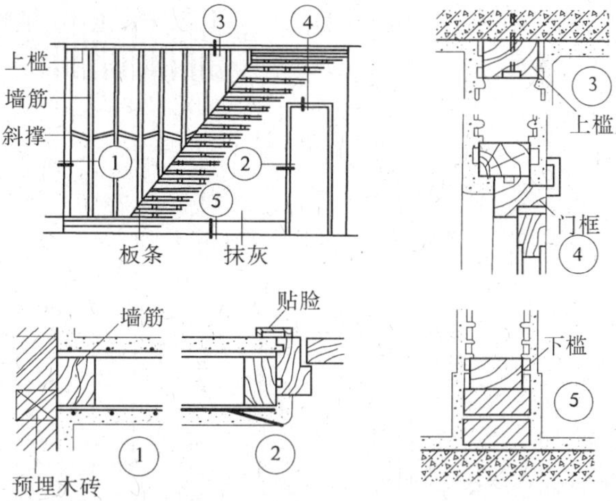

图3-23　板条抹灰隔墙构造图

3.4.2.2　立筋面板隔墙

立筋面板隔墙系指面板用人造胶合板、纤维板或其他轻质薄板，骨架为木质或金属组合而成。

(1)骨架。墙筋间距视面板规格而定。金属骨架一般采用薄型钢板、铝合金薄板或拉眼钢板网加工而成，并保证板与板的接缝在墙筋和横挡上，如图3-24所示。

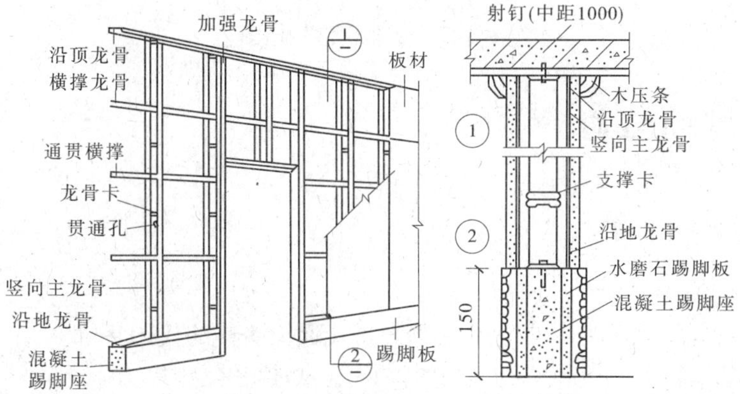

图3-24　金属骨架(轻钢、铝合金型材)

(2)饰面层。常用类型有:胶合板、硬质纤维板、石膏板等。

采用金属骨架时，可先钻孔，用螺栓固定，或采用膨胀铆钉将板材固定在墙筋上。立筋面板隔墙为干作业，自重轻，可直接支撑在楼板上，施工方便，灵活多变，故得到广泛应用，但隔声效果较差。

3.4.3　板材隔墙

板材隔墙是指各种轻质板材的高度相当于房间净高，不依赖骨架，可直接装配而成，目前多采用条板,如碳化石灰板、加气混凝土条板、多孔石膏条板、纸蜂窝板、水泥刨花板、复合板等,其构造如图 3-25 所示。

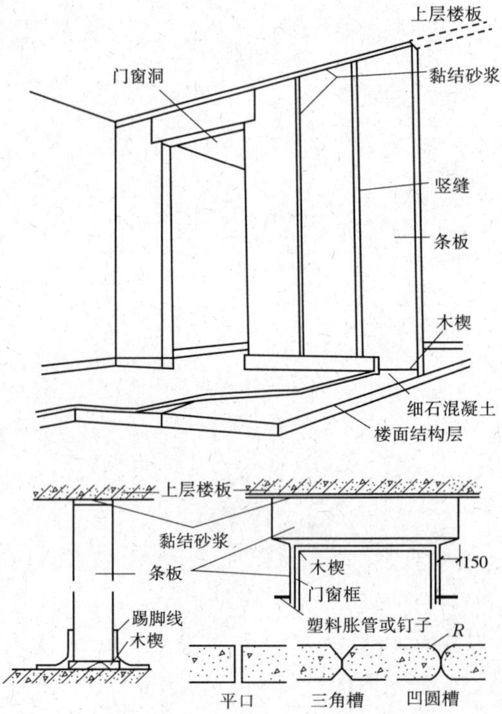

图 3-25 板材隔墙构造图

3.5 墙面装修

3.5.1 墙面装修的作用

墙面装修的作用有:

(1)保护墙体。增强墙体的坚固性、耐久性,延长墙体的使用年限。

(2)改善墙体的使用功能。提高墙体的保温、隔热和隔声能力。

(3)提高建筑的艺术效果,美化环境。

3.5.2 墙面装修的分类

(1)按装修所处部位不同,有室外装修和室内装修两类。室外装修要求采用强度高、抗冻性强、耐水性好以及具有抗腐蚀性的材料。室内装修材料则因室内使用功能不同,要求有一定的强度、耐水及耐火性。

(2)按饰面材料和构造不同,有清水勾缝、抹灰类、贴面类、涂刷类、裱糊类、条板类、玻璃(或金属)幕墙等。

3.5.3 墙面装修构造

3.5.3.1 清水砖墙

清水砖墙是不作抹灰和饰面的墙面。为防止雨水浸入墙身和整齐美观，可用1∶1或1∶2水泥细砂浆勾缝，勾缝的形式有平缝、平凹缝、斜缝、弧形缝等。

3.5.3.2 抹灰类墙面装修

抹灰分为一般抹灰和装饰抹灰两类。

1. 一般抹灰

一般抹灰有石灰砂浆、混合砂浆、水泥砂浆等。外墙抹灰一般为20～25 mm，内墙抹灰为15～20 mm，顶棚为12～15 mm。在构造上和施工时须分层操作，一般分为底层、中层和面层，各层的作用和要求不同。

（1）底层抹灰主要起到与基层墙体黏结和初步找平的作用。

（2）中层抹灰的作用在于进一步找平，以减少打底砂浆层干缩后可能出现的裂纹。

（3）面层抹灰主要起装饰作用，因此要求面层表面平整、无裂痕、颜色均匀。

抹灰按质量及工序要求分为三种标准，如表3-3所示。

表3-3 抹灰类三种标准

标准	层次				适用范围
	底层(层)	中层(层)	面层(层)	总厚度(mm)	
普通抹灰	1		1	≤18	简易宿舍、仓库等
中级抹灰	1	1	1	≤20	住宅、办公楼、学校、旅馆等
高级抹灰	1	若干	1	≤25	公共建筑、纪念性建筑，如剧院、展览馆等

2. 装饰抹灰

装饰抹灰有水刷石、干粘石、斩假石、水泥拉毛等。装饰抹灰一般是指采用水泥、石灰砂浆等抹灰的基本材料，除对墙面作一般抹灰之外，利用不同的施工操作方法将其直接做成饰面层。

3.5.3.3 贴面类墙面装修

贴面类墙面装修指在内外墙面上粘贴各种天然石板、人造石板、陶瓷面砖等。

1. 面砖饰面

面砖应先放入水中浸泡，安装前取出晾干或擦干净，安装时先抹15 mm 1∶3水泥砂浆找底并划毛，再用1∶0.3∶3水泥石灰混合砂浆或用掺有107胶（水泥用量5%～7%）的1∶2.5水泥砂浆满刮10 mm厚于面砖背面紧粘于墙上。对贴于外墙的面砖常在面砖之间留出一定缝隙，如图3-26所示。

2. 锦砖饰面

锦砖也称为马赛克，有陶瓷锦砖和玻璃锦砖之分。它的尺寸较小，根据其花色品种，可拼成各种花纹图案。一般做成18.5 mm×18.5 mm×5 mm、39 mm×39 mm×5 mm的小方块，或边长为25 mm的六角形等。这种制品出厂前已按各种图案反贴在牛皮纸上，每张大小约30 cm见方，称作一联，其面积约0.093 m^2，每40联为一箱，每箱约3.7 m^2。

铺贴时先预先按设计的图案预排,然后牛皮纸面向外将马赛克贴于饰面基层上,待半凝后将纸洗掉,同时修整饰面。其构造如图3-27所示。

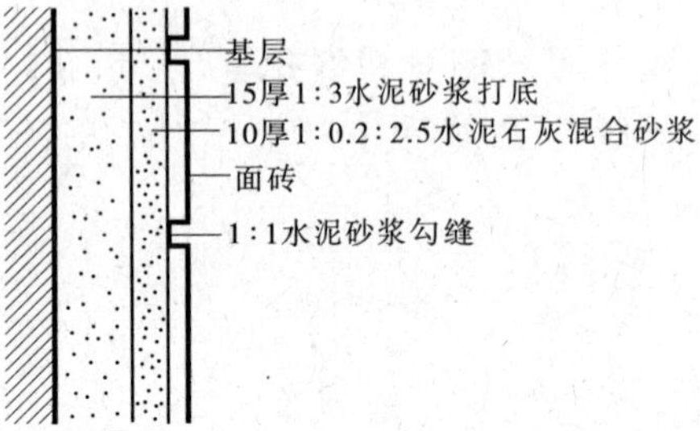

图3-26 面砖饰面构造示意

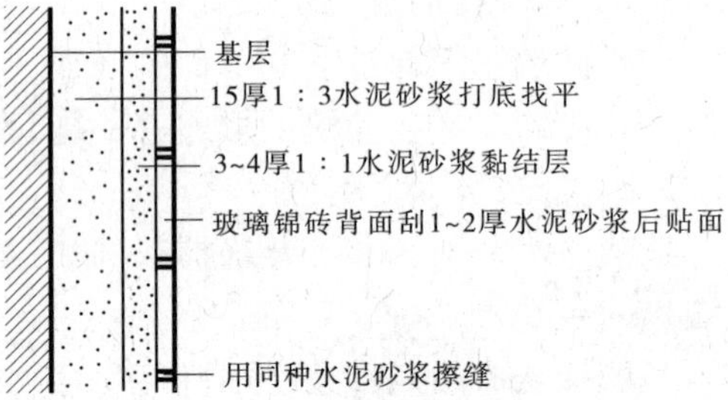

图3-27 陶瓷锦砖饰面

3. 天然石材和人造石材饰面

石材按其厚度分有两种,通常厚度30~40 mm称为板材,厚度40~130 mm以上称为块材。常见天然板材饰面有花岗石、大理石和青石板等,具有强度高、耐久性好,多作高级装饰用。常见人造石板有预制水磨石板、人造大理石板等。

(1)石材拴挂法(湿法挂贴)。天然石材和人造石材的安装方法相同,先在墙内或柱内预埋Φ6铁箍,间距依石材规格而定,而铁箍内立Φ8~Φ10立筋,在立筋上绑扎横筋,形成钢筋网。在石板上下边钻小孔,用双股16号钢丝绑扎固定在钢筋网上。上下两块石板用不锈钢卡销固定。板与墙面之间预留20~30 mm缝隙,上部用定位活动木楔做临时固定,校正无误后,在板与墙之间浇筑1:3水泥砂浆,待砂浆初凝后,取掉定位活动木楔,继续上层石板的安装,如图3-28所示。

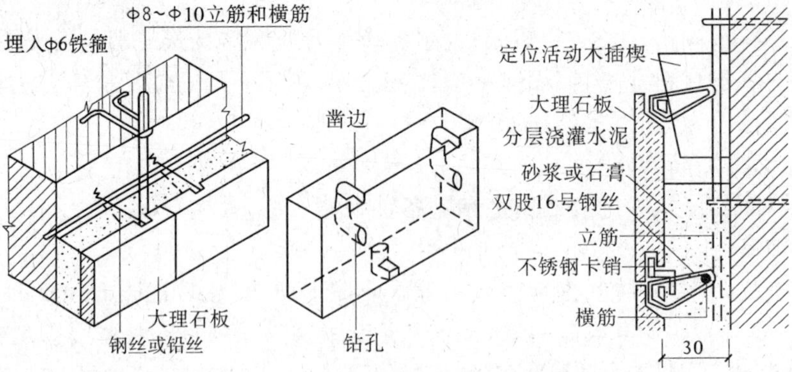

图3-28 石材拴挂法构造

(2)干挂石材法(连接件挂接法)。干挂石材的施工方法是用一组高强耐腐蚀的金属连接件,将饰面石材与结构可靠地连接,其间形成空气间层不作灌浆处理,其构造如图3-29所示。干挂石材法骨架与柱的连接如图3-30所示。

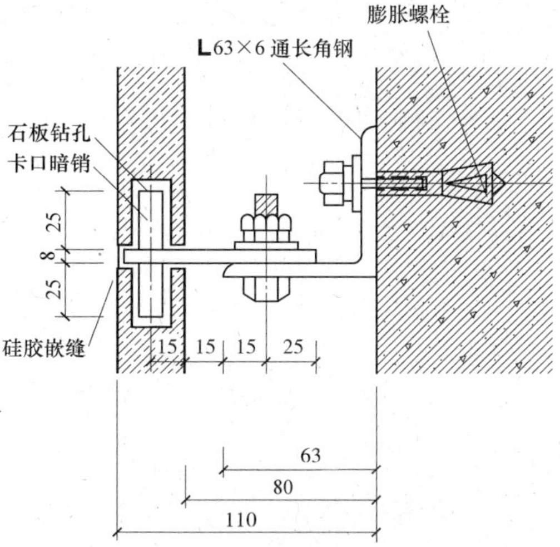

图 3-29　干挂石材法构造

图 3-30　干挂石材法骨架与柱的连接实例

3.5.3.4　**涂料类墙面装修**

涂料是指喷涂、粉刷于基层表面后,能与基层形成完整而牢固的保护膜的涂层饰面装修。

涂料按其主要成膜物的不同,可以分为无机涂料和有机涂料两大类。

(1)无机涂料。常用的无机涂料有大白浆、可赛银浆、无机高分子涂料等。

(2)有机涂料。有机涂料依其主要成膜物质和稀释剂的不同,可分为溶剂型涂料、水溶性涂料和乳液型涂料三种。

3.5.3.5　**裱糊类墙面装修**

裱糊类墙面装修是将各种装饰性的墙纸、墙布、织锦等材料裱糊在内墙面上的一种装修饰面。墙纸品种很多,目前国内使用最多的是塑料墙纸和玻璃纤维墙布等。

(1)基层处理:在基层刮腻子,以使裱糊墙纸的基层表面达到平整光滑。同时为了避免基层吸水过快,还应对基层进行封闭处理,处理方法是在基层表面满刷一遍按 1∶0.5 ~ 1∶1稀释的 107 胶水。

(2)裱贴墙纸:粘贴剂通常采用 107 胶。其配合比为 107 胶∶羧甲基纤维素(2.5%)水溶液∶水 =100∶(20 ~30)∶50,107 胶的含固量为 12%左右。

3.5.3.6　**板材类墙面装修**

板材类装修是指采用天然木板或各种人造薄板借助于镶钉胶等固定方式对墙面进行装饰处理。板材类墙面由骨架和面板组成,骨架有木骨架和金属骨架,面板有硬木板、胶合板、纤维板、石膏板等各种装饰面板和近年来应用日益广泛的金属面板。常见的构造方法如下:

(1)木质板墙面。木质板墙面是用各种硬木板、胶合板、纤维板以及各种装饰面板等装修材料做墙面。具有美观大方、装饰效果好,且安装方便等优点,但防火、防潮性能欠佳,一般多用作宾馆、大型公共建筑的门厅以及大厅面的装修。木质板墙面装修构造是先立墙筋,然后外钉面板,其构造如图 3-31 所示。

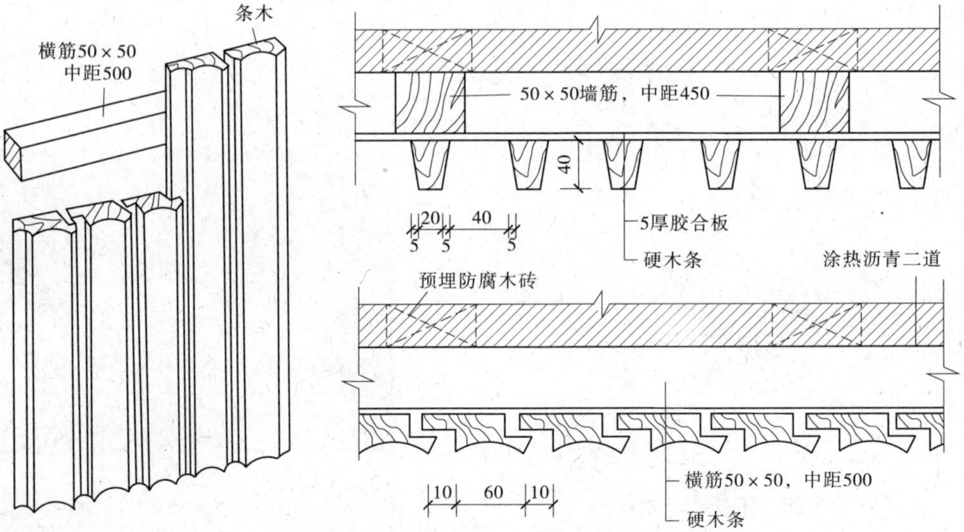

图3-31 木质板墙面构造

(2)金属薄板墙面。金属薄板墙面是指利用薄钢板、不锈钢板、铝板或铝合金板作为墙面装修材料。以其精密、轻盈,体现着新时代的审美情趣。

金属薄板墙面装修构造,也是先立墙筋,然后外钉面板。墙筋用膨胀铆钉固定在墙上,间距为60~90 mm。金属板用自攻螺丝或膨胀铆钉固定,也可先用电钻打孔后用木螺丝固定。

(3)石膏板墙面。一般构造做法是:首先在墙体上涂刷防潮涂料,然后在墙体上铺设龙骨,将石膏板钉在龙骨上,最后进行板面修饰,如图3-32所示。

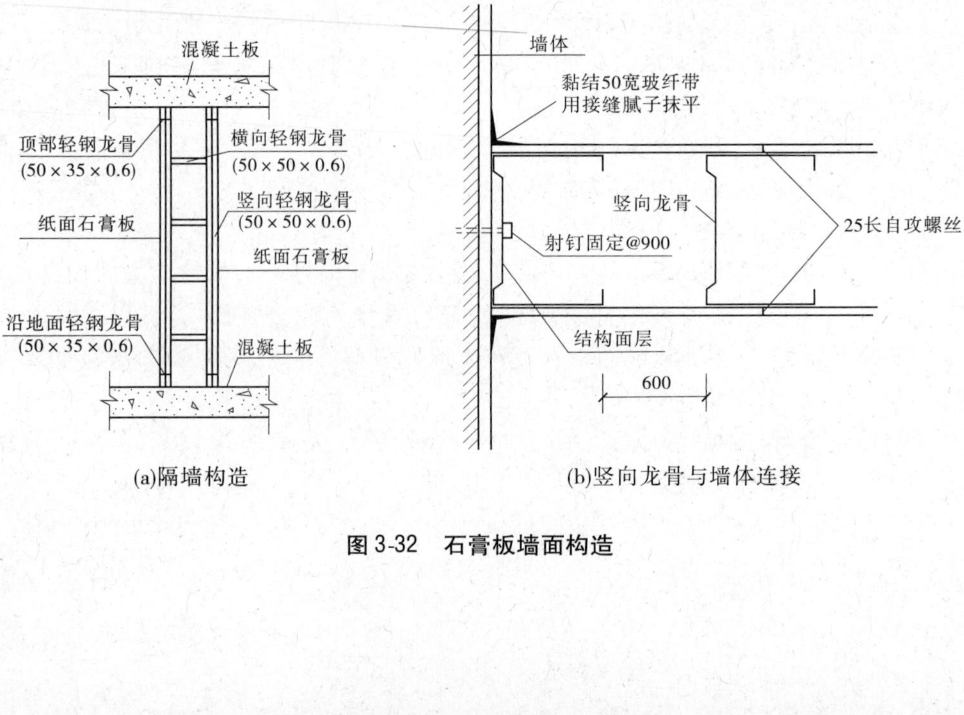

(a)隔墙构造 (b)竖向龙骨与墙体连接

图3-32 石膏板墙面构造

3.6 建筑幕墙

3.6.1 幕墙类型

(1)按幕墙材料分:有玻璃、金属、轻质混凝土挂板、天然花岗石板等幕墙。其中玻璃幕墙是当代的一种新型墙体,不仅装饰效果好,而且质量轻,安装速度快,是外墙轻型化、装配化较理想的形式。

(2)玻璃幕墙按构造方式不同可分为:露框、半隐框、隐框及悬挂式玻璃幕墙等。

(3)按施工方式可分为:分件式幕墙(现场组装)和板块式幕墙(预制装配)两种。

3.6.2 玻璃幕墙的构造组成

玻璃幕墙由玻璃和金属框组成幕墙单元,借助于螺栓和连接铁件安装到框架上。

(1)金属边框:有竖框、横框之分,起骨架和传递荷载作用。可用铝合金、铜合金、不锈钢等型材做成,铝合金边框的工程实例如图3-33所示。

(2)玻璃:有单层、双层、双层中空和多层中空玻璃,起采光、通风、隔热、保温等围护作用。通常选择热工性能好、抗冲击能力强的钢化玻璃、吸热玻璃、镜面反射玻璃、中空玻璃等。接缝构造多采用密封层、密封衬垫层、空腔三层构造层。

(3)连接固定件:有预埋件、转接件、连接件、支承用材等,在幕墙及主体结构之间以及幕墙元件与元件之间起连接固定作用,幕墙骨架与主体的连接件如图3-34所示。工程实际中,常见的有竖向骨架与梁、柱的连接,如图3-35和图3-36所示;横向骨架连接件,如图3-37所示;竖向骨架与横向骨架的连接,如图3-38所示。

图3-33 铝合金边框的工程实例

图3-34 幕墙骨架与主体的连接件

图 3-35　竖向骨架与梁的连接

图 3-36　竖向骨架与柱的连接

图 3-37　横向骨架连接件

图 3-38　竖向骨架与横向骨架的连接

(4)装修件:包括后衬板(墙)、扣盖件及窗台、楼地面、踢脚、顶棚等构部件,起密闭、装修、防护等作用。

(5)密封材:有密封膏、密封带、压缩密封件等,起密闭、防水、保温、绝热等作用。此外,还有窗台板、压顶板、泛水,防止凝结水和变形缝等专用件。

小　结

本章主要介绍承重墙和隔墙的类型、构造,混合结构中圈梁、构造柱等设置的重要性,墙体常用的饰面类型和构造,玻璃幕墙的构造形式,满足温度变形、地基不均匀沉降、抗震要求的变形缝三缝设置的意义和节点构造等。本章重点是既满足结构要求又具有中国特色的实心黏土砖清水墙的细部构造(勒脚、窗台、过梁、墙身加固等)。本章难点是砌块墙、板材墙的细部构造。由于砌块、板材的规格尺寸与建筑物开间、进深、墙体尺寸不完全吻合,在门、窗、洞口等细部构造处,科学合理地预排方案设计、异形配件砖(板)的运用。

思考与练习题

一、思考题

1. 简述墙体类型的分类方式及类别?
2. 简述砖混结构的几种结构布置方案及特点。
3. 墙体设计在使用功能上应考虑哪些设计要求?
4. 简述砖墙优缺点? 普通黏土砖(即标准砖)的优点是什么?
5. 砖墙组砌的要点是什么?
6. 普通烧结实心黏土砖的规格尺寸? 它与房间开间、进深、墙体尺寸如何协调。
7. 简述墙脚水平防潮层的设置位置、方式及特点。
8. 墙身加固措施有哪些? 有何设计要求?

二、练习题

1. 常见勒脚的构造做法有哪些?
2. 什么情况下要设垂直防潮层? 为什么?
3. 试述散水和明沟的作用及一般做法。
4. 常见的过梁有几种? 它们的适用范围和构造特点是什么?
5. 窗台构造中应考虑哪些问题?
6. 什么是变形缝? 伸缩缝、沉降缝、防震缝各有何特点? 它们在构造上有何不同?
7. 砌块墙的组砌要求有哪些?
8. 常见隔墙有哪些? 简述各种隔墙的构造做法。
9. 试述墙面装修的作用和基本类型。
10. 举例说明墙面装修的1~2种构造做法及使用范围。

第4章 楼地层

【实训活动】

带领学生参观施工现场等，通过实地讲解地坪层、楼板层构造设计的原理，并结合理论会绘制构造图形。

【技能掌握】

通过实训活动和本章节的理论学习，掌握地坪层、楼板层构造设计等基本知识和设计内容，并能参照实物和教材进行简单图示表达。

4.1 楼地层的构造组成、楼板的类型及设计要求

4.1.1 楼地层的构造组成

楼地层包括建筑的楼板层和地坪层，是分隔建筑空间的水平承重构件，如图 4-1 所示。

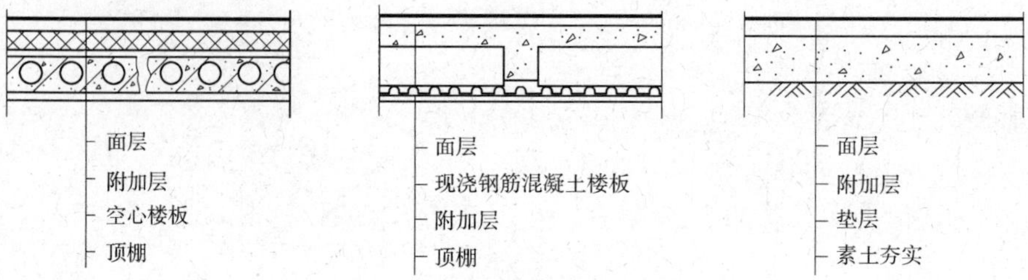

(a) 楼板层　　(b) 地坪层

图 4-1 楼地层的构造组成

4.1.1.1 楼板层的构造组成

为了满足使用功能的要求，楼板层通常由多层构造组成，如图 4-1(a)所示。

1. 面层

面层位于楼板层的最上层，起着保护楼板层、分布荷载和绝缘的作用，同时对室内起美化装饰作用。

2. 结构层

结构层主要功能在于承受楼板层上的全部荷载并将这些荷载传给墙或柱，同时还对墙身起水平支撑作用，以加强建筑物的整体刚度。

3. 附加层

附加层又称功能层,根据楼板层的具体要求而设置,通常设置在面层和结构层之间,或结构层和顶棚之间。主要作用是隔声、隔热、保温、防水、防潮、防腐蚀、防静电等。根据需要,有时和面层合二为一,有时又和吊顶合为一体。

4. 楼板顶棚层

楼板顶棚层位于楼板层最下层,主要作用是保护楼板、安装灯具、遮挡各种水平管线,改善使用功能、装饰美化室内空间。

4.1.1.2 地坪层的构造组成

地坪层由面层、附加层、垫层、素土夯实四部分组成,如图4-1(b)所示。

4.1.2 楼板的类型

根据所用材料不同,楼板可分为木楼板、钢筋混凝土楼板和压型钢板组合楼板等多种类型,如图4-2所示。

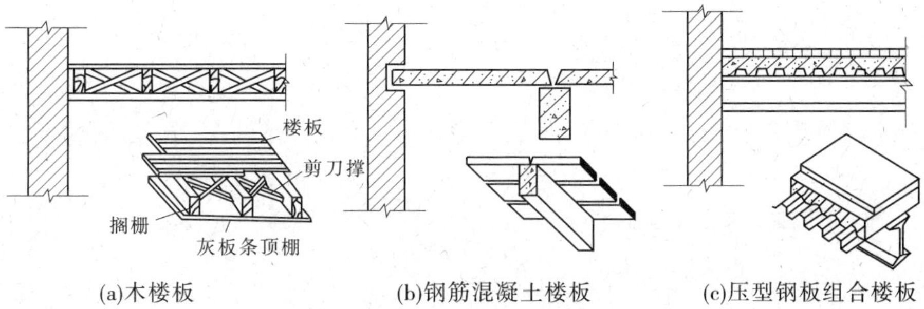

图4-2 楼板的类型

(1)木楼板自重轻、保温隔热性能好、舒适、有弹性,只在木材产地采用较多,但耐火性和耐久性均较差,且造价偏高,为节约木材和满足防火要求,现采用较少。

(2)钢筋混凝土楼板具有强度高、刚度好、耐火性和耐久性好、可塑性好的优点,便于工业化生产,在我国应用最广泛。按其施工方法不同,可分为现浇式、装配式和装配整体式三种。

(3)压型钢板组合楼板是在钢筋混凝土基础上发展起来的,利用钢衬板作为楼板的受弯构件和底模,既提高了楼板的强度和刚度,又加快了施工进度,是目前正大力推广的一种新型楼板。

4.1.3 楼板层的设计要求

(1)具有足够的强度和刚度。强度要求是指楼板层应保证在自重和活荷载作用下安全可靠,不发生任何破坏。这主要是通过结构设计来满足要求。刚度要求是指楼板层在一定荷载作用下不发生过大变形,以保证正常使用状况。《混凝土结构设计规范》(GB 50010—2010)规定楼板的允许挠度不大于跨度的1/250,可用板的最小厚度(1/40L~1/35L)来保证其刚度。

(2)具有一定的隔声能力。不同使用性质的房间对隔声的要求不同,如我国对住宅楼板的隔声标准中规定:一级隔声标准为65 dB,二级隔声标准为75 dB等。对一些特殊性质的房间如广播室、录音室、演播室等的隔声要求则更高。楼板主要是隔绝固体传声,如人的脚步声、拖动家具、敲击楼板等都属于固体传声,防止固体传声可采取以下措施:①在楼板表面铺设地毯、橡胶、塑料毡等柔性材料。②在楼板与面层之间加弹性垫层以降低楼板的振动,即“浮筑式楼板”。③在楼板下加设吊顶,使固体噪声不直接传入下层空间。

(3)具有一定的防火能力。保证在火灾发生时,在一定时间内不至于因楼板塌陷而给生命和财产带来损失。

(4)具有防潮、防水能力。对有水的房间,都应该进行防潮防水处理。

(5)满足各种管线的设置。

(6)满足建筑经济的要求。

4.2 钢筋混凝土楼板构造

钢筋混凝土楼板按其施工方法不同,可分为现浇式、装配式和装配整体式三种。

4.2.1 现浇钢筋混凝土楼板

现浇钢筋混凝土楼板整体性好,特别适用于有抗震设防要求的多层房屋和对整体性要求较高的其他建筑,对有管道穿过的房间、平面形状不规整的房间、尺度不符合模数要求的房间和对防水要求较高的房间,都适合采用现浇钢筋混凝土楼板。

4.2.1.1 平板式楼板

楼板根据受力特点和支承情况,分为单向板和双向板。为满足施工要求和经济要求,对各种板式楼板的最小厚度和最大厚度,一般规定如下:

(1)单向板时(板的长边与短边之比>2):屋面板板厚60~80 mm;民用建筑楼板厚70~100 mm;工业建筑楼板厚80~180 mm。

(2)双向板时(板的长边与短边之比≤2):板厚为80~160 mm。

此外,板的支承长度规定:当板支承在砖石墙体上,其支承长度不小于120 mm或板厚;当板支承在钢筋混凝土梁上时,其支承长度不小于60 mm;当板支承在钢梁或钢屋架上时,其支承长度不小于50 mm。

4.2.1.2 肋梁楼板

1. 单向肋梁楼板

单向肋梁楼板由板、次梁和主梁组成,如图4-3和图4-4所示。其荷载传递路线为板→次梁→主梁→柱(或墙)。主梁的经济跨度为5~8 m,主梁高为主梁跨度的1/14~1/8,主梁宽为高的1/3~1/2;次梁的经济跨度为4~6 m,次梁高为次梁跨度的1/18~1/12,宽度为梁高的1/3~1/2,次梁跨度即为主梁间距;板的厚度确定同板式楼板,由于板的混凝土用量占整个肋梁楼板混凝土用量的50%~70%,因此板宜取薄些,通常板跨不大于3 m,其经济跨度为1.7~2.5 m。

2. 双向板肋梁楼板(井式楼板)

双向板肋梁楼板常无主次梁之分,由板和梁组成,荷载传递路线为板→梁→柱(或墙),如图4-5所示。

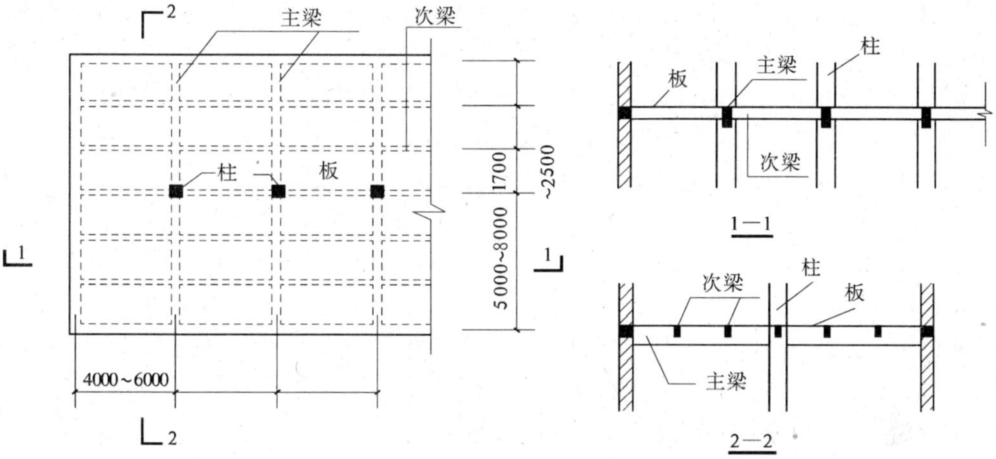

图4-3 单向肋梁楼板布置图

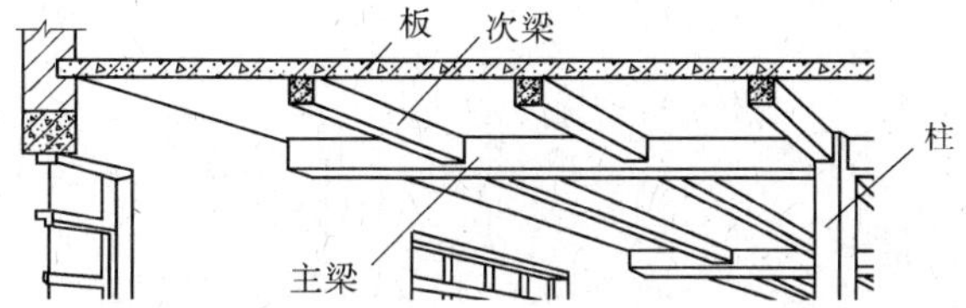

(a)

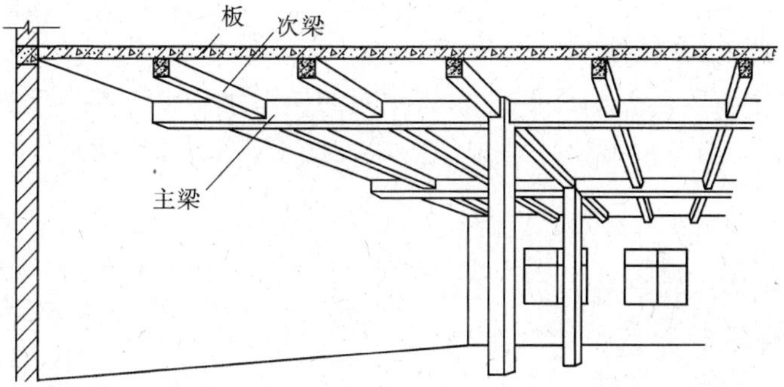

(b)

图4-4 单向肋梁楼板透视图

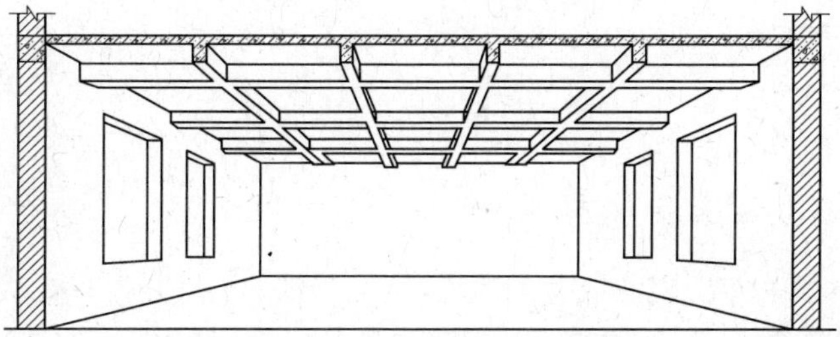

图4-5 井式楼板透视图

当双向板肋梁楼板的板跨相同,且两个方向的梁截面也相同时,就形成了井式楼板。井式楼板适用于长宽比不大于1.5的矩形平面,井式楼板中板的跨度在3.5~6 m,梁的跨度可达20~30 m,梁截面高度不小于梁跨的1/15,宽度为梁高的1/4~1/2,且不少于120 mm。井式楼板可与墙体正交放置或斜交放置。由于井式楼板可以用于较大的无柱空间,而且楼板底部的井格整齐划一,很有韵律,稍加处理就可形成艺术效果很好的顶棚。

4.2.1.3 无梁楼板

无梁楼板为等厚的平板直接支承在柱上,分为有柱帽和无柱帽两种,如图4-6所示。当楼面荷载比较小时,可采用无柱帽楼板;当楼面荷载较大时,必须在柱顶加设柱帽。无梁楼板的柱可设计成方形、矩形、多边形和圆形;柱帽可根据室内空间要求和柱截面形式进行设计;板的最小厚度不小于150 mm且不小于板跨的1/35~1/32。无梁楼板的柱网一般布置为正方形或矩形,间跨一般不超过6 m。

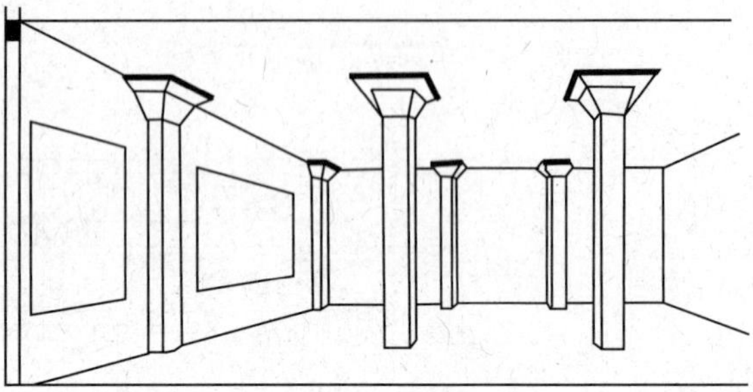

图4-6 无梁楼板透视图

4.2.1.4 压型钢板组合楼板

压型钢板组合楼板是利用截面为凹凸相间的压型钢板做衬板与现浇混凝土面层浇筑在一起支承在钢梁上的板,是整体性很强的一种楼板,如图4-7所示。

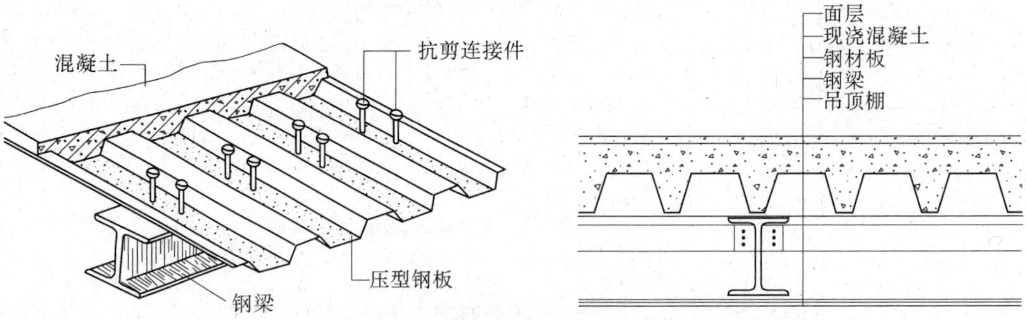

图4-7 压型钢板组合楼板

4.2.2 装配式钢筋混凝土楼板

装配式钢筋混凝土楼板系指在构件预制加工厂或施工现场外预先制作,然后运到工地现场进行安装的钢筋混凝土楼板。预制板的长度一般与房屋的开间或进深一致,为3M的倍数;板的宽度一般为1M的倍数;板的截面尺寸须经结构计算确定。

4.2.2.1 板的类型

预制钢筋混凝土楼板按应力状况不同,有预应力和非预应力两种。

预制钢筋混凝土楼板按截面形式不同,常用类型有实心平板、槽形板、空心板三种。

1. 实心平板

实心平板规格较小,跨度一般在 1.5 m 左右,板厚一般为 60 mm。预制实心平板由于其跨度小,常用于过道和小房间、卫生间、厨房的楼板。

2. 槽形板

槽形板是一种肋板结合的预制构件,即在实心板的两侧设有边肋,作用在板上的荷载都由边肋来承担,板宽为 500 ~ 1 200 mm,非预应力槽形板跨长通常为 3 ~ 6 m,板肋高为 120 ~ 240 mm,板厚仅 30 mm。槽形板减轻了板的自重,具有省材料,便于在板上开洞等优点,但隔声效果差。

3. 空心板

空心板也是一种梁板结合的预制构件,其结构计算理论与槽形板相似,两者的材料消耗也相近,但空心板上下板面平整,且隔声效果优于槽形板,因此是目前广泛采用的一种形式。

目前我国预应力空心板的跨度可达到 6 m、6.6 m、7.2 m 等,板的厚度为 120 ~ 300 mm。空心板安装前,应在板端的圆孔内填塞 C15 混凝土短圆柱(即堵头),以避免板端被压坏。

4.2.2.2 板的结构布置方式

板的结构布置方式应根据房间的平面尺寸及房间的使用要求进行结构布置,可采用墙承重系统和框架承重系统。一般有两种布置方式:

(1)当预制板直接搁置在墙上时称为板式结构布置。

(2)当预制板搁置在梁上时称为梁板式结构布置。

4.2.2.3 板的搁置要求

支承于梁上时其搁置长度应不小于 80 mm;支承于内墙上时其搁置长度应不小于 100 mm;支承于外墙上时其搁置长度应不小于 120 mm。铺板前,先在墙或梁上用 10 ~ 20 mm厚 M5 水泥砂浆找平(即坐浆),然后再铺板,使板与墙或梁有较好的连接,同时也使墙体受力均匀。

当采用梁板式结构时,板在梁上的搁置方式一般有两种,一种是板直接搁置在梁顶上;另一种是板搁置在花篮梁或十字梁上,如图 4-8 所示。

4.2.2.4 板缝处理

预制板板缝起着连接相邻两块板协同工作的作用,使楼板成为一个整体。在具体布置楼板时,往往出现缝隙。①当缝隙小于 60 mm 时,可调节板缝(使其≤30 mm,灌 C20 细石混凝土);②当缝隙在 60 ~ 120 mm 时,可在灌缝的混凝土中加配 2 Φ 6 通长钢筋;③当缝隙在 120 ~ 200 mm 时,设现浇钢筋混凝土板带,且将板带设在墙边或有穿管的部位;④当缝隙大于 200 mm 时,调整板的规格。板缝处理如图 4-9 所示。

4.2.2.5 装配式钢筋混凝土楼板的抗震构造

圈梁应紧贴预制楼板板底设置,外墙则应设缺口圈梁(L 型梁),将预制板箍在圈梁

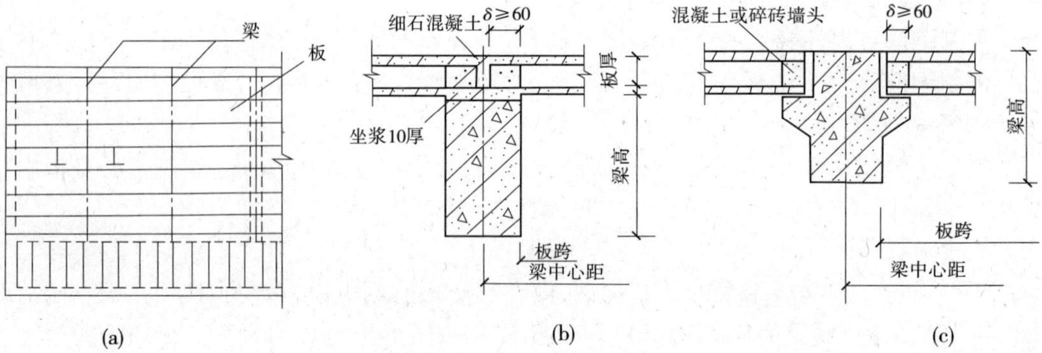

图 4-8　板在梁上的搁置方式

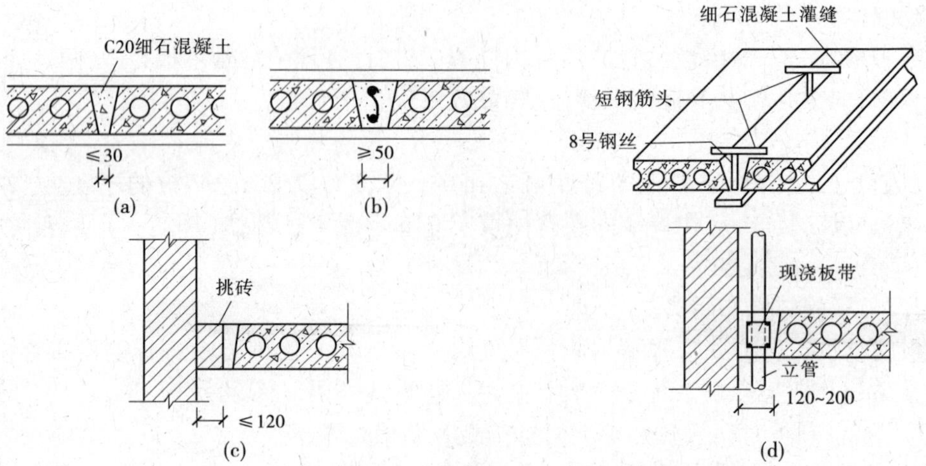

图 4-9　板缝处理

内。当板的跨度大于4.8 m,并与外墙平行时,靠外墙的预制板边应设拉结筋与圈梁拉接。

4.2.3　装配整体式钢筋混凝土楼板

装配整体式楼板,是先预制部分构件,然后在现场安装,再以整体浇筑的办法连接而成的楼。

4.2.3.1　密肋填充楼板

现浇(或预制)密肋小梁间安放预制空心砌块并现浇面板而制成的楼板结构如图4-10所示。它们有整体性强和模板利用率高等特点。

4.2.3.2　叠合楼板

预制(预应力)薄板与现浇混凝土面层叠合而成的装配整体式楼板,又称预制薄板叠合楼板。这种楼板以预制混凝土薄板为永久模板而承受施工荷载,板面现浇混凝土叠合层。

叠合楼板跨度一般为4~6 m,最大可达9 m,通常以5.4 m以内较为经济。预应力薄

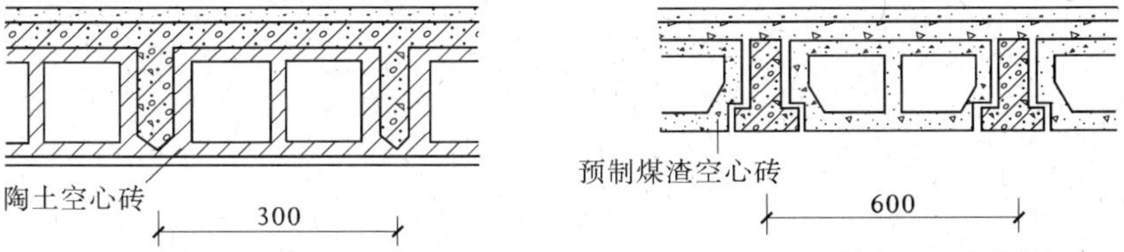

(a) 现浇密肋楼板　　(b) 预制小梁密肋楼板

图 4-10　密肋楼板

板厚 50 ~ 70 mm，板宽 1.1 ~ 1.8 m。为了保证预制薄板与叠合层有较好的连接，薄板上表面需做处理，常见的有两种：一是在上表面做刻槽处理，刻槽直径 50 mm，深 20 mm，间距 150 mm；另一种是在薄板表面露出较规则的、三角形的结合钢筋。叠合楼板如图 4-11 所示。

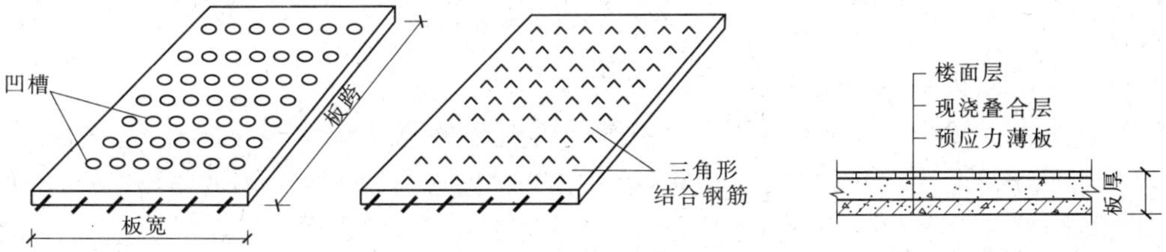

(a)板面刻槽　　(b)板面外露三角形结合钢筋　　(c)预应力薄板叠合楼板

图 4-11　叠合楼板

4.3　顶棚构造

4.3.1　直接式顶棚

直接式顶棚是直接在钢筋混凝土屋面板或楼板下表面直接喷浆、抹灰或粘贴装修材料的一种构造方法。当板底平整时，可直接喷、刷大白浆或 106 涂料；当楼板结构层为钢筋混凝土预制板时，可用 1∶3 水泥砂浆填缝刮平，再喷刷涂料。这类顶棚构造简单，施工方便，具体做法和构造与内墙面的抹灰类、涂刷类、裱糊类基本相同，常用于装饰要求不高的一般建筑。

4.3.2　悬吊式顶棚

悬吊式顶棚又称吊顶，它距屋顶或楼板的下表面有一定的距离，通过悬挂物与主体结构连接在一起。

4.3.2.1　吊顶的类型

1. 根据结构构造形式不同分类

根据结构构造形式的不同，吊顶可分为整体式吊顶、活动式装配吊顶、隐蔽式装配吊顶和开敞式吊顶等。

2. 根据材料不同分类

根据材料的不同，吊顶可分为板材吊顶、轻钢龙骨吊顶、金属吊顶等。

4.3.2.2 吊顶的构造组成

1. 吊顶龙骨

吊顶龙骨分为主龙骨与次龙骨，主龙骨为吊顶的承重结构，次龙骨则是吊顶的基层。主龙骨通过吊筋或吊件固定在楼板结构上，次龙骨用同样的方法固定在主龙骨上。龙骨可用木材、轻钢、铝合金等材料制作，其断面大小视其材料品种、是否上人和面层构造做法等因素而定。主龙骨断面比次龙骨大，间距约为 2 m。悬吊主龙骨的吊筋为Φ 8 ~ Φ 10 钢筋，间距也是不超过 2 m。次龙骨间距视面层材料而定，间距一般不超过 600 mm。

2. 吊顶面层

吊顶面层分为抹灰面层和板材面层两大类。抹灰面层为湿作业施工，费工费时；板材面层，既可加快施工速度，又容易保证施工质量。板材吊顶有植物板材、矿物板材和金属板材等。

4.3.2.3 木质(植物)板材吊顶构造

吊顶龙骨一般用木材制作，分格大小应与板材规格相协调。为了防止植物板材因吸湿而产生凹凸变形，面板宜锯成小块板铺钉在次龙骨上，板块接头必须留 3 ~ 6 mm 的间隙作为预防板面翘曲的措施。板缝缝形根据设计要求可做成密缝、斜槽缝、立缝等形式，如图 4-12 所示。

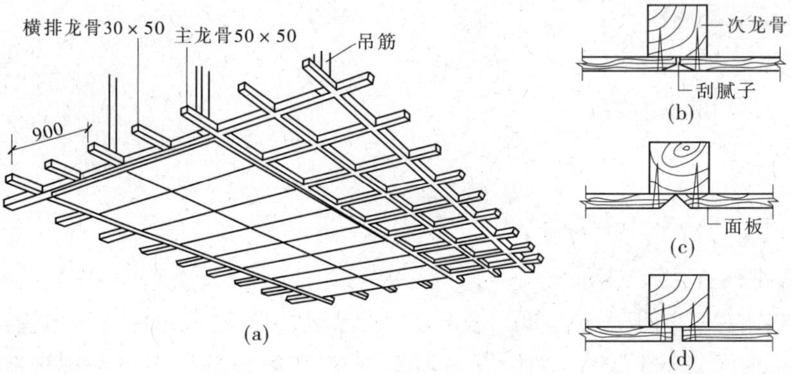

图 4-12 木质板材吊顶构造

4.3.2.4 矿物板材吊顶构造

矿物板材吊顶常用石膏板、石棉水泥板、矿棉板等板材作面层，轻钢或铝合金型材作龙骨。这类吊顶的优点是自重轻、施工安装快、无湿作业、耐火性能优于植物板材吊顶和抹灰吊顶，故在公共建筑或高级工程中应用较广。

轻钢和铝合金龙骨的布置方式有两种：龙骨外露的布置方式(如图 4-13 和图 4-14 所示)和不露龙骨的布置方式。

图 4-13 龙骨外露吊顶实例

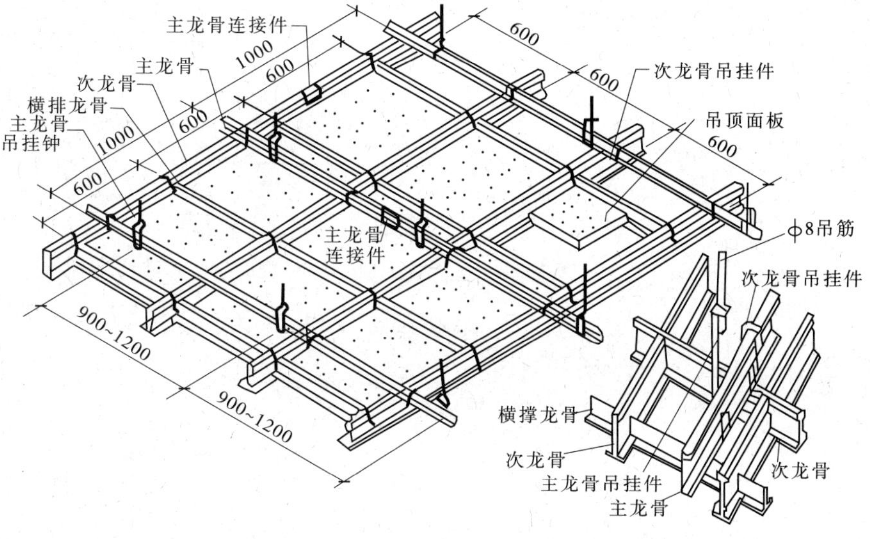

图 4-14 龙骨外露吊顶的构造

不露龙骨的布置方式的主龙骨仍采用槽形断面的轻钢型材，但次龙骨采用 U 形断面轻钢型材，用专门的吊挂件将次龙骨固定在主龙骨上，面板用自攻螺钉固定于次龙骨上，其构造形式如图 4-15 所示。

4.3.2.5 金属板材吊顶构造

金属板材吊顶最常用的是以铝合金条板作面层，以轻钢型材作龙骨。常见的有密铺铝合金条板吊顶（如图 4-16 所示）和开敞式铝合金条板吊顶（如图 4-17 所示）。

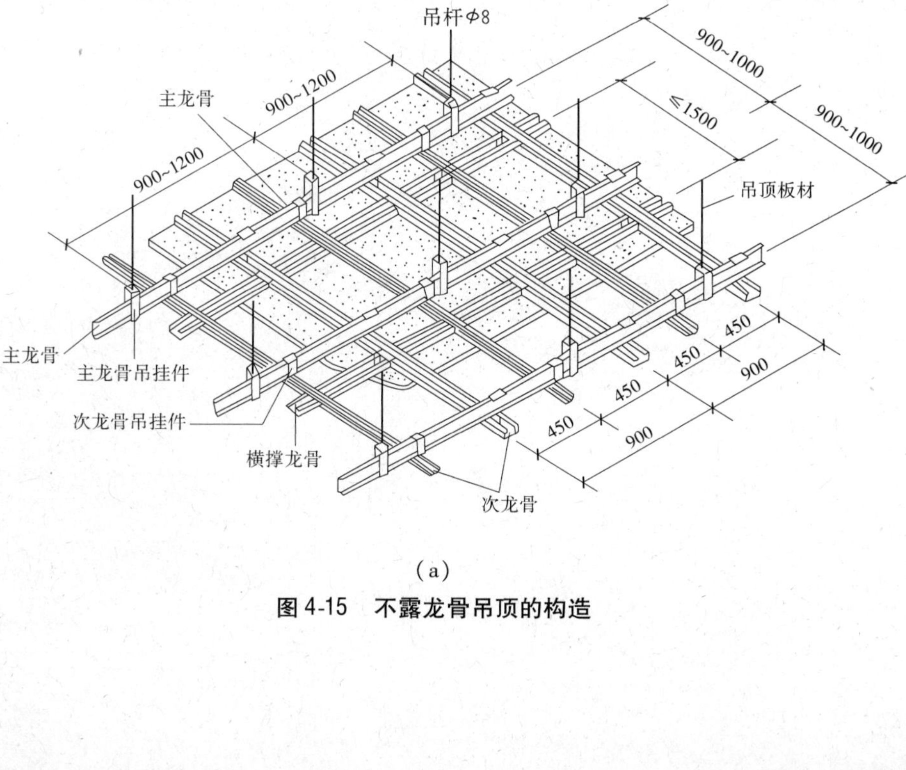

(a)

图 4-15 不露龙骨吊顶的构造

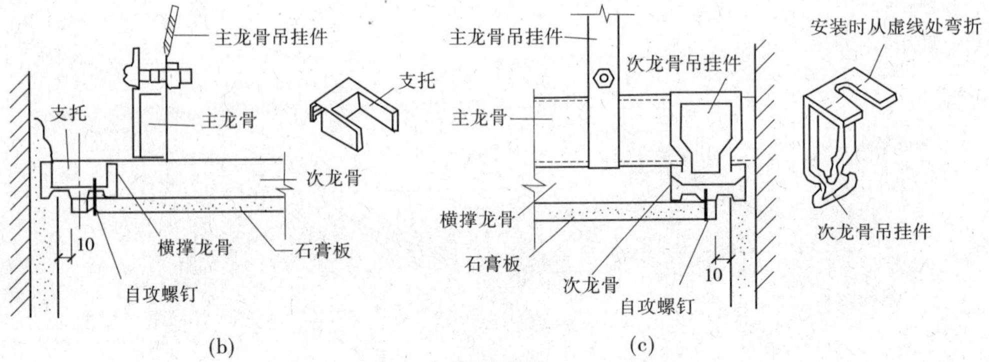

续图 4-15

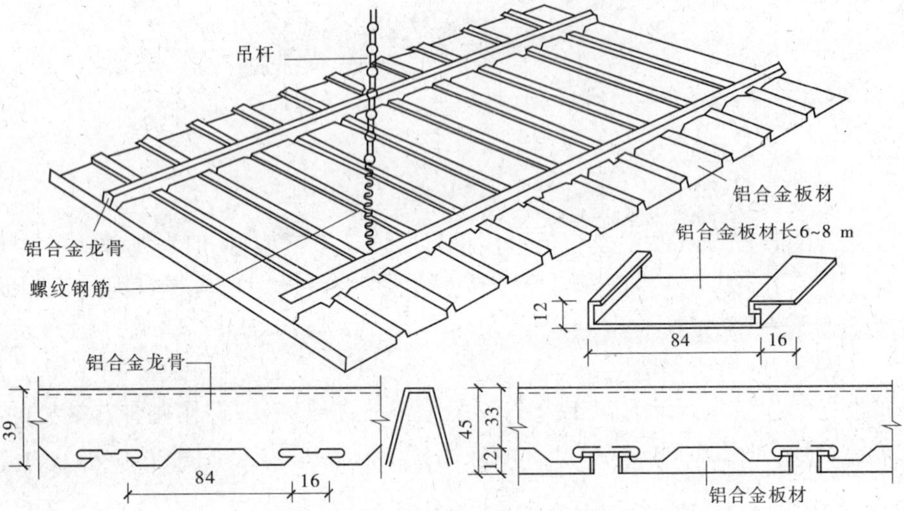

图 4-16　密铺铝合金条板吊顶

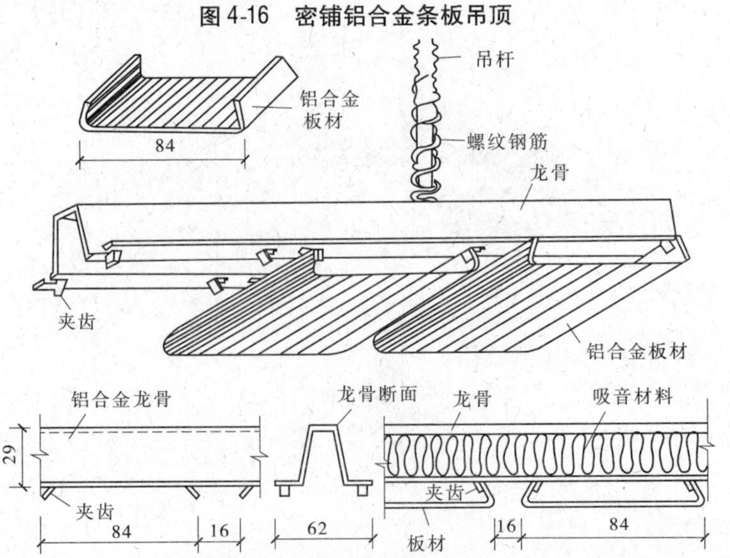

图 4-17　开敞式铝合金条板吊顶

4.4 地坪层与地面构造

4.4.1 地坪层构造

地坪层是指建筑物底层房间与土层的交接处，所起作用是承受地坪上的荷载，并均匀地传给地坪以下土层。按地坪层与土层间的关系不同，可分为实铺地层和空铺地层两类。

4.4.1.1 实铺地层

地坪的基本组成部分有面层、垫层和基层，对有特殊要求的地坪，常在面层和垫层之间增设一些附加层，如图4-18所示。

1. 面层

地坪的面层又称地面，起着保护结构层和美化室内的作用。地面的做法和楼面相同。

2. 垫层

垫层是基层和面层之间的填充层，其作用是承重传力，一般采用60～100 mm厚的C10混凝土垫层。垫层材料分为刚性和柔性两大类：刚性垫层如混凝土、碎砖三合土等，有足够的整体刚度，受力后不产生塑性变形，多用于整体地面和小块料地面；柔性垫层如砂、碎石、炉渣等松散材料，无整体刚度，受力后产生塑性变形，多用于块料地面。

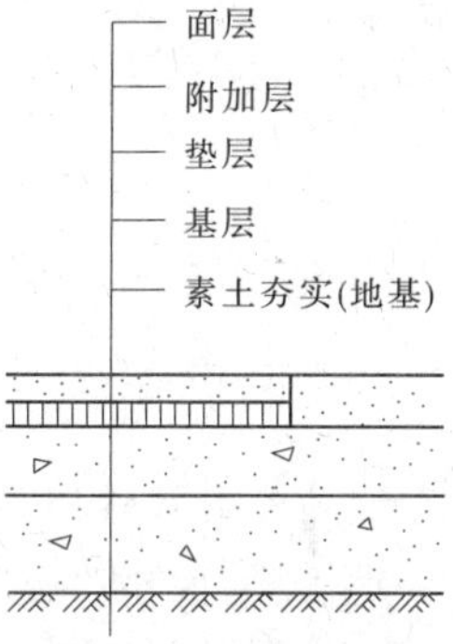

图4-18 地坪层构造

3. 基层

基层即地基，一般为原土层或填土分层夯实。当上部荷载较大时，增设2∶8灰土100～150 mm厚，或碎砖、道渣三合土100～150 mm厚。

4. 附加层

附加层主要应满足某些有特殊使用要求而设置的一些构造层次，如防水层、防潮层、保温层、隔热层、隔声层和管道敷设层等。

4.4.1.2 空铺地层

为防止房屋底层房间受潮或满足某些特殊使用要求（如舞台、体育训练场、比赛场等的地层需要有较好的弹性），将地层架空形成空铺地层，其构造形式如图4-19所示。

4.4.2 地面设计要求

地面设计要求需满足以下要求。

（1）具有足够的坚固性。家具设备等作用下不易被磨损和破坏，且表面平整、光洁、易清洁和不起灰。

（2）保温性能好。要求地面材料的导热系数小，给人以温暖舒适的感觉，冬季时走在上面不会感到寒冷。

（3）具有一定的弹性。当人们行走时不会有过硬的感觉，同时有弹性的地面对防撞击声有利。

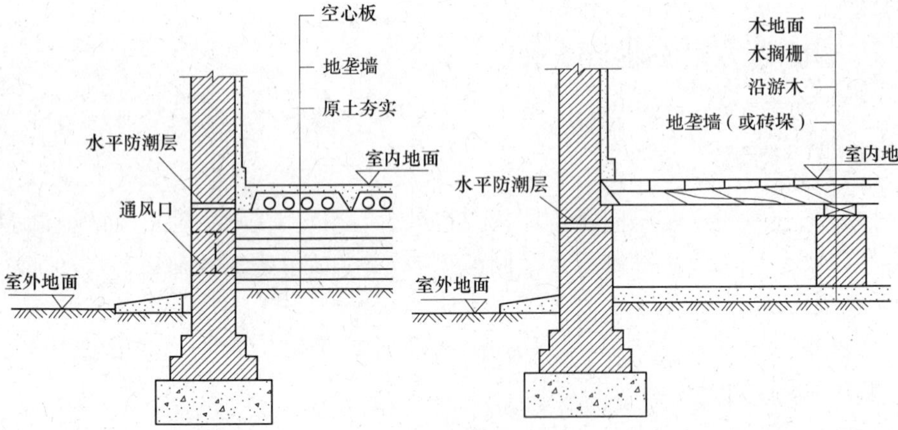

(a)钢筋混凝土板空铺地层　　(b)木板空铺地层

图 4-19　空铺地层构造

此外，还应满足易清洁、经济要求，满足某些特殊要求，如防水、防潮、防火、耐腐蚀等。

4.4.3　地面的类型

按面层所用材料和施工方式不同，常见地面做法可分为以下几类：

(1)整体地面：水泥砂浆地面、细石混凝土地面、水泥石屑地面、水磨石地面等。

(2)块材地面：砖铺地面、面砖、缸砖及陶瓷锦砖地面等。

(3)塑料地面：聚氯乙烯塑料地面、涂料地面。

(4)木地面：常采用条木地面和拼花木地面。

4.4.4　地面构造

4.4.4.1　整体地面

1. 水泥砂浆地面

水泥砂浆地面通常有单层和双层两种做法。单层做法只抹一层 20 ~ 25 mm 厚 1∶2或 1∶2.5 水泥砂浆；双层做法是增加一层 10 ~ 20 mm 厚 1∶3水泥砂浆找平，表面再抹 5 ~ 10 mm 厚 1∶2水泥砂浆抹平压光。

2. 水泥石屑地面

水泥石屑地面是将水泥砂浆里的中粗砂换成 3 ~ 6 mm 的石屑，或称豆石或瓜米石地面。在垫层或结构层上直接做1∶2水泥石屑 25 mm 厚，水灰比不大于 0.4，刮平拍实，碾压多遍，出浆后抹光。这种地面表面光洁，不起尘，易清洁，造价是水磨石地面的 50%，但强度高，性能近似水磨石。

3. 水磨石地面

水磨石地面为分层构造，底层为 1∶3 水泥砂浆 18 mm 厚找平，面层为(1∶1.5) ~ (1∶2)水泥石渣 12 mm 厚，石渣粒径为 8 ~ 10 mm，分格条一般高 10 mm，用 1∶1水泥砂浆固定，其构造如图 4-20 所示。

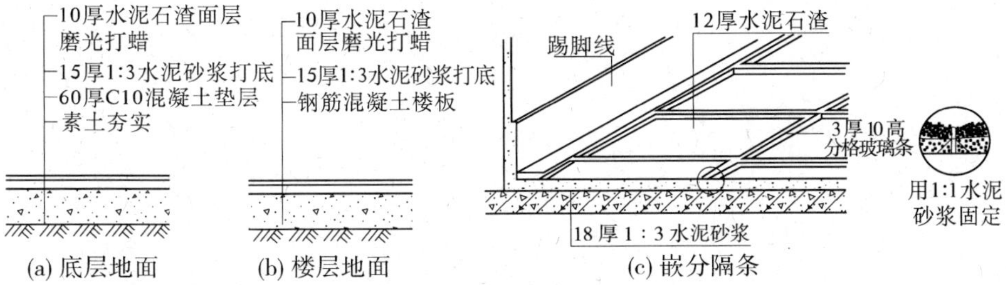

图 4-20　水磨石地面构造

4.4.4.2　块材地面

块材地面是利用各种人造的和天然的预制块材、板材镶铺在基层上面。

1. 铺砖地面

铺砖地面有黏土砖地面、水泥砖地面、预制混凝土块地面等。铺设方式有两种：干铺和湿铺。干铺是在基层上铺一层 20 ~ 40 mm 厚砂子，将砖块等直接铺设在砂上，板块间用砂或砂浆填缝。湿铺是在基层上铺 1∶3水泥砂浆 12 ~ 20 mm 厚，用 1∶1水泥砂浆灌缝。

2. 缸砖、地面砖及陶瓷锦砖地面

缸砖是陶土加矿物颜料烧制而成的一种无釉砖块，主要有红棕色和深米黄色两种，缸砖质地细密坚硬，强度较高，耐磨、耐水、耐油、耐酸碱，易于清洁不起灰，施工简单，因此广泛应用于卫生间、盥洗室、浴室、厨房、实验室及有腐蚀性液体的房间地面。

地面砖的各项性能都优于缸砖，且色彩图案丰富，装饰效果好，造价也较高，多用于装修标准较高的建筑物地面。

缸砖、地面砖构造做法：20 mm 厚 1∶3水泥砂浆找平，3 ~ 4 mm 厚水泥胶（水泥∶107 胶∶水 = 1∶0.1∶0.2）粘贴缸砖，用素水泥浆擦缝。

陶瓷锦砖质地坚硬，经久耐用，色泽多样，耐磨、防水、耐腐蚀、易清洁，适用于有水、有腐蚀的地面。做法类同缸砖，后用滚筒压平，使水泥胶挤入缝隙，用水洗去牛皮纸，用白水泥浆擦缝。

3. 天然石板地面

常用的天然石板有大理石和花岗石板，由于它们质地坚硬，色泽丰富艳丽，属高档地面装饰材料，一般多用于高级宾馆、会堂、公共建筑的大厅、门厅等处。

做法是在基层上刷素水泥浆一道 30 mm 厚 1∶3干硬性水泥砂浆找平，面上撒 2 mm 厚素水泥（洒适量清水），粘贴石板。

4.4.4.3　木地面

木地面按构造方式有架空、实铺和粘贴三种。

（1）架空式木地板常用于底层地面，主要用于舞台、运动场等有弹性要求的地面，其构造如图 4-21 所示。

（2）实铺木地面是将木地板直接钉在钢筋混凝土基层上的木搁栅上。木搁栅为 50 mm × 60 mm 方木，中距 400 mm，40 mm × 50 mm 横撑，中距 1 000 mm 与木搁栅钉牢。为了防腐，可在基层上刷冷底子油和热沥青，搁栅及地板背面涂满防腐油或煤焦油，如图 4-22所示。

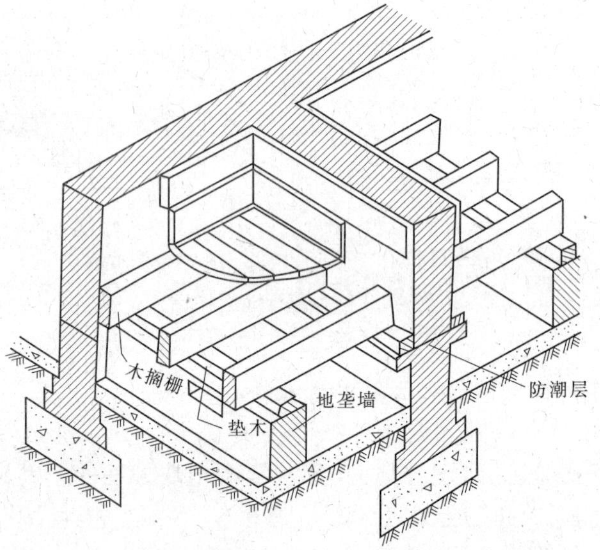

图 4-21　架空式木地板

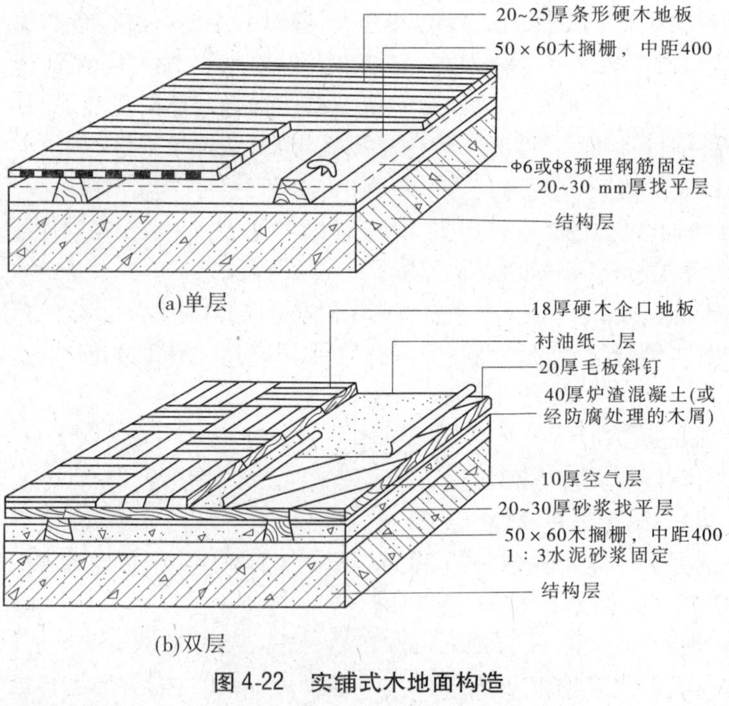

图 4-22　实铺式木地面构造

(3)粘贴木地面的做法是先在钢筋混凝土基层上采用沥青砂浆找平,然后刷冷底子油一道,热沥青一道,用 2 mm 厚沥青胶环氧树脂乳胶等随涂随铺贴 20 mm 厚硬木长条地板。

4.4.4.4　塑料地面

常用的塑料地毡有聚氯乙烯塑料地毡和聚氯乙烯石棉地板。

聚氯乙烯塑料地毡(又称地板胶),是软质卷材,可直接干铺在地面上。

聚氯乙烯石棉地板是在聚氯乙烯树脂中掺入 60% ~80% 的石棉绒和碳酸钙填料。

由于树脂少,填料多,所以质地较硬,常做成300 mm×300 mm的小块地板,用黏结剂拼花对缝粘贴。

4.4.4.5 涂料地面

涂料地面耐磨性好,耐腐蚀、耐水防潮,整体性好,易清洁,不起灰,弥补了水泥砂浆和混凝土地面的缺陷,同时价格低廉,易于推广。

4.5 阳台与雨篷

阳台是连接室内的室外平台,给居住在建筑里的人们提供一个舒适的室外活动空间,是多层住宅、高层住宅和旅馆等建筑中不可缺少的一部分。

雨篷位于建筑物出入口的上方,用来遮挡雨雪,保护外门免受侵蚀,给人们提供一个从室外到室内的过渡空间,并起到保护门和丰富建筑立面的作用。

4.5.1 阳台

4.5.1.1 阳台的类型和设计要求

1. 类型

阳台按其与外墙面的关系分为挑阳台、凹阳台、半挑半凹阳台;按其在建筑中所处的位置可分为中间阳台和转角阳台。

阳台按使用功能不同又可分为生活阳台(靠近卧室或客厅)和服务阳台(靠近厨房)。

2. 设计要求

(1)安全适用。悬挑阳台的挑出长度不宜过大,应保证在荷载作用下不发生倾覆现象,以1.2~1.8 m为宜。低层、多层住宅阳台栏杆净高不低于1.05 m,中高层住宅阳台栏杆净高不低于1.1 m,但也不大于1.2 m。阳台栏杆形式应防坠落(垂直栏杆间净距不应大于110 mm),防攀爬(不设水平栏杆),以免造成恶果。放置花盆处,也应采取防坠落措施。

(2)坚固耐久。阳台所用材料和构造措施应经久耐用,承重结构宜采用钢筋混凝土,金属构件应做防锈处理,表面装修应注意色彩的耐久性和抗污染性。

(3)排水顺畅。为防止阳台上的雨水流入室内,设计时要求将阳台地面标高低于室内地面标高60 mm左右,并将地面抹出5‰的排水坡将水导入排水孔,使雨水能顺利排出。

还应考虑地区气候特点。南方地区宜采用有助于空气流通的空透式栏杆,而北方寒冷地区和中高层住宅应采用实体栏杆,并满足立面美观的要求,为建筑物的形象增添风采。

4.5.1.2 阳台结构布置方式

1. 挑梁式

从横墙内外伸挑梁,其上搁置预制楼板,这种结构布置简单、传力直接明确、阳台长度与房间开间一致。挑梁根部截面高度H为(1/5~1/6)L,L为悬挑净长,截面宽度为(1/2~1/3)H。为美观起见,可在挑梁端头设置面梁,既可以遮挡挑梁头,又可以承受阳台栏杆重量,还可以加强阳台的整体性。

2. 挑板式

当楼板为现浇楼板时，可选择挑板式，悬挑长度一般为 1.2 m 左右。即从楼板外延挑出平板，板底平整美观而且阳台平面形式可做成半圆形、弧形、梯形、斜三角形等各种形状。挑板厚度不小于挑出长度的 1/12。

3. 压梁式

阳台板与墙梁现浇在一起，墙梁的截面应比圈梁大，以保证阳台的稳定，而且阳台悬挑不宜过长，一般为 1.2 m 左右，并在墙梁两端设拖梁压入墙内。

4.5.1.3 阳台细部构造

1. 阳台栏杆

栏杆的形式有实体、空花和混合式，如图 4-23 所示。

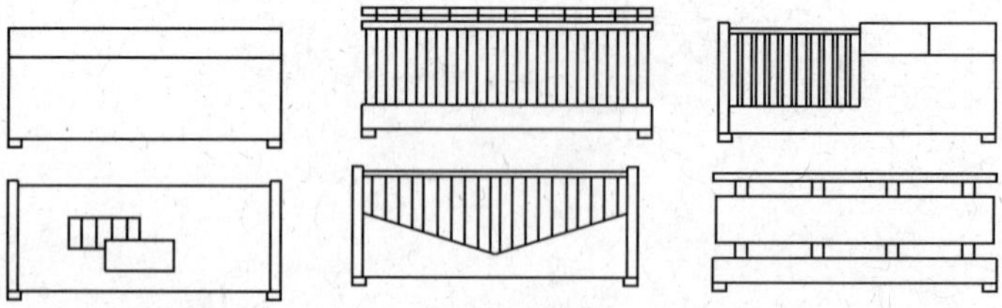

(a)实体式　(b)空花式　(c)混合式

图 4-23　阳台栏杆形式

栏杆按材料可分为砖砌栏杆、钢筋混凝土栏杆和金属栏杆，其构造如图 4-24 所示。

2. 栏杆扶手

栏杆扶手有金属和钢筋混凝土两种。金属扶手一般为钢管与金属栏杆焊接。钢筋混凝土扶手用途广泛，形式多样，有不带花台、带花台、带花池等，其构造如图 4-25 所示。

3. 细部构造

阳台细部构造主要包括栏杆与扶手的连接、栏杆与面梁（或称止水带）的连接、栏杆与墙体的连接等。

（1）栏杆与扶手的连接方式有焊接、现浇等方式，如图 4-26 所示。

（2）栏杆与面梁或阳台板的连接方式有焊接、榫接坐浆、现浇等，如图 4-27 所示。

（3）扶手与墙的连接，应将扶手或扶手中的钢筋伸入外墙的预留洞中，用细石混凝土或水泥砂浆填实固牢；现浇钢筋混凝土栏杆与墙连接时，应在墙体内预埋 240 mm × 240 mm × 120 mm C20 细石混凝土块，从中伸出 2 Φ 6，长 300 mm，与扶手中的钢筋绑扎后再进行现浇，其构造如图 4-28 所示。

4. 阳台隔板

阳台隔板用于连接双阳台，有砖砌隔板和钢筋混凝土隔板两种。砖砌隔板一般采用 60 mm 和 120 mm 厚两种，由于荷载较大且整体性较差，所以现多采用钢筋混凝土隔板。隔板采用 C20 细石混凝土预制 60 mm 厚，下部预埋铁件与阳台预埋铁件焊接，其余各边伸出Φ 6 钢筋与墙体、挑梁和阳台栏杆、扶手相连，其构造如图 4-29 所示。

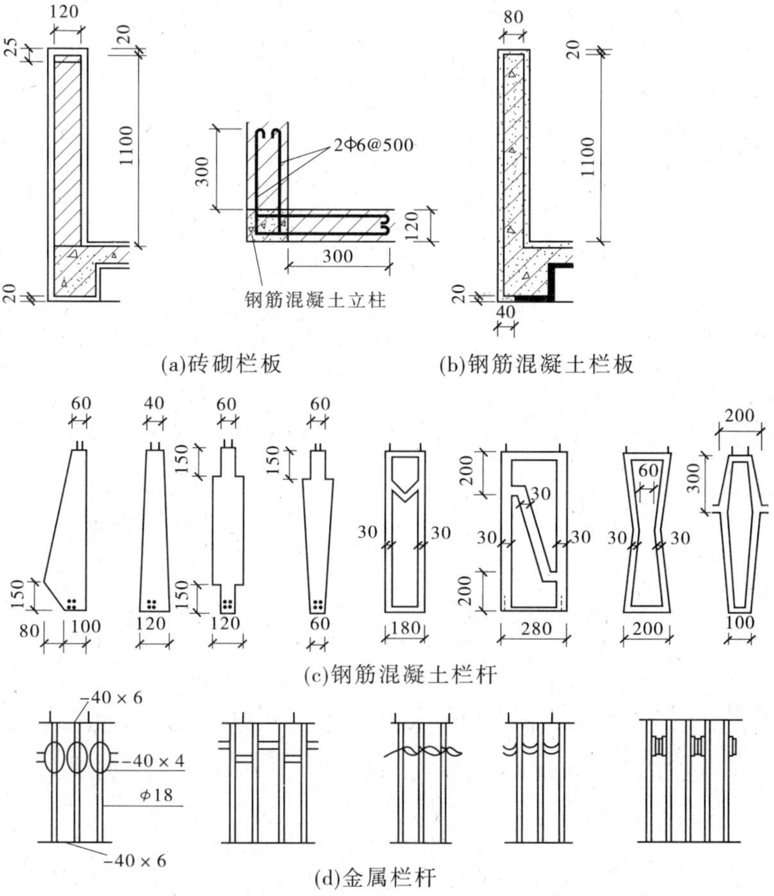

图 4-24　栏杆构造

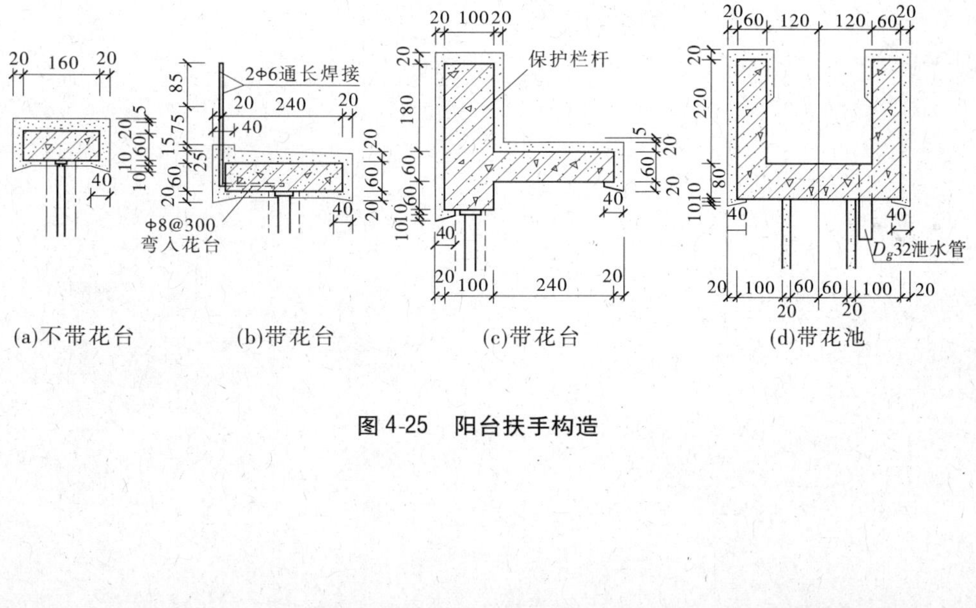

图 4-25　阳台扶手构造

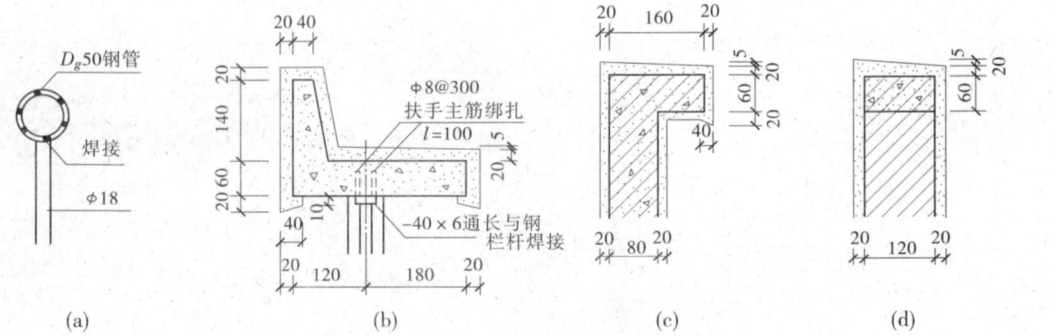

图 4-26　栏杆与扶手的连接

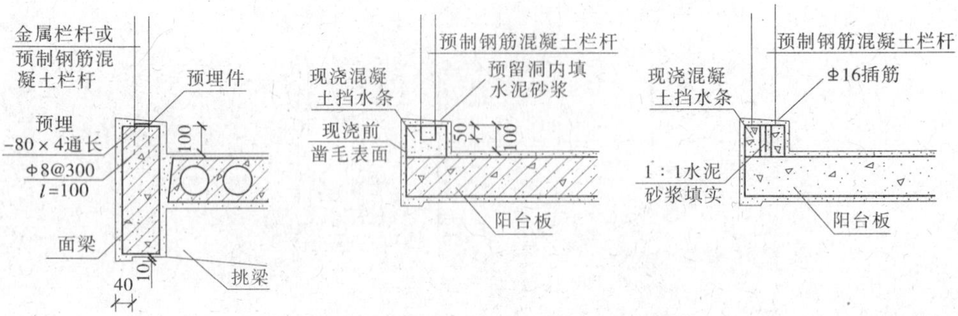

图 4-27　栏杆与面梁或阳台板的连接

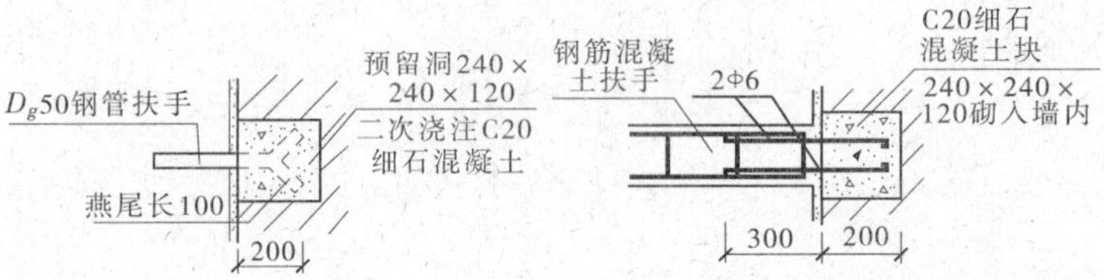

图 4-28　扶手与墙体的连接

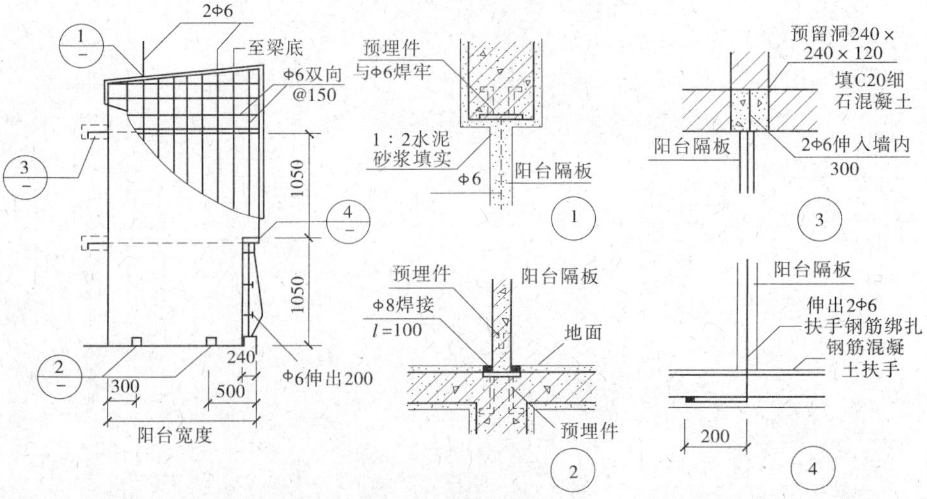

图 4-29　阳台隔板构造

5. 阳台排水

阳台排水有外排水和内排水两种。外排水适用于低层和多层建筑，即在阳台外侧设置泄水管将水排出。内排水适用于高层建筑和高标准建筑，即在阳台内侧设置排水立管和地漏，将雨水直接排入地下管网，保证建筑立面美观，其构造如图 4-30 所示。

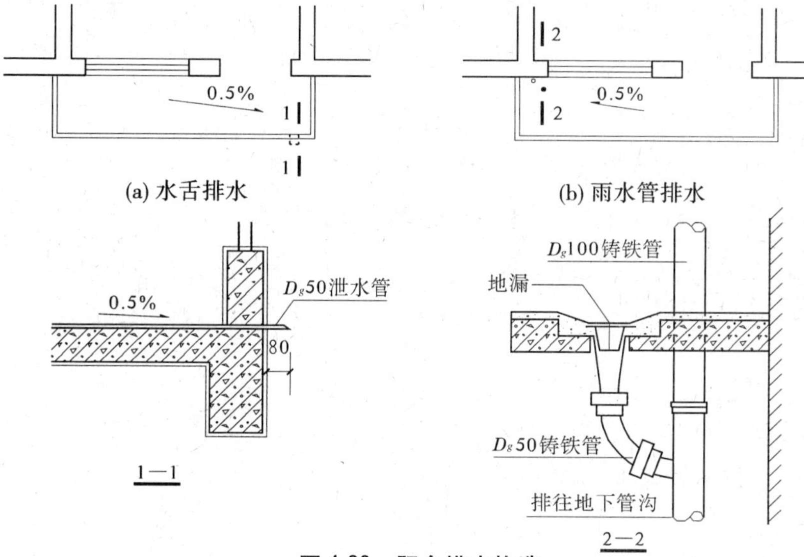

图 4-30　阳台排水构造

4.5.2　雨篷

根据雨篷板的支承方式不同，有悬板式和梁板式两种。

4.5.2.1　悬板式

悬板式雨篷外挑长度一般为 0.9～1.5 m，板根部厚度不小于挑出长度的 1/12，雨篷宽度比门洞每边宽 250 mm，雨篷排水方式可采用无组织排水和有组织排水两种。雨篷顶面距过梁顶面 250 mm 高，板底抹灰可抹 1∶2水泥砂浆内掺 5% 防水剂的防水砂浆 15 mm 厚，多用于次要出入口，其构造如图 4-31(a)所示。

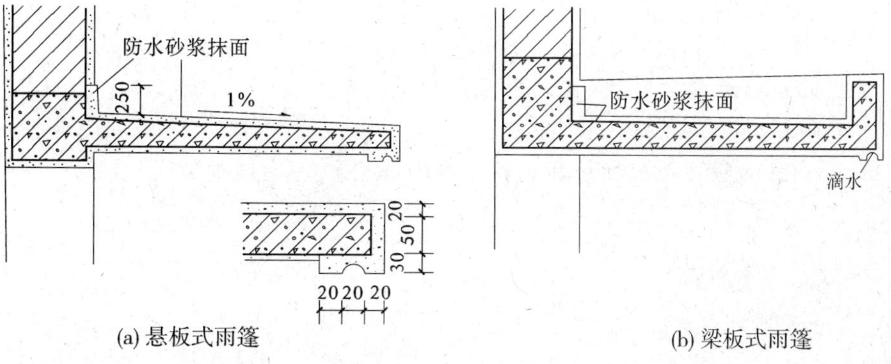

图 4-31　雨篷构造

4.5.2.2　梁板式

梁板式雨篷多用在宽度较大的入口处，悬挑梁从建筑物的柱上挑出，为使板底平整，多做成倒梁式,其构造如图4-31(b)所示。

小　结

本章主要介绍楼板层、地坪层的作用,楼地层进行构造设计时应满足建筑物强度、刚度、隔声、防火、防潮、防水、管线的设置、建筑经济等要求,常用楼地面装饰类型及做法,阳台承重结构的布置。本章重点是楼板的类型,现浇钢筋混凝土楼板的构造、装配式钢筋混凝土楼板的板型及板缝构造。本章难点是装配式钢筋混凝土楼板的板型及板缝构造。

思考与练习题

一、思考题

1. 楼板层的基本组成及设计要求有哪些?
2. 地坪层的组成及各层的作用。
3. 直接抹灰顶棚的类型及适用范围。

二、练习题

1. 楼板层与地坪层有什么相同和不同之处?
2. 楼板隔绝固体声的方法有哪三种,绘图说明。
3. 现浇肋梁楼板的布置原则。
4. 井式楼板和无梁楼板的特点及适用范围。
5. 常用的装配式钢筋混凝土楼板的类型及其特点和适用范围。
6. 装配式钢筋混凝土楼板的细部构造。
7. 参观学习所在地所能接触到的楼地层的各种形式,参照实物和教材进行简单图示表达。
8. 绘图说明悬挑阳台的结构布置。
9. 水泥砂浆地面、水泥石屑地面、水磨石地面的组成及优缺点、适用范围。
10. 常用的块料地面的种类、优缺点及适用范围。
11. 塑料地面的优缺点及主要类型。
12. 绘图说明钢筋混凝土栏杆压顶及栏杆与阳台板的连接构造。

第5章 楼 梯

【实训活动】

带领学生参观楼梯与室外台阶。

【技能掌握】

通过实训活动和本章的理论学习及实地讲解,了解楼梯的分类、组成和各种楼梯的尺度;初步掌握民用建筑楼梯设计;掌握现浇和预制钢筋混凝土楼梯构造和楼梯的细部构造、掌握室外台阶与坡道的具体构造。

5.1 楼梯的组成、类型及尺度

5.1.1 楼梯的组成

楼梯一般由楼梯段、平台及栏杆(或栏板)三部分组成,如图5-1所示。

(1)楼梯段。楼梯段又称楼梯跑,是楼梯的主要使用和承重部分。它由若干个踏步组成。为减少人们上下楼梯时的疲劳和适应人行的习惯,一个楼梯段的踏步数要求最多不超过18级,最少不少于3级。

(2)平台。平台是指两楼梯段之间的水平板,有楼层平台、中间平台之分。其主要作用在于缓解疲劳,让人们在连续上楼时可在平台上稍加休息,故又称休息平台。同时,平台还是楼梯段之间转换方向的连接处。

(3)栏杆。栏杆是楼梯段的安全设施,一般设置在梯段的边缘和平台临空的一边,要求它必须坚固可靠,并保证有足够的安全高度。

5.1.2 楼梯的类型

(1)按位置不同分类,楼梯有室内与室外两种。

(2)按使用性质分类,室内有主要楼梯、辅助楼梯;室外有安全楼梯、防火楼梯。

(3)按材料分有木质、钢筋混凝土、钢质、混合式及金属楼梯。

(4)按楼梯的平面形式不同,可分为如下几种:(a)单跑直楼梯;(b)双跑直楼梯;(c)曲尺楼梯;(d)双跑平行楼梯;(e)双分转角楼梯;(f)双分平行楼梯;(g)三跑楼梯;(h)三角形三跑楼梯;(i)圆形楼梯;(j)中柱螺旋楼梯;(k)无中柱螺旋楼梯;(l)单跑弧形楼梯;(m)双跑弧形楼梯;(n)交叉楼梯;(o)剪刀楼梯。楼梯平面形式如图5-2所示。

楼梯的形式实例如图5-3所示。

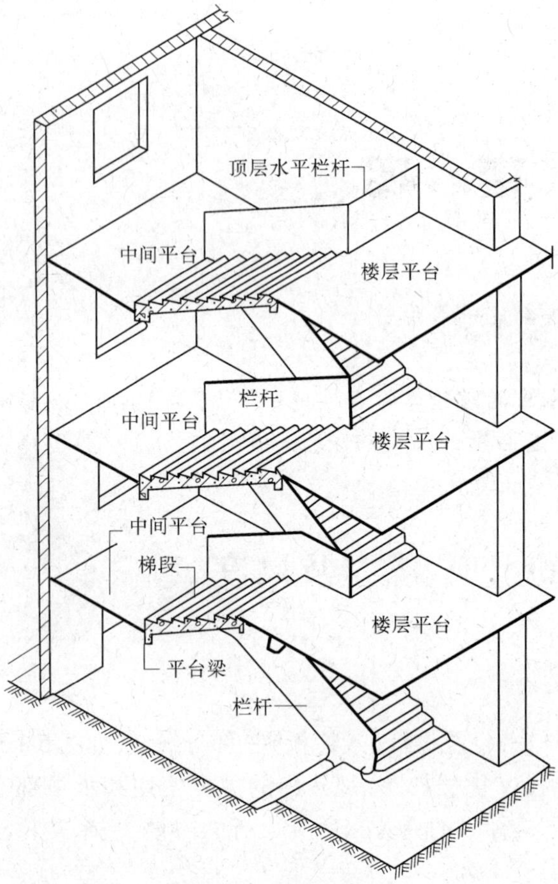

图 5-1　楼梯的组成

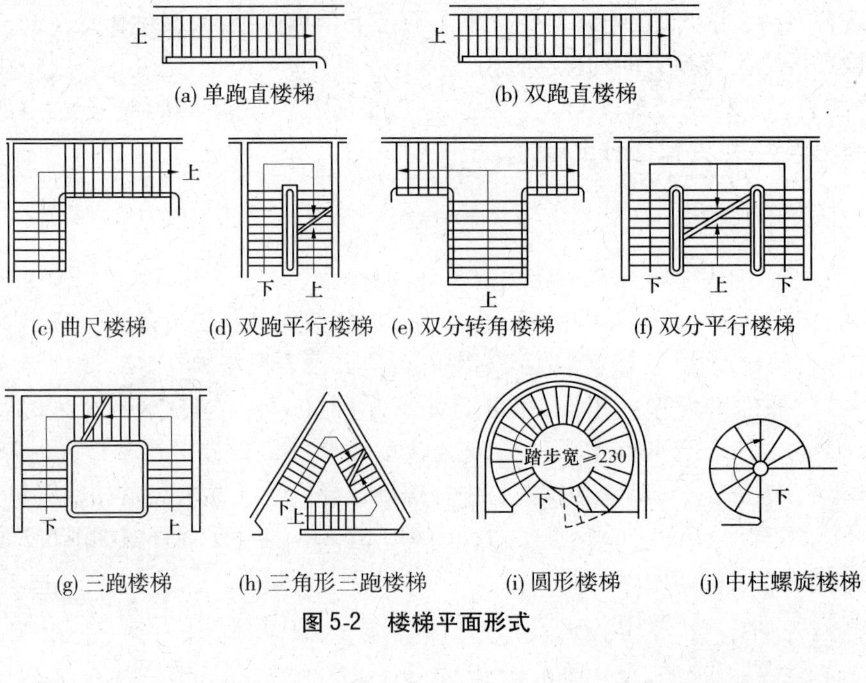

图 5-2　楼梯平面形式

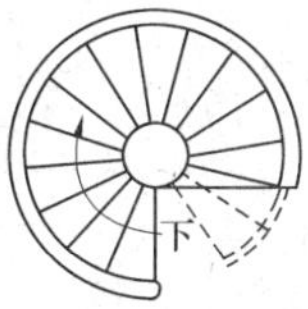

(k) 无中柱螺旋楼梯

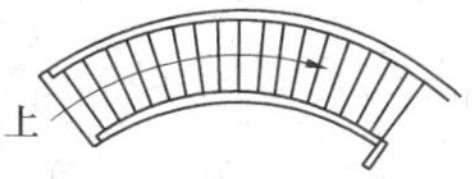

(l) 单跑弧形楼梯

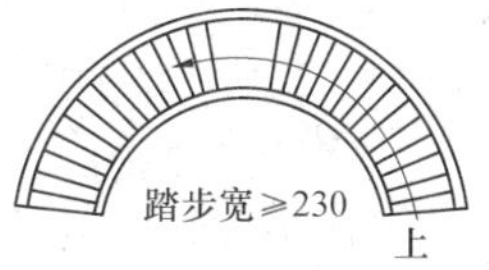

(m) 双跑弧形楼梯

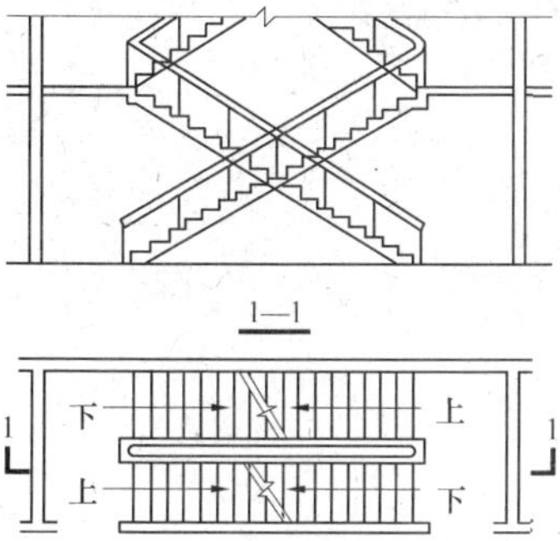

(n) 交叉楼梯

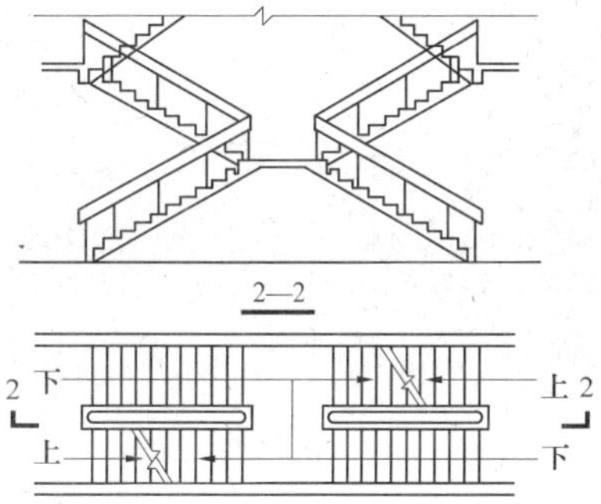

(o) 剪刀楼梯

续图 5-2

(a)单跑直楼梯、双跑直楼梯

(b)双分转角楼梯

(c)曲尺楼梯

(d)三跑楼梯

(e)双分平行楼梯

(f)剪刀楼梯

图 5-3 楼梯的形式实例

(g)中柱螺旋楼梯　(h)无中柱螺旋楼梯　(i)弧形楼梯

续图 5-3

5.1.3 楼梯的设计要求

(1)作为主要楼梯,应与主要出入口邻近,且位置明显;同时还应避免垂直交通与水平交通在交接处拥挤、堵塞。

(2)必须满足防火要求,楼梯间除允许直接对外开窗采光外,不得向室内任何房间开窗;楼梯间四周墙壁必须为防火墙;对防火要求高的建筑物特别是高层建筑,应设计成封闭式楼梯或防烟楼梯。

(3)楼梯间必须有良好的自然采光。

5.1.4 楼梯的尺度

5.1.4.1 楼梯段的宽度

楼梯的宽度必须满足上下人流及搬运物品的需要。从确保安全角度出发,楼梯段宽度是由通过该梯段的人流数确定的。

5.1.4.2 楼梯的坡度与踏步尺寸

楼梯梯段的最大坡度不宜超过 38°;当坡度小于 23°时,采用台阶坡道;大于 45°时,则采用爬梯。楼梯、坡道、爬梯的坡度范围如图 5-4 所示。

楼梯坡度实质上与楼梯踏步密切相关,踏步高与宽之比即可构成楼梯坡度。踏步高常以 h 表示,踏步宽常以 b 表示。民用建筑中,踏步尺寸应根据建筑物的使用功能,使用者的特征及楼梯的通行量综合确定,具体见表 5-1。

5.1.4.3 楼梯栏杆扶手的高度

楼梯栏杆扶手的高度,是指踏面前缘至扶手顶面的垂直距离。楼梯扶手的高度与楼梯的坡度、楼梯的使用要求有关,很陡的楼梯,扶手的高度矮些,坡度平缓时高度可稍大。在 30°左右的坡度下扶手高度常采用 900 mm;儿童使用的楼梯扶手高度一般为 600 mm。对一般室内楼梯扶手高度≥900 mm,靠梯井一侧水平栏杆长度 >500 mm,栏杆高度≥1 000 mm,室外楼梯栏杆高度≥1 050 mm。

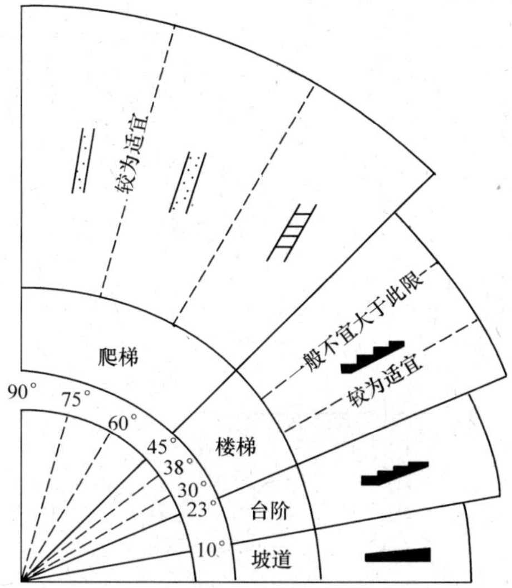

图 5-4 楼梯、坡道、爬梯、台阶的坡度范围

表 5-1 楼梯踏步最小宽度和最大高度及常用值范围 (单位:mm)

楼梯类别	最小宽度 b 及常用值范围	最大高度 h 及常用值范围
住宅公用楼梯	250(260 ~ 300)	180(150 ~ 175)
幼儿园楼梯	260(260 ~ 280)	150(120 ~ 150)
医院、疗养院等楼梯	280(300 ~ 350)	160(120 ~ 150)
学校、办公楼等楼梯	260(280 ~ 340)	170(140 ~ 160)
剧院、会堂等楼梯	220(300 ~ 350)	200(120 ~ 150)

5.1.4.4 楼梯尺寸的确定

设计楼梯主要是解决楼梯梯段和平台的设计,而梯段和平台的尺寸与楼梯间的开间、进深和层高有关,如图 5-5 所示。

1. 梯段宽度与平台宽的计算

梯段宽 B:

$$B = \frac{A - C}{2} \tag{5-1}$$

式中 A——开间净宽,mm;

C——两梯段之间的缝隙宽,考虑消防、安全和施工的要求,$C = 60 \sim 200$ mm。

平台宽 D:

$$D \geq B \tag{5-2}$$

2. 踏步的尺寸与数量的确定

踏步数量 N:

$$N = \frac{H}{h} \tag{5-3}$$

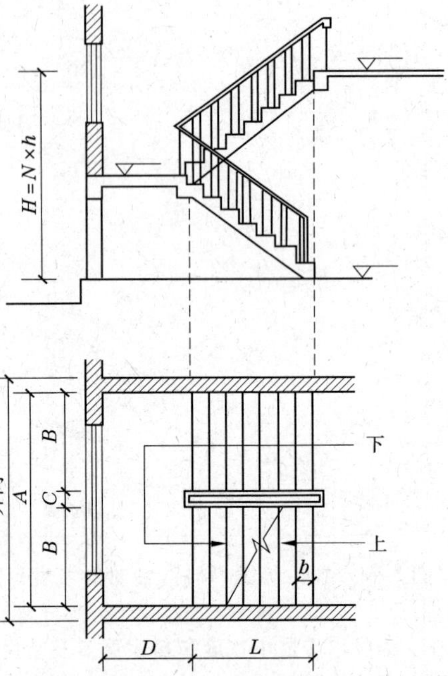

图 5-5　楼梯尺寸的确定

式中　H——层高，mm；

h——踏步高，mm。

3. 梯段长度计算

梯段长度取决于踏步数量。当 N 已知后，对两段等跑的楼梯梯段长 L：

$$L = \left(\frac{N}{2} - 1\right)b \tag{5-4}$$

式中　b——踏步宽，mm；

其他参数含义同前。

5.1.4.5　楼梯的净空高度

为保证在这些部位通行或搬运物件时不受影响，其净高在平台处应大于 2 m；在梯段处应大于 2.2 m。

当楼梯底层中间平台下做通道时，为求得下面空间净高≥2 000 mm，常采用以下几种处理方法，如图 5-6 所示。

(1) 将楼梯底层设计成"长短跑"，让第一跑的踏步数目多些，第二跑踏步少些，利用踏步的多少来调节下部净空的高度。

(2) 增加室内外高差。

(3) 将上述两种方法结合，即降低底层中间平台下的地面标高，同时增加楼梯底层第一个梯段的踏步数量。

(4) 将底层采用单跑楼梯，这种方式多用于少雨地区的住宅建筑。

(5) 取消平台梁，即平台板和梯段组合成一块折形板。

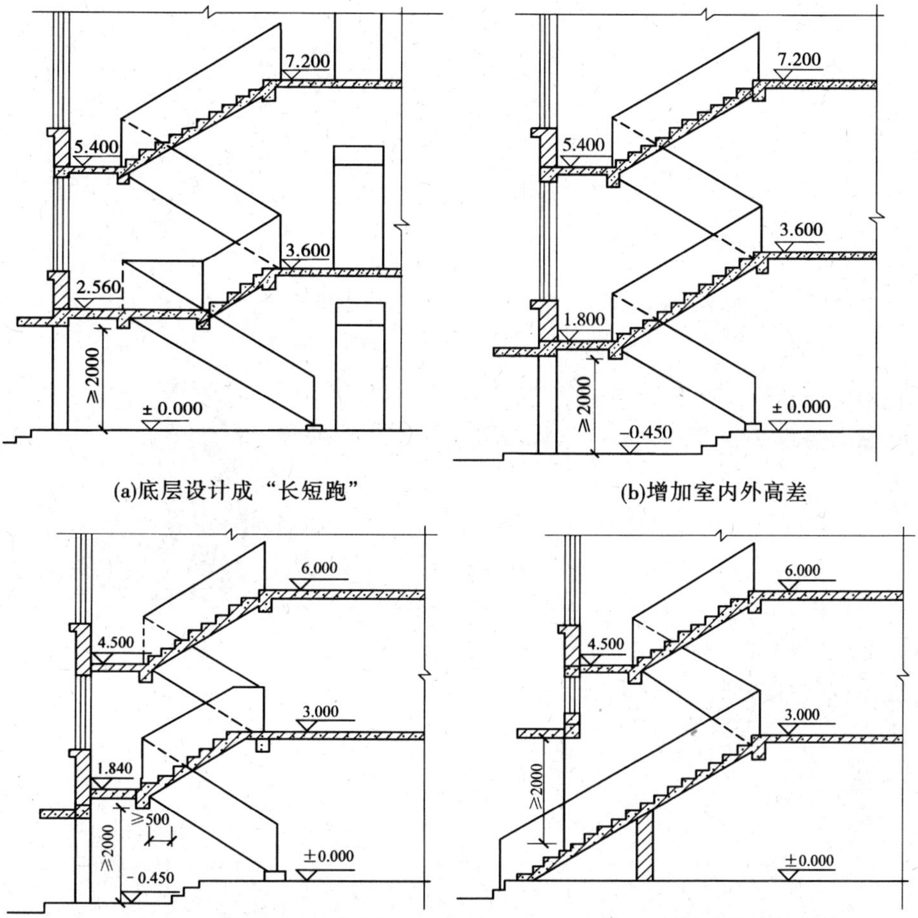

(a)底层设计成“长短跑”

(b)增加室内外高差

(c) (a)与(b) 相结合

(d) 底层采用单跑梯段

图 5-6 平台下作出入口时楼梯净高设计的几种方式

5.2 现浇钢筋混凝土楼梯

钢筋混凝土楼梯按施工方式可分为现浇式和预制装配式两类。现浇楼梯按梯段的传力特点,有板式梯段和梁板式梯段之分。

5.2.1 板式梯段

板式梯段是指楼梯段作为一块整板,斜搁在楼梯的平台梁上。平台梁之间的距离便是这块板的跨度,如图 5-7 所示。

悬挑平台板的梯段实例如图 5-8 所示。

5.2.2 梁板式梯段

当梯段较宽或楼梯负载较大时,采用板式梯段往往不经济,须增加梯段斜梁(简称梯梁)以承受板的荷载,并将荷载传给平台梁,这种梯段称为梁板式梯段。

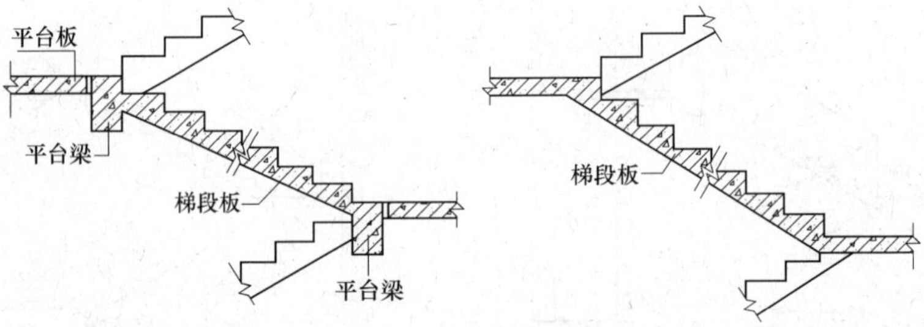

(a) 带平台梁的板式梯段 (b) 不带平台梁的板式梯段

图 5-7　现浇钢筋混凝土板式梯段

梁板式梯段在结构布置上有双梁布置和单梁布置之分。梯梁在板下部的称为正梁式梯段，将梯梁反向上面的，称为反梁式梯段。正梁式梯段和反梁式梯段如图 5-9 所示。

在梁板式结构中，单梁式楼梯是近年来公共建筑中采用较多的一种结构形式，这种楼梯的每个梯段有一根梯梁支承踏步。梯梁布置有两种方式：一种是单梁悬臂式楼梯，另一种是单梁挑板式楼梯。单梁楼梯受力复杂，梯梁不仅受弯，而且受扭，但这种楼梯外形轻巧、美观，常在建筑空间造型中采用。

图 5-8　悬挑平台板的梯段

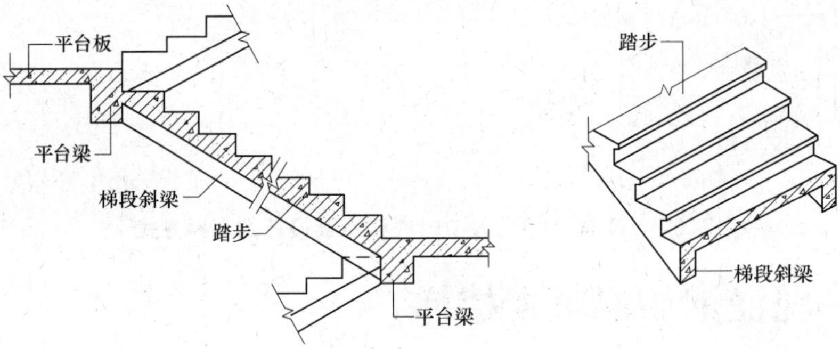

(a) 正梁式梯段

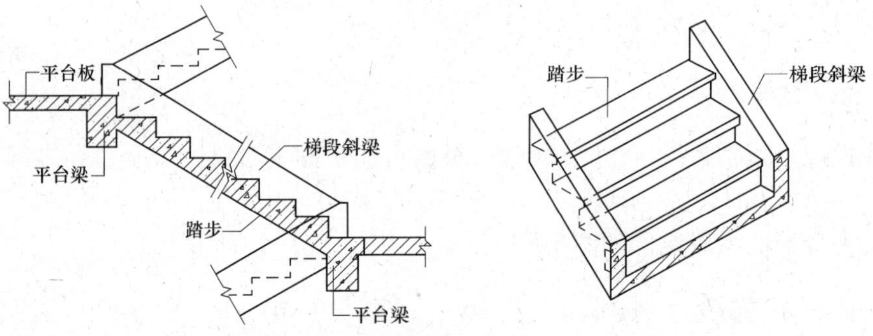

(b) 反梁式梯段

图 5-9　现浇钢筋混凝土梁板式梯段

5.3 预制装配式钢筋混凝土楼梯

预制装配式钢筋混凝土楼梯按其构造方式可分为梁承式、墙承式和墙悬臂式等类型。

5.3.1 预制装配梁承式钢筋混凝土楼梯

预制装配梁承式钢筋混凝土楼梯是指梯段由平台梁支承的楼梯构造方式。预制构件可按梯段(板式或梁板式梯段)、平台梁、平台板三部分进行划分,如图5-10所示。

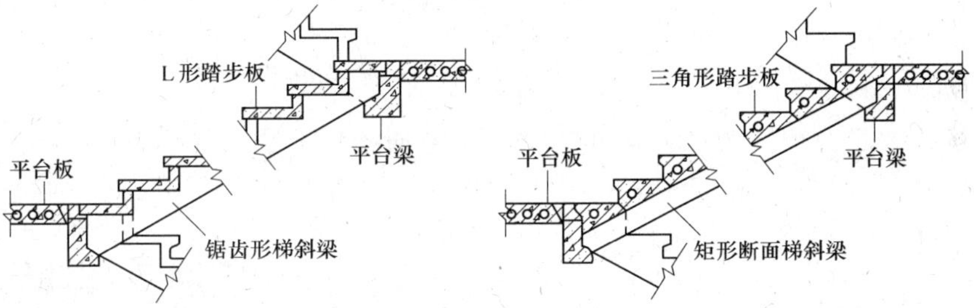

(a) 梁板式梯段

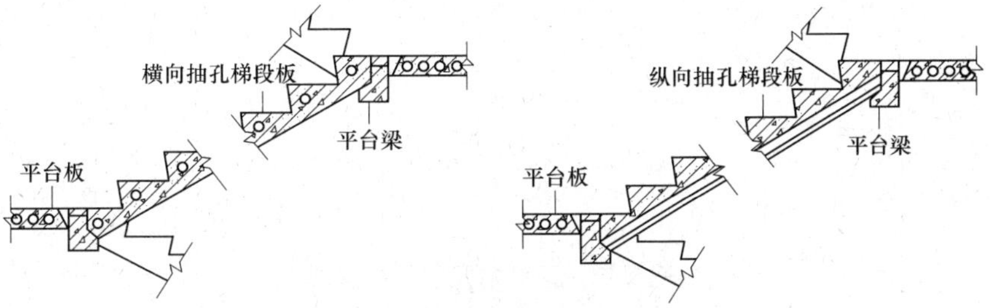

(b) 板式梯段

图5-10 预制装配梁承式楼梯

5.3.1.1 **梯段**

1. 梁板式梯段

梁板式梯段由梯斜梁和踏步板组成。一般在踏步板两端各设一根梯斜梁,踏步板支承在梯斜梁上。由于构件小型化,不需大型起重设备即可安装,施工简便。

(1)踏步板:踏步板断面形式有一字形、L形或⅂形、三角形等,如图5-11所示。

(2)梯斜梁:用于搁置一字形、L形断面踏步板的梯斜梁为锯齿形变断面构件。用于搁置三角形断面踏步板的梯斜梁为等断面构件,如图5-12所示。

2. 板式梯段

板式梯段为整块或数块带踏步条板,如图5-13所示。

5.3.1.2 **平台梁**

为了便于支承梯斜梁或梯段板,平衡梯段水平分力并减少平台梁所占结构空间,一般将平台梁做成L形断面,其断面尺寸如图5-12(a)所示。

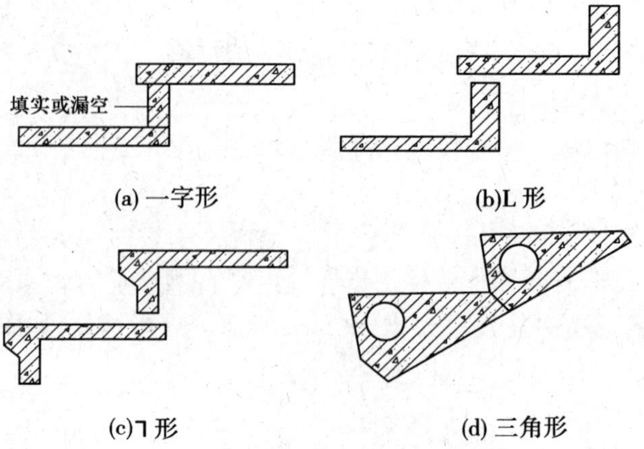

图 5-11　踏步板断面形式

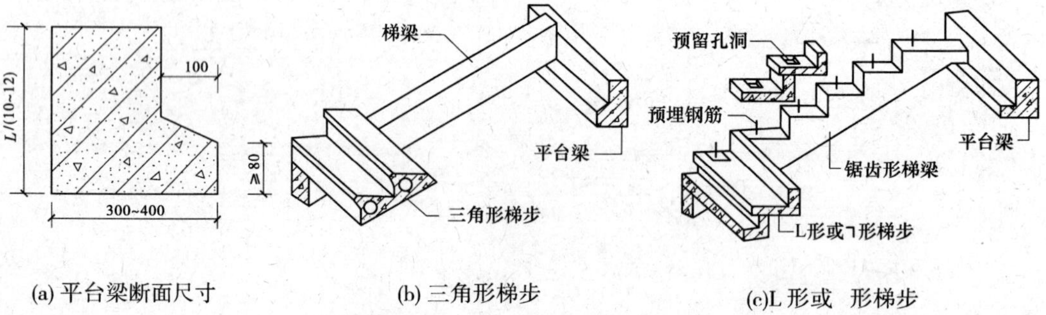

图 5-12　预制梯段斜梁的形式

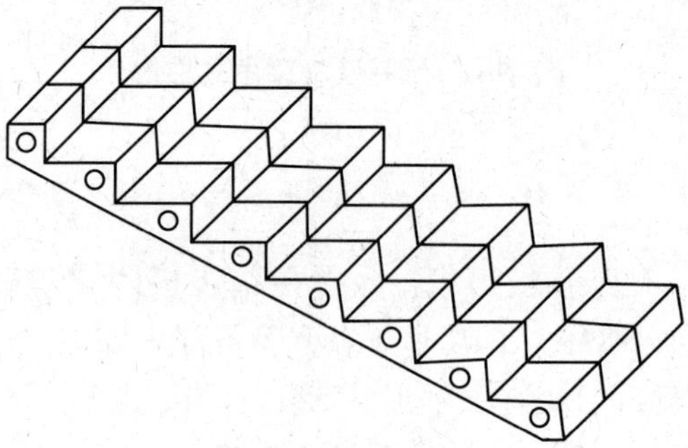

图 5-13　条板式梯段

5.3.1.3　**平台板**

平台板可根据需要采用钢筋混凝土空心板、槽板或平板，其结构布置如图 5-14 所示。

5.3.1.4　**构件连接构造**

1. 踏步板与梯斜梁连接

一般在梯斜梁支承踏步板处用水泥砂浆坐浆连接。如需加强，可在梯斜梁上预埋插

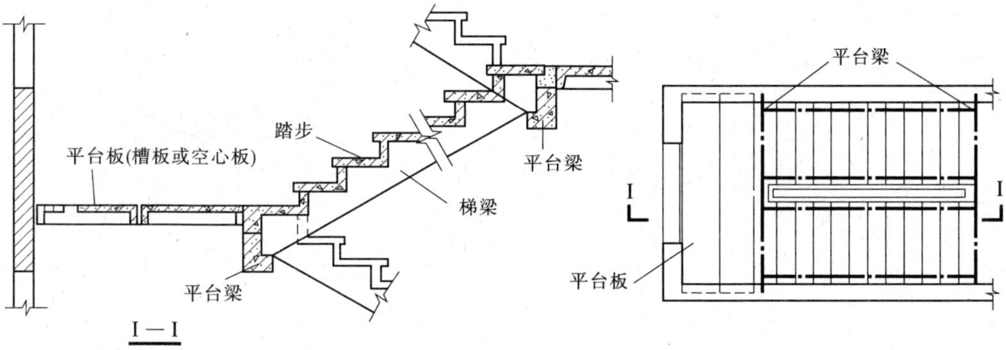

(a)平台板两端支承在楼梯间侧墙上，与平台梁平行布置

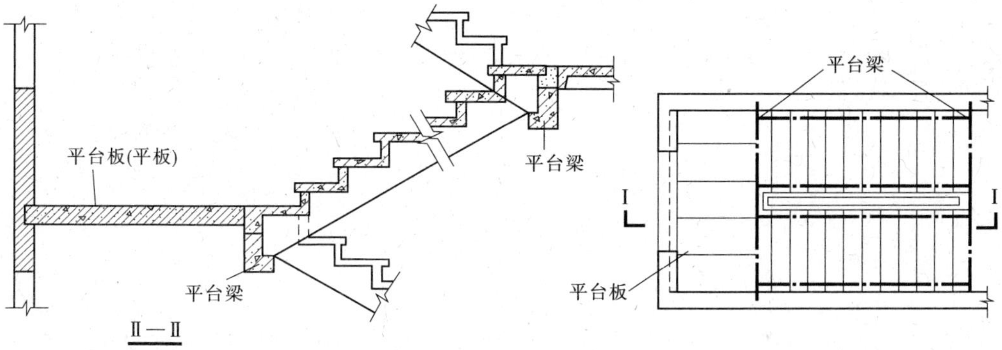

(b)平台板与平台梁垂直布置

图 5-14　梁承式梯段与平台的结构布置

筋,与踏步板支承端预留孔插接,用高标号水泥砂浆填实。

2. 梯斜梁或梯段板与平台梁连接

在支座处除了用水泥砂浆坐浆外,应在连接端预埋钢板进行焊接。

3. 梯斜梁或梯段板与梯基连接

在楼梯底层起步处,梯斜梁或梯段板下应做梯基,梯基常用砖或混凝土,也可用平台梁代替梯基。但需注意该平台梁无梯段处与地坪的关系。

构件连接构造如图 5-15 所示。

5.3.2　预制装配墙承式钢筋混凝土楼梯

预制装配墙承式钢筋混凝土楼梯是指预制钢筋混凝土踏步板直接搁置在墙上的一种楼梯形式,如图 5-16 所示,其踏步板一般采用一字形、L 形断面。这种楼梯由于在梯段之间有墙,搬运家具不方便,也阻挡视线,上下人流易相撞。通常在中间墙上开设观察口,以使上下人流视线流通,也可将中间墙两端靠平台部分局部收进,以使空间通透,有利于改善视线和搬运家具物品,但这种方式对抗震不利,施工也较麻烦。

5.3.3　预制装配墙悬臂式钢筋混凝土楼梯

预制装配墙悬臂式钢筋混凝土楼梯是指预制钢筋混凝土踏步板一端嵌固于楼梯间侧

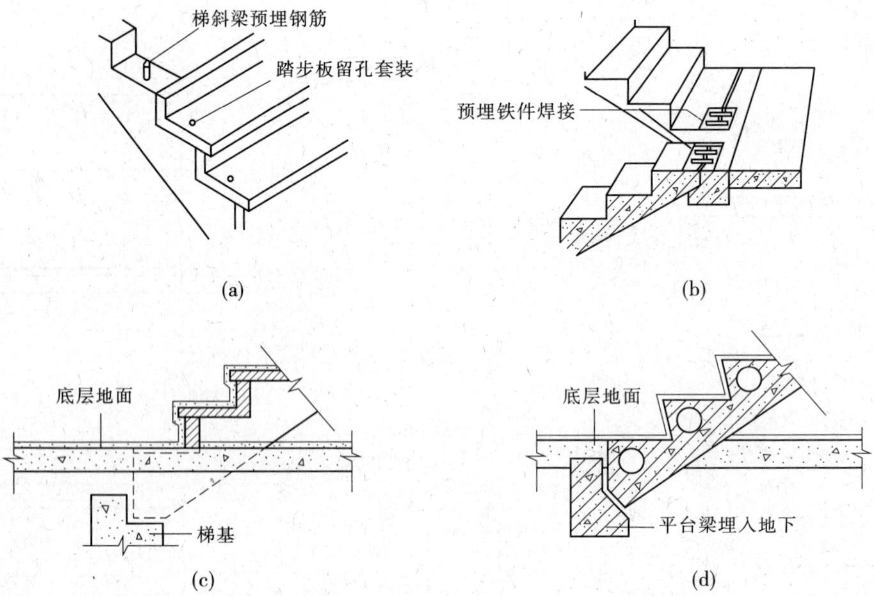

图 5-15　构件连接构造

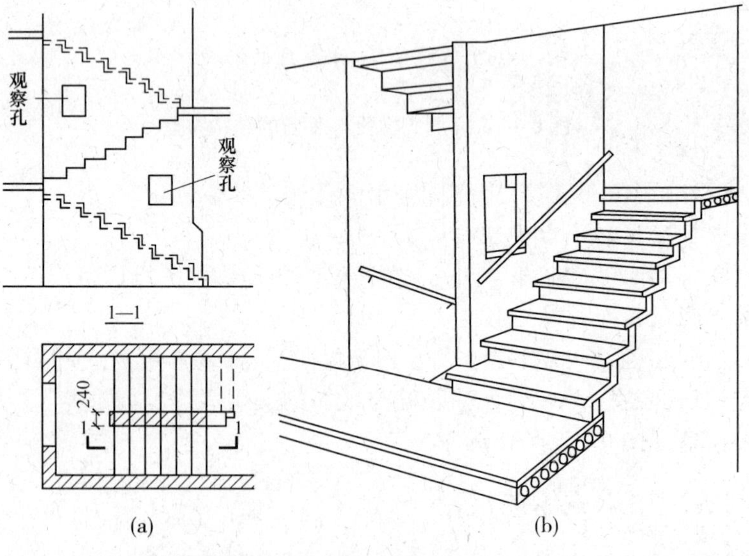

图 5-16　墙承式钢筋混凝土楼梯

墙上，另一端凌空悬挑的楼梯形式。预制装配墙悬臂式楼梯实例如图 5-17 所示。

预制装配墙悬臂式钢筋混凝土楼梯用于嵌固踏步板的墙体厚度不应小于 240 mm，踏步板悬挑长度一般≤1 800 mm。踏步板一般采用 L 形带肋断面形式，其人墙嵌固端一般做成矩形断面，嵌入深度 240 mm。

图 5-17 预制装配墙悬臂式楼梯实例

5.4 楼梯的细部构造

5.4.1 踏步的踏面

楼梯踏步的踏面应光洁、耐磨,易于清扫。面层常采用水泥砂浆、水磨石等,亦可采用铺缸砖、贴油地毡或铺大理石板。前两种多用于一般工业与民用建筑中,后几种多用于有特殊要求或较高级的公共建筑中。

为防止行人在上下楼梯时滑倒,特别是水磨石面层以及其他表面光滑的面层,常在踏步近踏口处,用不同于面层的材料做出略高于踏面的防滑条;或用带有槽口的陶土块或金属板包住踏口。如果面层采用水泥砂浆抹面,由于表面粗糙,可不做防滑条。防滑处理如图 5-18 所示,其实例如图 5-19 所示。

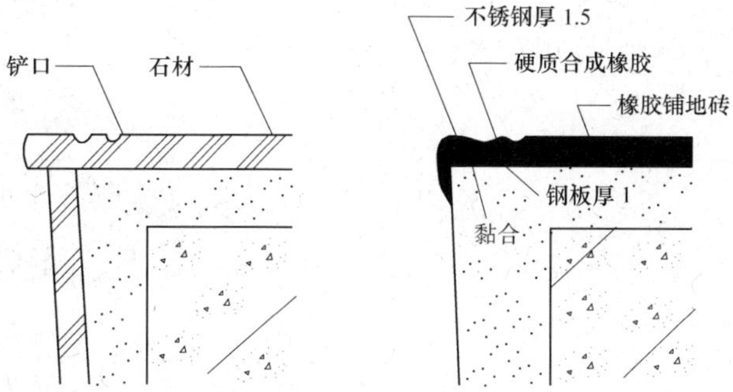

(a) 石材铲口　　(b) 黏复合材料防滑条

图 5-18 防滑处理

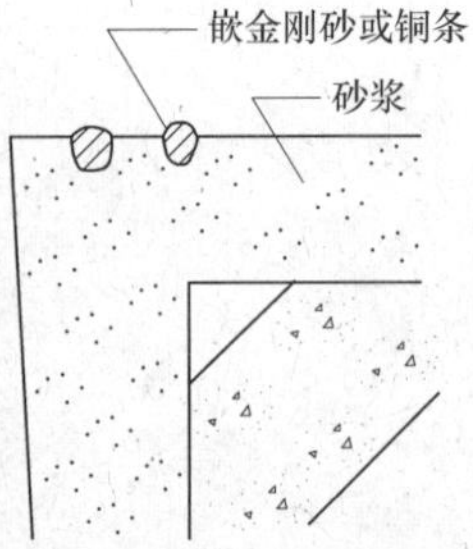

(c) 嵌金刚砂或铜条

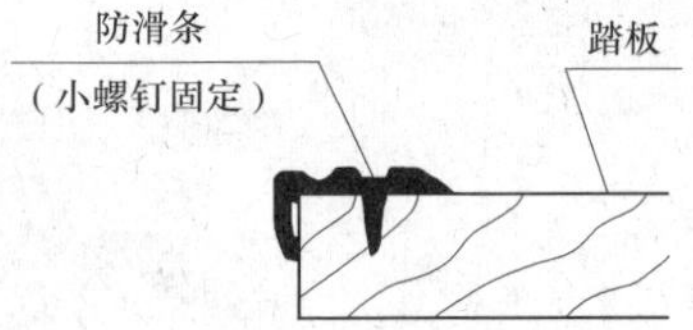

(d) 钉金属防滑条

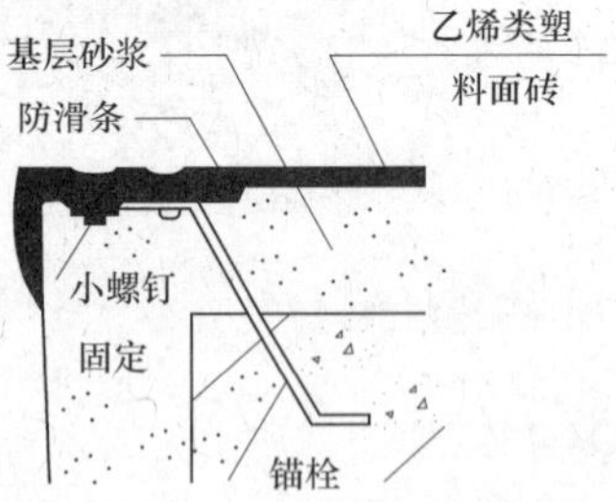

(e) 锚固金属防滑条

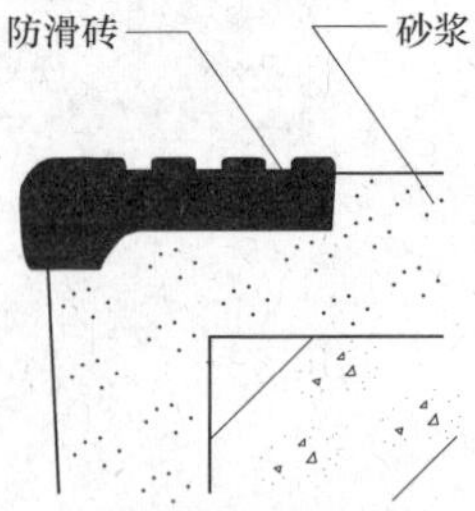

(f) 防滑面砖

续图 5-18

(a)

(b)

(c)

(d)

图 5-19　防滑处理实例

5.4.2　栏杆、栏板与扶手

5.4.2.1　栏杆

栏杆多采用方钢、圆钢、钢管或扁钢等材料，并可焊接或铆接制作成各种图案，既起防护作用，又起装饰作用，如图 5-20 所示。

(a)　　　　　　(b)

图 5-20　金属栏杆实例

栏杆与踏步的连接方式有锚接、焊接和栓接三种。

锚接是在踏步上预留孔洞，然后将钢条插入孔内，预留孔一般为 50 mm×50 mm，插入洞内至少 80 mm，洞内浇注水泥砂浆或细石混凝土嵌固，如图 5-21(a)所示。焊接则是在浇注楼梯踏步时，在需要设置栏杆的部位，沿踏面预埋钢板或在踏步内埋套管，然后将钢条焊接在预埋钢板或套管上，如图 5-21(b)所示。栓接是指利用螺栓将栏杆固定在踏步上，方式可有多种，如图 5-21(c)所示。

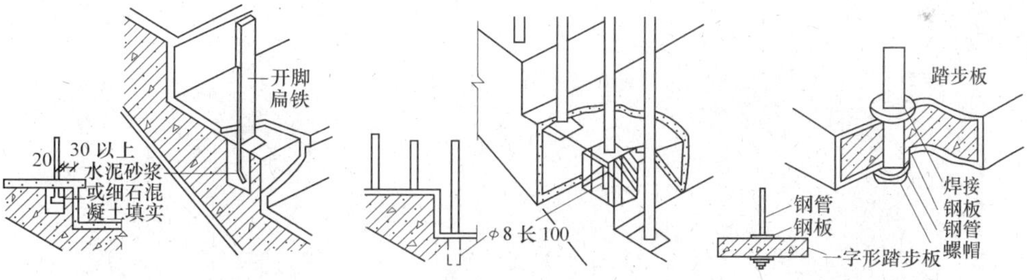

(a) 锚接　　　　(b) 焊接　　　　(c) 螺栓连接

图 5-21　栏杆与踏步的连接方式

5.4.2.2　栏板

栏板多用钢筋混凝土或加筋砖砌体制作，也有用钢丝网水泥板的。钢筋混凝土栏板有预制和现浇两种。栏板实例如图 5-22所示。

图 5-22　栏板实例

5.4.2.3　混合式

混合式是指空花式和栏板式两种栏杆形式的组合，栏杆竖杆作为主要抗侧力构件，栏板则作为防护和美观装饰构件，其栏杆竖杆常采用钢材或不锈钢等材料，其栏板部分常采用轻质美观材料制作，如木板、塑料贴面板、铝板、有机玻璃板和钢化玻璃板等，其构造如图 5-23 所示。混合式栏杆实例如图 5-24 所示。

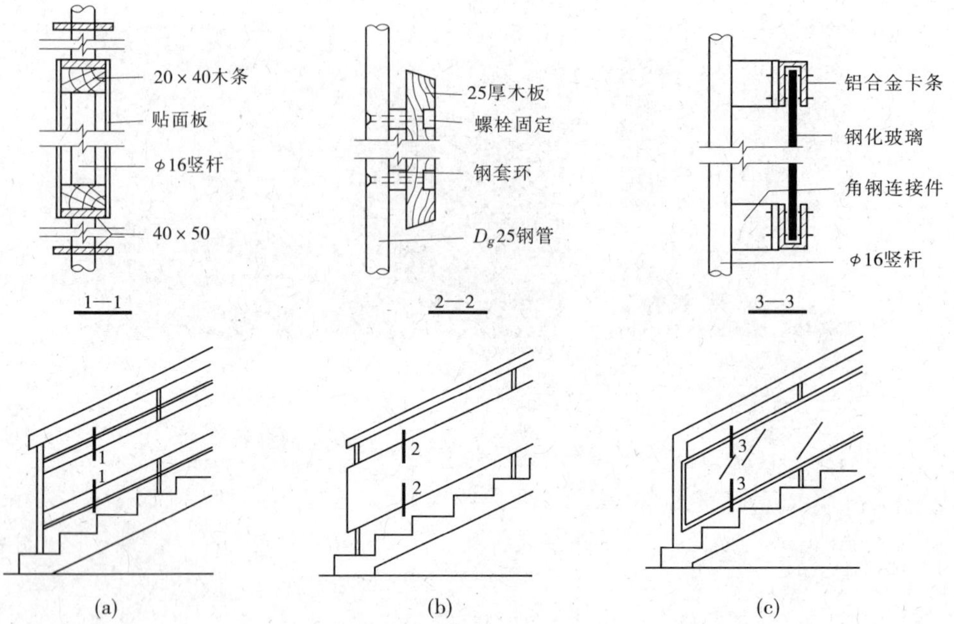

图 5-23　几种混合式栏杆构造

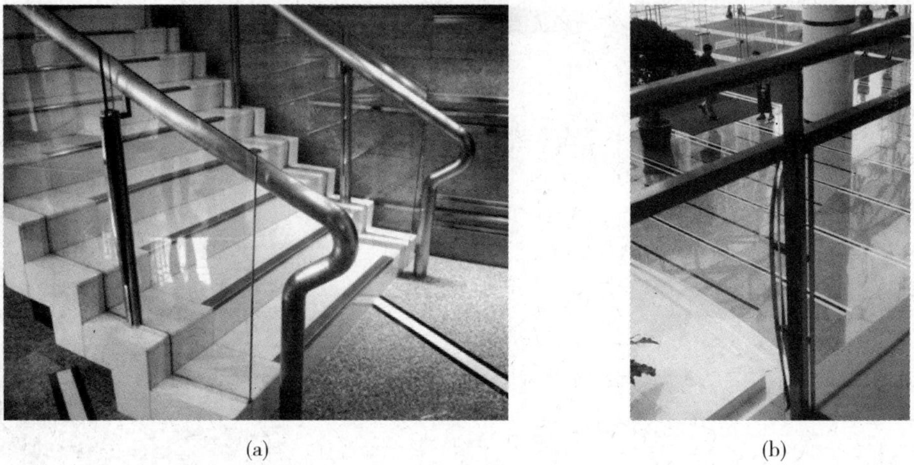

图 5-24　混合式栏杆实例

5.4.3　扶手

楼梯扶手按材料分类有木扶手、金属扶手、塑料扶手等，按构造分类有漏空栏杆扶手、栏板扶手和靠墙扶手等。

木扶手、塑料扶手藉木螺丝通过扁铁与漏空栏杆连接；金属扶手则通过焊接或螺钉连接；靠墙扶手则由预埋铁脚的扁钢藉木螺丝来固定。栏板上的扶手多采用抹水泥砂浆或水磨石粉面的处理方式。栏杆及栏板的扶手构造如图 5-25 所示。

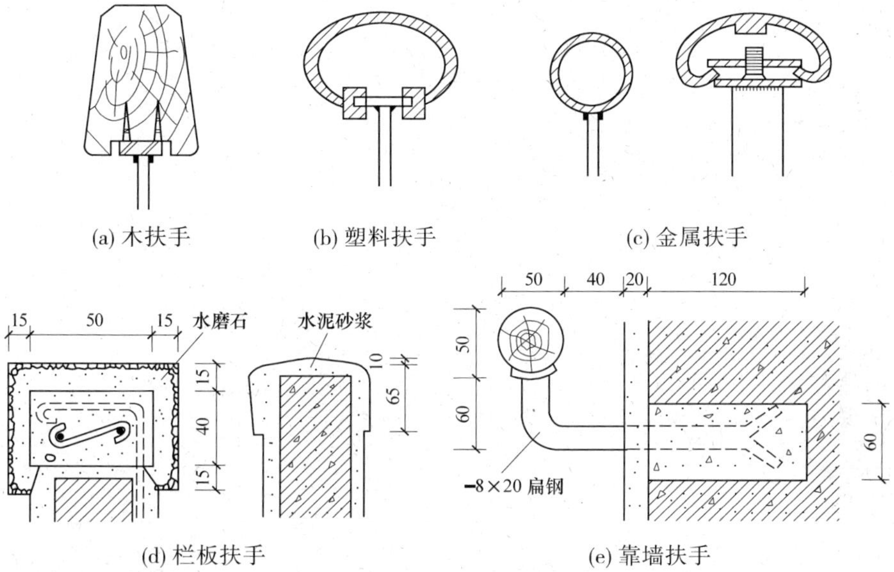

图 5-25　栏杆及栏板的扶手构造

5.4.4　楼梯的基础

楼梯的基础简称梯基。梯基的做法有两种:一是楼梯直接设砖、石或混凝土基础;另一种是楼梯支承在钢筋混凝土地基梁上。梯基的构造如图 5-26 所示。

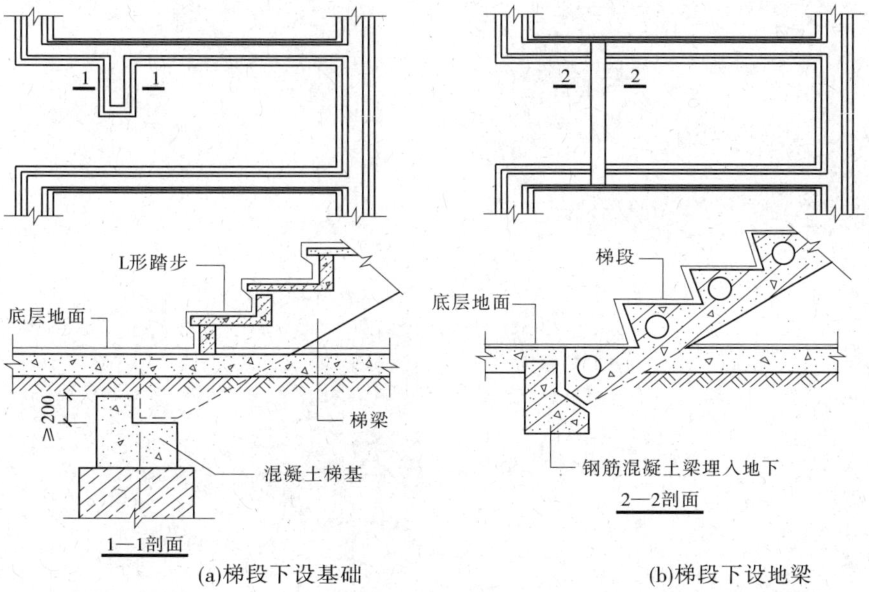

图 5-26　梯基的构造

5.5 台阶与坡道

5.5.1 台阶与坡道的形式

台阶由踏步和平台组成。其形式有单面踏步式、三面踏步式等。台阶坡度较楼梯平缓，每级踏步高为 100 ~ 150 mm，踏面宽为 300 ~ 400 mm。当台阶高度超过 1 m 时，宜有护栏设施。

坡道多为单面坡形式，极少有三面坡的，坡道坡度应以有利于推车通行为佳，一般为 1/10 ~ 1/8，也有 1/30 的。还有些大型公共建筑，为考虑汽车能在大门入口处通行，常采用台阶与坡道相结合的形式，如图 5-27 所示。台阶与坡道的实例如图 5-28 所示。

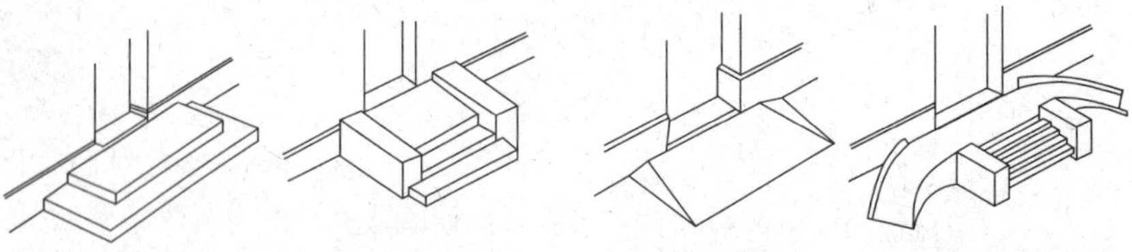

(a)三面踏步式　(b)单面踏步式　(c)坡道式　(d)踏步坡道结合式

图 5-27　台阶与坡道的形式

(a)　(b)　(c)　(d)

图 5-28　台阶与坡道实例

(e) (f) (g)

续图 5-28

5.5.2 台阶构造

台阶构造与地坪构造相似，由面层和结构层构成。结构层材料应采用抗冻、抗水性能好且质地坚实的材料，常见的台阶基础有就地砌造、勒脚挑出、桥式三种。台阶踏步有砖砌踏步、混凝土踏步、钢筋混凝土踏步、石踏步四种。台阶构造如图 5-29 所示。

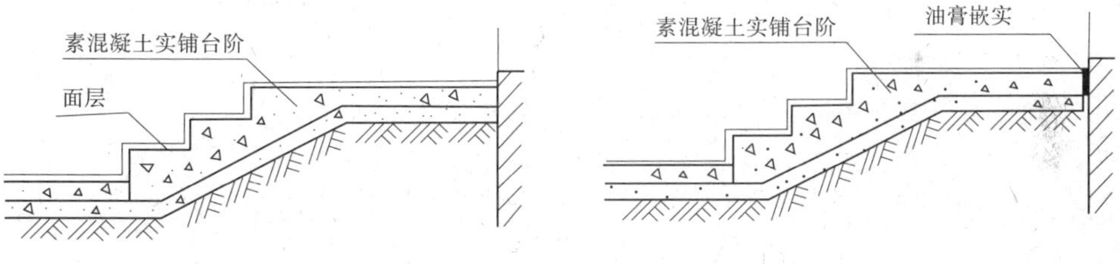

(a)实铺

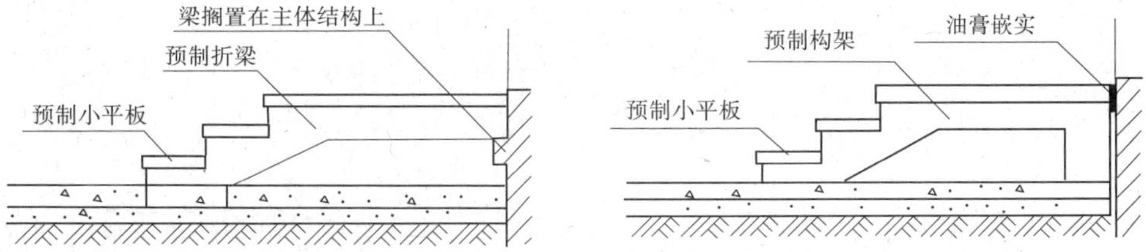

(b)架空

图 5-29 台阶构造示意

5.5.3 坡道构造

坡道材料常见的有混凝土或石块等，面层亦以水泥砂浆居多，对经常处于潮湿、坡度较陡或采用水磨石作面层的，在其表面必须作防滑处理，其构造如图 5-30 所示。

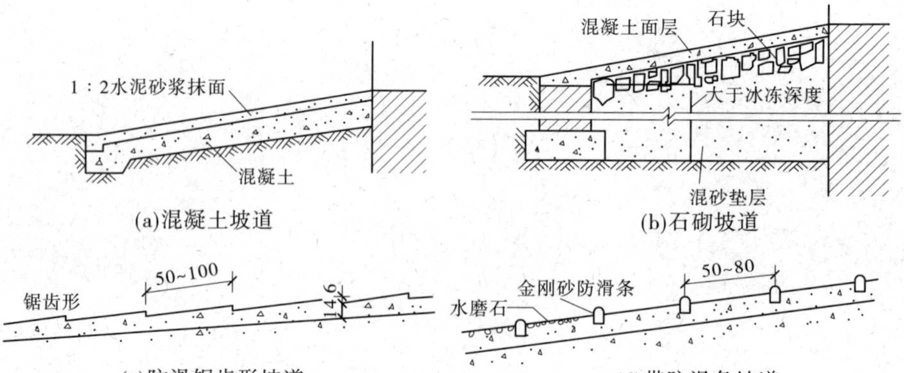

图 5-30　坡道构造

5.6　电梯与自动扶梯

5.6.1　电梯

5.6.1.1　电梯的类型

1. 按使用性质分类

(1)客梯:主要用于人们在建筑物中的垂直联系。

(2)货梯:主要用于运送货物及设备。

(3)消防电梯:用于发生火灾、爆炸等紧急情况下作安全疏散人员和消防人员紧急救援使用。

2. 按电梯行驶速度分类

(1)高速电梯:速度大于 2 m/s,梯速随层数增加而提高,消防电梯常用高速。

(2)中速电梯:速度在 2 m/s 之内,一般货梯,按中速考虑。

(3)低速电梯:运送食物电梯常用低速,速度在 1.5 m/s 以内。

3. 其他分类

有按单台、双台分;按交流电梯、直流电梯分;按轿厢容量分;按电梯门开启方向分等。

4. 观光电梯

观光电梯是将竖向交通工具和登高流动观景相结合的电梯。透明的轿厢使电梯内外景观相互交映。

5.6.1.2　电梯的组成

1. 电梯井道

电梯井道是电梯运行的通道,井道内包括出入口、电梯轿厢、导轨、导轨撑架、平衡锤及缓冲器等。不同用途的电梯,井道的平面形式不同,其分类及井道平面如图 5-31 所示。

2. 电梯机房

电梯机房一般设在井道的顶部。机房和井道的平面相对位置允许机房任意向一个或两个相邻方向伸出,并满足机房有关设备安装的要求。机房楼板应按机器设备要求的部

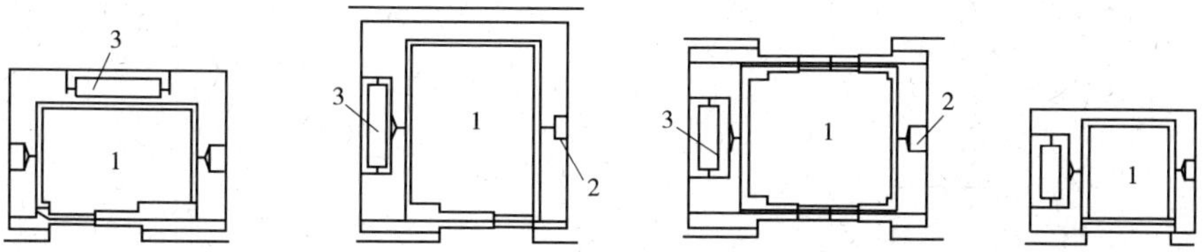

(a)客梯(双扇推拉门) (b)病床梯(双扇推拉门) (c)货梯(中分双扇推拉门) (d)小型杂物货梯

1—电梯厢;2—导轨及撑架;3—平衡锤

图 5-31 电梯分类及井道平面

位预留孔洞。

3. 井道地坑

井道地坑在最底层平面标高下不小于 1.4 m,考虑电梯停靠时的冲力,其作为轿厢下降时所需的缓冲器的安装空间。

4. 组成电梯的有关部件

(1)轿厢。轿厢是直接载人、运货的厢体,电梯轿厢应造型美观,经久耐用。当今轿厢采用金属框架结构,内部用光洁有色钢板壁面或有色有孔钢板壁面,花格钢板地面,荧光灯局部照明以及不锈钢操纵板等,入口处则采用钢材或坚硬铝材制成的电梯门槛。

(2)井壁导轨和导轨支架。井壁导轨和导轨支架是支承、固定厢上下升降的轨道。

(3)牵引轮及其钢支架、钢丝绳、平衡锤、轿厢开关门、检修起重吊钩等。

(4)有关电器部件。交流电动机、直流电动机、控制柜、继电器、选层器、动力、照明、电源开关、厅外层数指示灯和厅外上下召唤盒开关等。

5.6.1.3 电梯与建筑物相关部位的构造

1. 井道、机房建筑的一般要求

(1)通向机房的通道和楼梯宽度不小于 1.2 m,楼梯坡度不大于 45°。

(2)机房楼板应平坦整洁,能承受 6 kPa 的均布荷载。

(3)井道壁多为钢筋棍凝土井壁或框架填充墙井壁。井道壁为钢筋混凝土时,应预留 150 mm 见方、150 mm 深孔洞、垂直中距 2 m,以便安装支架。

(4)框架(圈梁)上应预埋铁板,铁板后面的焊件与梁中钢筋焊牢。每层中间加圈梁一道,并需设置预埋铁板。

(5)电梯为两台并列时,中间可不用隔墙而按一定的间隔放置钢筋混凝土梁或型钢过梁,以便安装支架。

2. 电梯导轨支架的安装

安装导轨支架分为预留孔插入式和预埋铁件焊接式,其构造如图 5-32 所示。

5.6.1.4 电梯井道构造

1. 电梯井道的设计要求

(1)井道的防火。井道是建筑中的垂直通道,极易引起火灾的蔓延,因此井道四周应为防火结构。井道壁一般采用现浇钢筋混凝土或框架填充墙井壁,同时当井道内超过两部电梯时,需用防火围护结构予以隔开。

(2)井道的隔振与隔声。电梯运行时会产生振动和噪声,一般在机房机座下设弹性

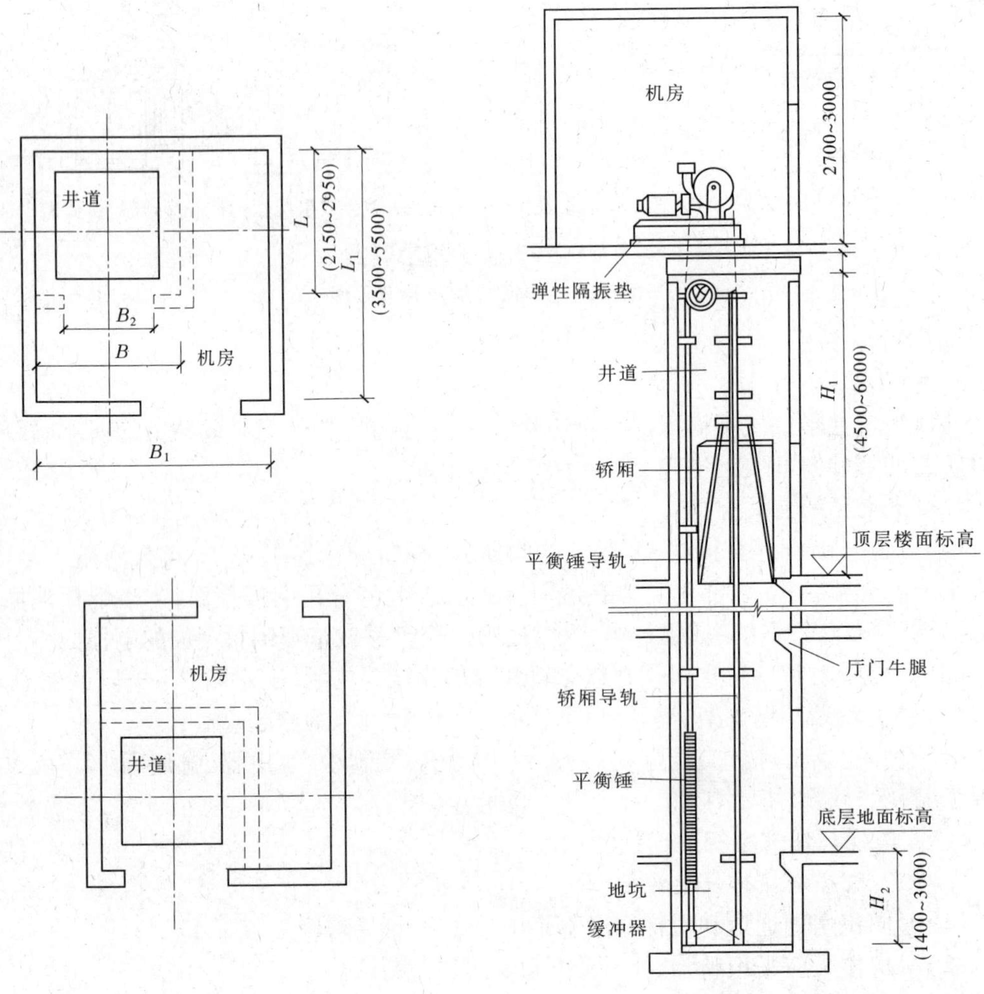

(a)平面

(b)通过电梯门剖面(无隔声层)

图 5-32　电梯构造示意

垫层隔振，在机房与井道间设高 1.5 m 左右的隔声层。

(3)井道的通风。为使井道内空气流通，发生火灾时能迅速排除烟和热气，应在井道肩部和中部适当位置(高层时)及地坑等处设置不小于 300 mm × 600 mm 的通风口，上部可以和排烟口结合，排烟口面积不少于井道面积的 3.5%。通风口总面积的 1/3 应经常开启。通风管道可在井道顶板上或井道壁上直接通往室外。

(4)其他。地坑应注意防水、防潮处理，坑壁应设爬梯和检修灯槽。

2. 电梯井道细部构造

电梯井道的细部构造包括厅门的门套装修及厅门的牛腿处理，导轨撑架与井壁的固结处理等。

电梯井道可用砖砌加钢筋混凝土圈梁，但大多为钢筋混凝土结构。井道各层的出入口即为电梯间的厅门，在出入口处的地面应向井道内挑出一牛腿。

由于厅门是人流或货流频繁经过的部位，故不仅要求做到坚固适用，而且还要满足一定的美观要求。具体的措施是在厅门洞口上部和两侧装上门套。门套装修可采用多种做法,如水泥砂浆抹面、贴水磨石板、大理石板以及硬木板或金属板贴面。除金属板为电梯厂定型产品外,其余材料均系现场制作或预制。厅门门套装修构造如图 5-33 所示。厅门牛腿部位构造如图 5-34 所示。

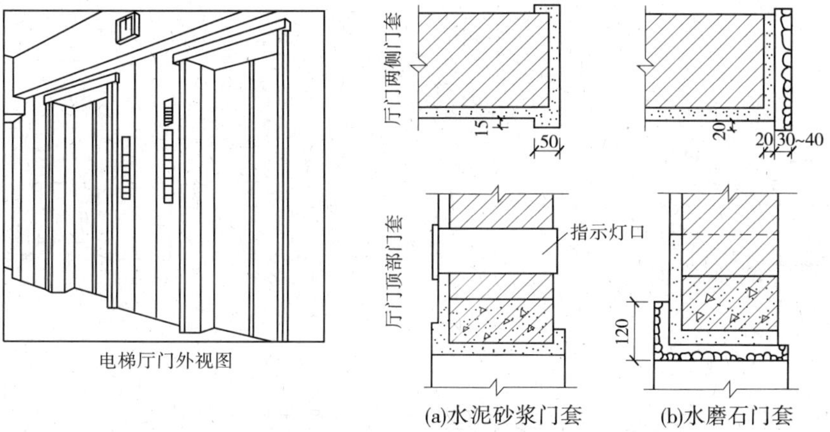

图 5-33　厅门门套装修构造

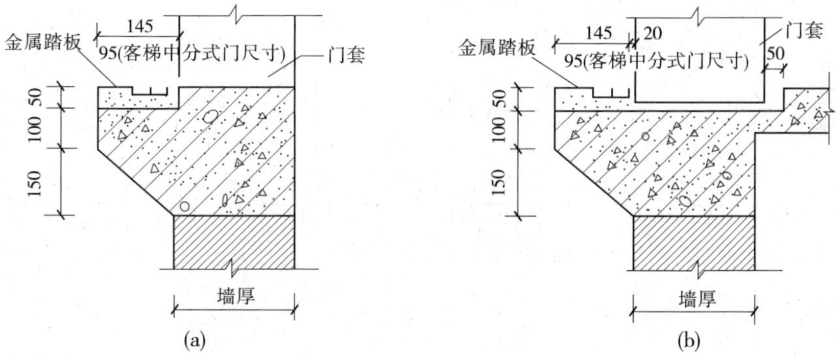

图 5-34　厅门牛腿部位构造

5.6.2　自动扶梯

自动扶梯适用于有大量人流上下的公共场所,如车站、超市、商场、地铁车站等。自动扶梯可正、逆两个方向运行,可作提升及下降使用,机器停转时可作普通楼梯使用。

自动扶梯是电动机械牵动梯段踏步连同栏杆扶手带一起运转,机房悬挂在楼板下面。自动扶梯基本尺寸如图 5-35 所示。

自动扶梯的坡道比较平缓,一般采用 30°,运行速度为 0.5 ~ 0.7 m/s,宽度按输送能力有单人和双人两种,其型号规格如表 5-2 所示。

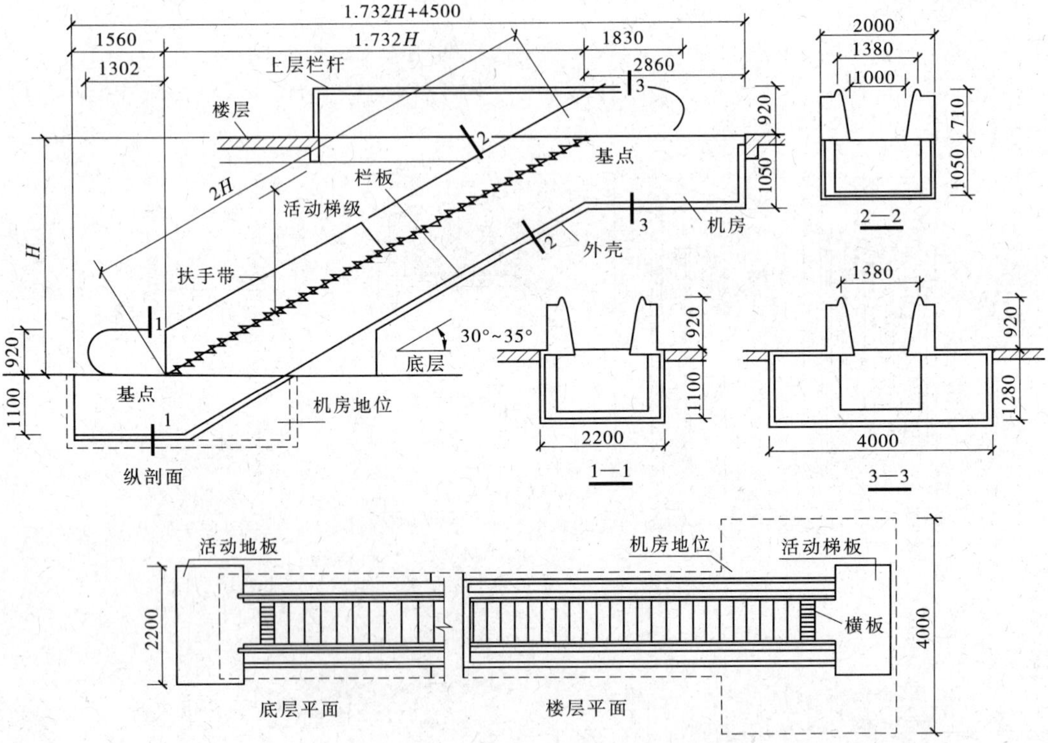

图 5-35　自动扶梯基本尺寸　（单位：mm）

表 5-2　自动扶梯型号规格

梯型	输送能力(人/h)	提升高度 H	速度(m/s)	扶梯宽度(mm)	
				净宽 B	外宽 B_1
单人梯	5 000	3～10	0.5	600	1 350
双人梯	8 000	3～8.5	0.5	1 000	1 750

小　结

本章重点是楼梯的类型、楼梯尺度和楼梯设计、现浇和预制钢筋混凝土楼梯构造、台阶与坡道的具体构造。本章主要难点是楼梯尺度和楼梯设计。

思考与练习题

一、思考题

1. 楼梯设计的方法步骤如何？

2. 楼梯段的宽度如何确定？

3. 现浇钢筋混凝土楼梯常见的结构形式有哪几种？各有何特点？

4. 小型预制构件装配式楼梯的支承方式有哪几种？预制踏步板的形式有哪几种？各对应何种截面的梁？减轻自重的方法有哪些？

5. 楼梯踏面防滑构造如何？

6. 室外台阶的组成、形式、构造要求及做法如何？

7. 坡道如何进行防滑？

二、练习题

1. 楼梯的功能和设计要求是什么？

2. 楼梯由哪几部分组成？各组成部分起何作用？

3. 常见楼梯的形式有哪些？

4. 楼梯的坡度如何确定？与楼梯踏步有何关系？确定踏步尺寸的经验公式如何使用？

5. 楼梯平台下作通道时有何要求？当不能满足时可采取哪些方法予以解决？

6. 楼梯为什么要设栏杆扶手？栏杆扶手的高度一般为多少？

7. 栏杆与扶手、梯段如何连接？绘图说明。

8. 栏杆扶手在平行双跑式楼梯平台转弯处如何处理？

第6章 屋 顶

【实训活动】

带领学生参观施工中的屋顶。

【技能掌握】

通过实训活动和本章节的理论学习，了解屋顶设计任务、屋面排水、屋面防水及屋面保温隔热设计的主要内容。重点掌握卷材防水屋面、刚性防水屋面、涂膜防水屋面的泛水构造，刚性防水屋面分格缝设置原则及构造。能根据防水、排水及保温隔热要求正确绘制平屋顶构造图。了解顶棚的类型及吊顶的组成，能绘制抹灰吊顶的构造详图。

6.1 屋顶的类型及设计要求

6.1.1 屋顶的类型

6.1.1.1 平屋顶

平屋顶通常是指排水坡度小于5%的屋顶，常用坡度为2%～3%。平屋顶常见的几种形式如图6-1所示。

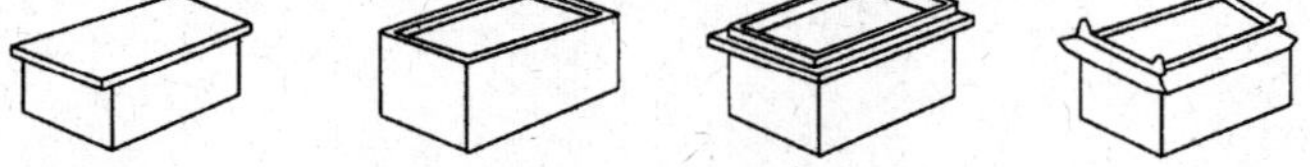

(a) 挑檐 (b) 女儿墙 (c) 挑檐女儿墙 (d) 盝顶

图6-1 平屋顶的形式

6.1.1.2 坡屋顶

坡屋顶通常是指屋面坡度大于10%的屋顶。坡屋顶常见的几种形式如图6-2所示。

6.1.1.3 其他形式的屋顶

随着科学技术的发展，出现了许多新型的屋顶结构形式，如拱结构、薄壳结构、悬索结构、网架结构屋顶等。这类屋顶多用于较大跨度的公共建筑。其他形式的屋顶如图6-3所示。

6.1.2 屋顶的设计要求

(1)要求屋顶起良好的围护作用，具有防水、保温和隔热性能。其中，防止雨水渗漏是屋顶的基本功能要求，也是屋顶设计的核心。

(2)要求具有足够的强度、刚度和稳定性。能承受风、雨、雪、施工、上人等荷载，地震

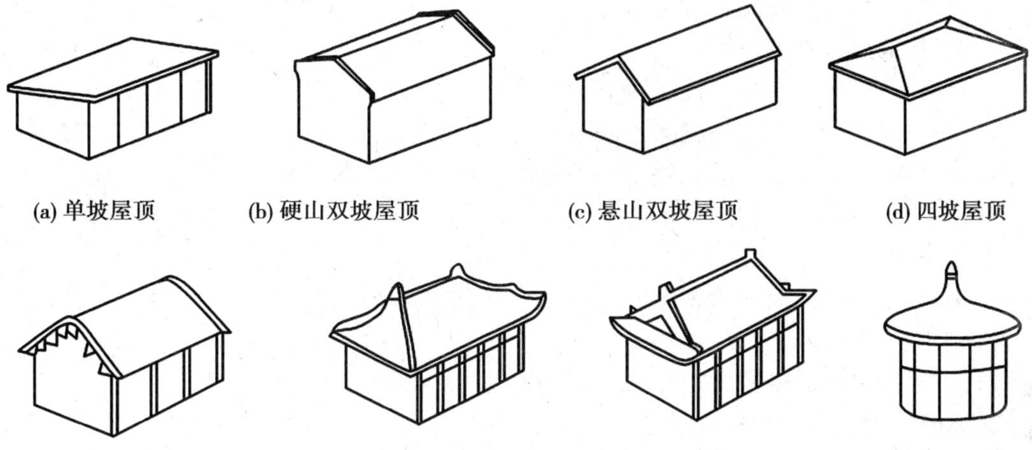

(a) 单坡屋顶　(b) 硬山双坡屋顶　(c) 悬山双坡屋顶　(d) 四坡屋顶

(e) 卷棚顶　(f) 庑殿屋顶　(g) 歇山屋顶　(h) 圆攒尖顶

图 6-2　坡屋顶的形式

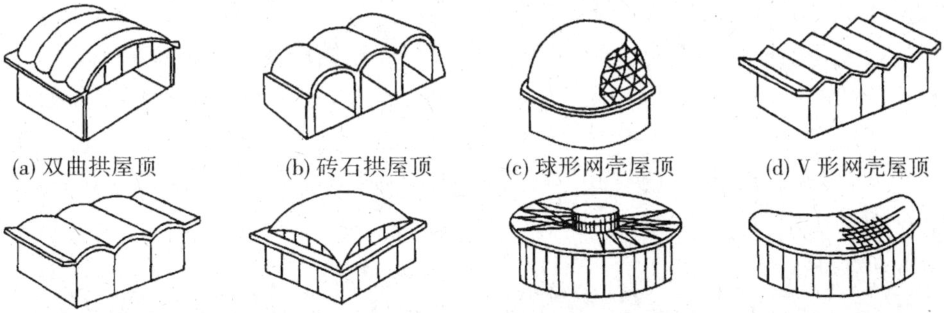

(a) 双曲拱屋顶　(b) 砖石拱屋顶　(c) 球形网壳屋顶　(d) V 形网壳屋顶

(e) 筒壳屋顶　(f) 扁壳屋顶　(g) 车轮形悬索屋顶　(h) 鞍形悬索屋顶

图 6-3　其他形式的屋顶

区还应考虑地震荷载对它的影响，满足抗震要求。并力求做到自重轻、构造层次简单，就地取材、施工方便，造价经济、便于维修。

(3)满足人们对建筑艺术尤其美观方面的需求。屋顶是建筑造型的重要组成部分，中国古建筑的重要特征之一就是有变化多样的屋顶外形和装修精美的屋顶细部，现代建筑也应注重屋顶形式及其细部设计。

6.2　屋顶排水设计

为了迅速排除屋面雨水，需进行周密的排水设计，其内容包括：选择屋顶排水坡度，确定排水方式，进行屋顶排水组织设计。

6.2.1　屋顶坡度的选择

6.2.1.1　屋顶排水坡度的表示方法

常用的坡度表示方法有角度法、斜率法和百分比法。坡屋顶多采用斜率法，平屋顶多采用百分比法,角度法应用较少。

6.2.1.2 影响屋顶坡度的因素

1. 屋面防水材料与排水坡度的关系

防水材料若尺寸较小,接缝必然就较多,容易产生缝隙渗漏,因而屋面应有较大的排水坡度,以便将屋面积水迅速排除。如果屋面的防水材料覆盖面积大,接缝少且严密,屋面的排水坡度就可以适当小一些。

2. 降雨量大小与坡度的关系

降雨量大的地区,屋面渗漏的可能性较大,屋顶的排水坡度宜适当加大;反之,屋顶排水坡度宜小一些。

6.2.1.3 屋顶坡度的形成方法

1. 材料找坡

材料找坡是指屋顶坡度由垫坡材料形成,一般用于坡向长度较小的屋面。为了减轻屋面荷载,应选用轻质材料找坡,如水泥炉渣、石灰炉渣等。找坡层的厚度在最薄处不小于20 mm,平屋顶材料找坡的坡度宜为2%。

2. 结构找坡

结构找坡是指屋顶结构自身带有排水坡度,平屋顶结构找坡的坡度宜为3%。

材料找坡的屋面板可以水平放置,保证天棚面平整,但材料找坡增加屋面荷载,材料和人工消耗较多,如图6-4(a)所示;结构找坡无须在屋面上另加找坡材料,构造简单,不增加荷载,但天棚顶倾斜,室内空间不够规整,如图6-4(b)所示。这两种方法在工程实践中均有广泛的运用。

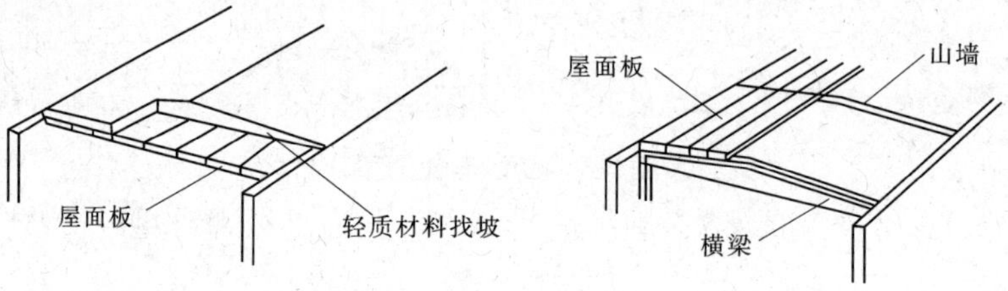

(a)材料找坡　　(b)结构找坡

图6-4　屋顶坡度的形成

6.2.2 屋顶排水方式

6.2.2.1 排水方式

1. 无组织排水

无组织排水是指屋面雨水直接从檐口滴落至地面的一种排水方式,由于不借助天沟、雨水管等导流雨水,故又称自由落水。主要适用于少雨地区或一般低层建筑,且相邻屋面高差小于4 m;不宜用于临街建筑和较高的建筑。几种常用的无组织排水如图6-5所示。

2. 有组织排水

有组织排水是指雨水经由天沟、雨水管等排水装置被引导至地面或地下管沟的一种排水方式。在建筑工程中应用广泛,如图6-6所示。

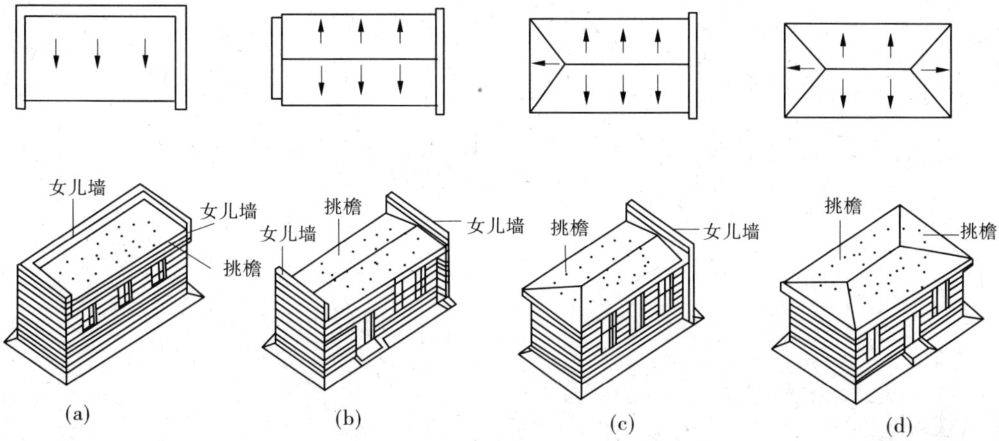

图6-5 几种常用无组织排水示意图

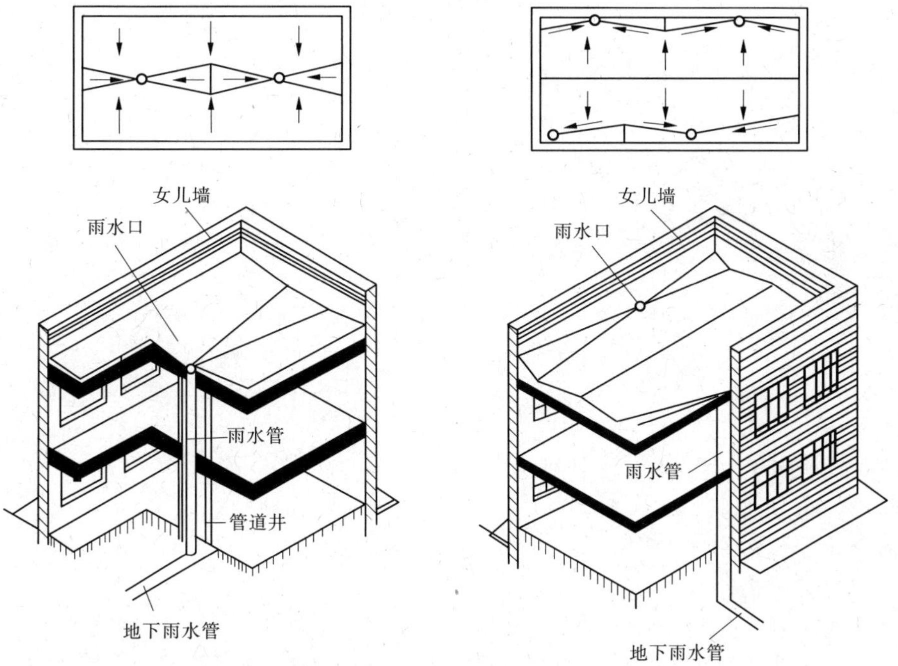

图6-6 有组织排水示意图

6.2.2.2 排水方式选择

确定屋顶的排水方式应根据气候条件、建筑物的高度、质量等级、使用性质、屋顶面积大小等因素加以综合考虑。

6.2.2.3 有组织排水方案

在工程实践中,由于具体条件的千变万化,可能出现各式各样的有组织排水方案。现按外排水、内排水、内外排水三种情况归纳成9种不同的排水方案,如图6-7所示。

1. 外排水方案

外排水是指雨水管装设在室外的一种排水方案,其优点是雨水管不妨碍室内空间使

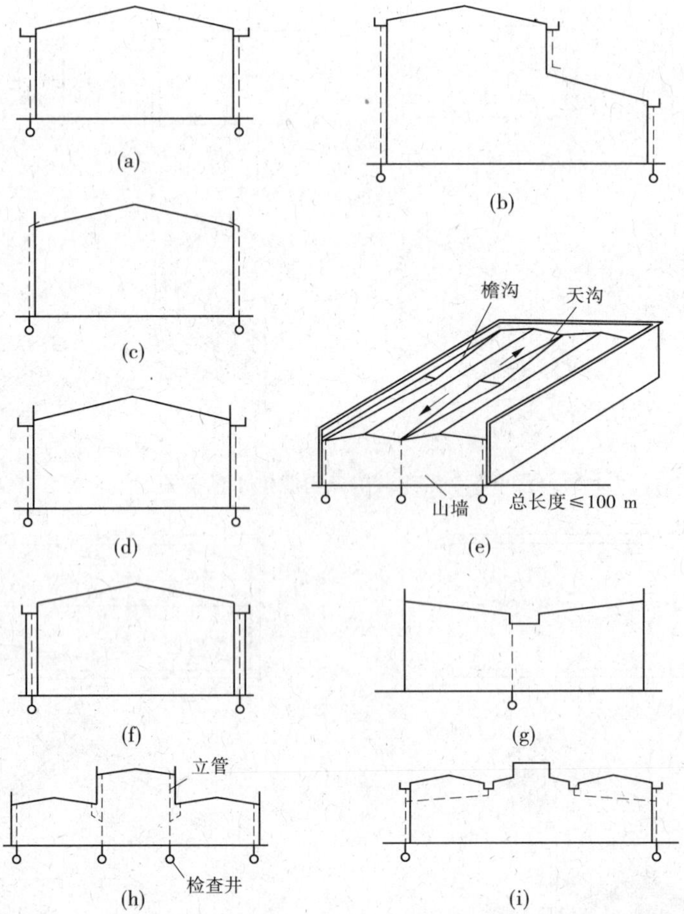

图 6-7　有组织排水方案

用和美观，构造简单，因而被广泛采用。外排水方案可归纳成以下几种。

(1) 挑檐沟外排水。

(2) 女儿墙外排水。

(3) 女儿墙挑檐沟外排水。

(4) 长天沟外排水。

(5) 暗管外排水。

明装的雨水管有损建筑立面外观，故在一些重要的公共建筑中，雨水管常采取暗装的方式，把雨水管隐藏在假柱或空心墙中。假柱可以处理成建筑立面上的竖线条。

2. 内排水

外排水构造简单，雨水管不占用室内空间，故在南方应优先采用。但在有些情况下采用外排水并不恰当。例如在高层建筑中就是如此，因维修室外雨水管既不方便，更不安全；又如在严寒地区也不适宜用外排水，因室外的雨水管有可能使雨水结冻，而处于室内的雨水管则不会发生这种情况。

(1) 中间天沟内排水。当房屋宽度较大时，可在房屋中间设一纵向天沟形成内排水，这种方案特别适用于内廊式多层或高层建筑。雨水管可布置在走廊内，不影响走廊两旁的房间。

(2)高低跨内排水。高低跨双坡屋顶在两跨交界处也常常需要设置内天沟来汇集低跨屋面的雨水,高低跨可共用一根雨水管。

6.2.3 屋顶排水组织设计

屋顶排水组织设计的主要任务是将屋面划分成若干排水区,分别将雨水引向雨水管,做到排水线路简洁、雨水口负荷均匀、排水顺畅、避免屋顶积水而引起渗漏。一般按下列步骤进行:

(1)确定排水坡面的数目(分坡)。一般情况下,临街建筑平屋顶屋面宽度小于 12 m 时,可采用单坡排水;其宽度大于 12 m 时,宜采用双坡排水。坡屋顶应结合建筑造型要求选择单坡、双坡或四坡排水。

(2)划分排水区。划分排水区的目的在于合理地布置水落管。排水区的面积是指屋面水平投影的面积,每一根水落管的屋面最大汇水面积不宜大于 200 m^2。雨水口的间距在 18 ~ 24 m。

(3)确定天沟所用材料和断面形式及尺寸。天沟即屋面上的排水沟,位于檐口部位时又称檐沟。设置天沟的目的是汇集屋面雨水,并将屋面雨水有组织地迅速排除。天沟根据屋顶类型的不同有多种做法。如在坡屋顶中可用钢筋混凝土、镀锌铁皮、石棉水泥等材料做成槽形或三角形天沟。平屋顶的天沟一般用钢筋混凝土制作,当采用女儿墙外排水方案时,可利用倾斜的屋面与垂直的墙面构成三角形天沟,如图 6-8 所示;当采用檐沟外排水方案时,通常用专用的槽形板做成矩形天沟,如图 6-9 所示。

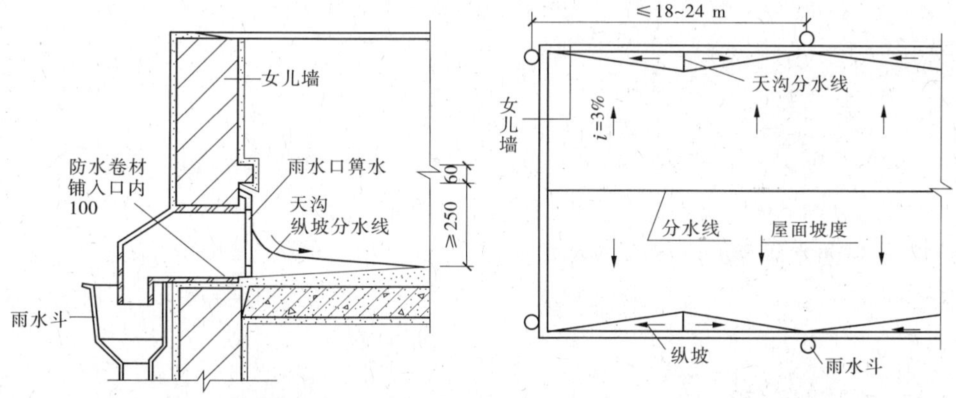

(a)女儿墙断面图　　(b)屋顶平面图

图 6-8 平屋顶女儿墙外排水三角形天沟

(4)确定水落管规格及间距。水落管按材料的不同分为铸铁、镀锌铁皮、塑料、石棉水泥和陶土等,目前多采用铸铁和塑料水落管,其直径有 50 mm、75 mm、100 mm、125 mm、150 mm、200 mm 几种规格,一般民用建筑最常用的水落管直径为 100 mm,面积较小的露台或阳台可采用 50 mm 或 75 mm 的水落管。水落管的位置应在实墙面处,其间距一般在 18 m 以内,最大间距宜不超过 24 m,因为间距过大,则沟底纵坡面越长,会使沟内的垫坡材料增厚,减少了天沟的容水量,造成雨水溢向屋面,引起渗漏或从檐沟外侧涌出。

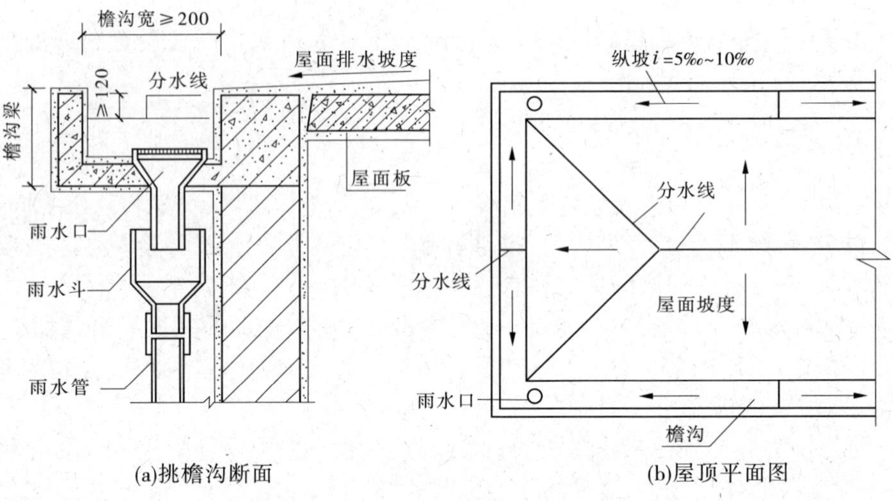

图 6-9 平屋顶檐沟外排水矩形天沟

6.3 平屋顶构造

平屋顶按屋面防水层的不同有刚性防水、卷材防水、涂料防水及粉剂防水屋面等多种做法。

6.3.1 卷材防水屋面

卷材防水屋面,是指以防水卷材和黏结剂分层粘贴而构成防水层的屋面。卷材防水屋面所用卷材有沥青类卷材、高分子类卷材、高聚物改性沥青类卷材等。适用于防水等级为Ⅰ~Ⅳ级的屋面防水。

6.3.1.1 卷材防水屋面的构造层次和做法

卷材防水屋面由多层材料叠合而成,其基本构造层次按构造要求由结构层、找坡层、找平层、结合层、防水层和保护层组成。卷材防水屋面的构造组成,如图 6-10 所示;油毡防水屋面做法,如图 6-11 所示。

1. 结构层

通常为预制或现浇钢筋混凝土屋面板,要求具有足够的强度和刚度。

2. 找坡层(结构找坡和材料找坡)

材料找坡应选用轻质材料形成所需要的排水坡度,通常是在结构层上铺 1:(6~8)的水泥焦渣或水泥膨胀蛭石等。

3. 找平层

柔性防水层要求铺贴在坚固而平整的基层上,因此必须在结构层或找坡层上设置找平层。

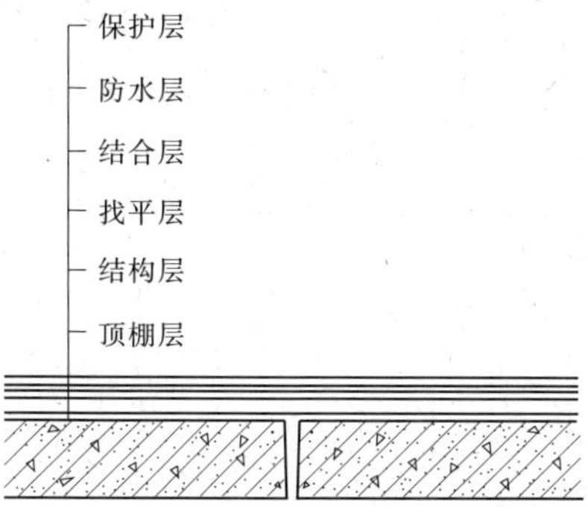

图6-10 卷材防水屋面的构造组成

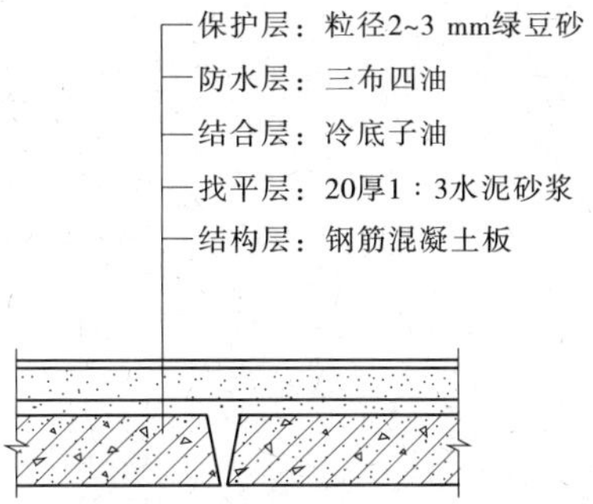

图6-11 油毡防水屋面做法

4. 结合层

结合层的作用是使卷材防水层与基层黏结牢固。结合层所用材料应根据卷材防水层材料的不同来选择，如油毡卷材、聚氯乙烯卷材及自粘型彩色三元乙丙复合卷材，用冷底子油在水泥砂浆找平层上喷涂一至二道；三元乙丙橡胶卷材则采用聚氨酯底胶；氯化聚乙烯橡胶卷材需用氯丁胶乳等。冷底子油用沥青加入汽油或煤油等溶剂稀释而成，喷涂时不用加热，在常温下进行，故称冷底子油。

5. 防水层

防水层由胶结材料与卷材黏合而成，卷材连续搭接，形成屋面防水的主要部分。当屋面坡度较小时，卷材一般平行于屋脊铺设，从檐口到屋脊层层向上粘贴，上下搭接不小于70 mm，左右搭接不小于100 mm。

油毡屋面在我国已有几十年的使用历史，具有较好的防水性能，对屋面基层变形有一定的适应能力，但这种屋面施工复杂、劳动强度大，且容易出现油毡鼓泡、沥青流淌、油毡老化等方面的问题，使油毡屋面的寿命大大缩短，平均10年左右就要进行大修。

目前所用的新型防水卷材，主要有三元乙丙橡胶防水卷材、自粘型彩色三元乙丙复合防水卷材、聚氯乙烯防水卷材、氯化聚乙烯防水卷材、氯丁橡胶防水卷材及改性沥青油毡防水卷材等，这些材料一般为单层卷材防水构造，防水要求较高时可采用双层卷材防水构造。这些防水材料的共同优点是自重轻，适用温度范围广，耐气候性好，使用寿命长，抗拉强度高，延伸率大，冷作业施工，操作简便，可大大改善劳动条件，减少环境污染。

6. 保护层

不上人屋面保护层的做法：当采用油毡防水层时，为粒径3~6 mm的小石子，称为绿豆砂保护层。绿豆砂要求耐风化、颗粒均匀、色浅；三元乙丙橡胶卷材采用银色着色剂，直接涂刷在防水层上表面；彩色三元乙丙复合卷材防水层直接用CX-404胶黏结，不需另加保护层。

上人屋面的保护层构造做法：通常可采用水泥砂浆或沥青砂浆铺贴缸砖、大阶砖、混凝土板等，也可现浇40 mm厚C20细石混凝土。

6.3.1.2 柔性防水屋面细部构造

屋顶细部是指屋面上的泛水、天沟、雨水口、檐口、变形缝等部位。

1. 泛水构造

泛水指屋顶上沿所有垂直面设置的防水构造，突出于屋面之上的女儿墙、烟囱、楼梯间、变形缝、检修孔、立管等的壁面，其与屋顶的交接处是最容易漏水的地方，必须将屋面防水层延伸到这些垂直面上，由此形成立铺的防水层。卷材防水屋面泛水构造如图 6-12 所示。

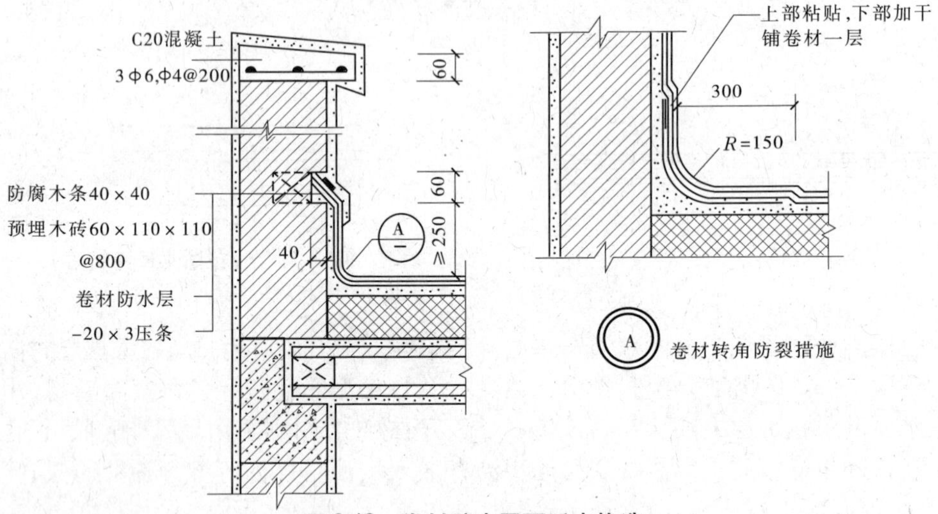

图 6-12　卷材防水屋面泛水构造

2. 檐口构造

柔性防水屋面的檐口构造有无组织排水挑檐和有组织排水挑檐沟及女儿墙檐口等，挑檐和挑檐沟构造都应注意处理好卷材的收头固定、檐口饰面，并做好滴水。女儿墙檐口构造的关键是泛水的构造处理，其顶部通常做混凝土压顶，并设有坡度坡向屋面。檐口构造如图 6-13～图 6-15 所示。

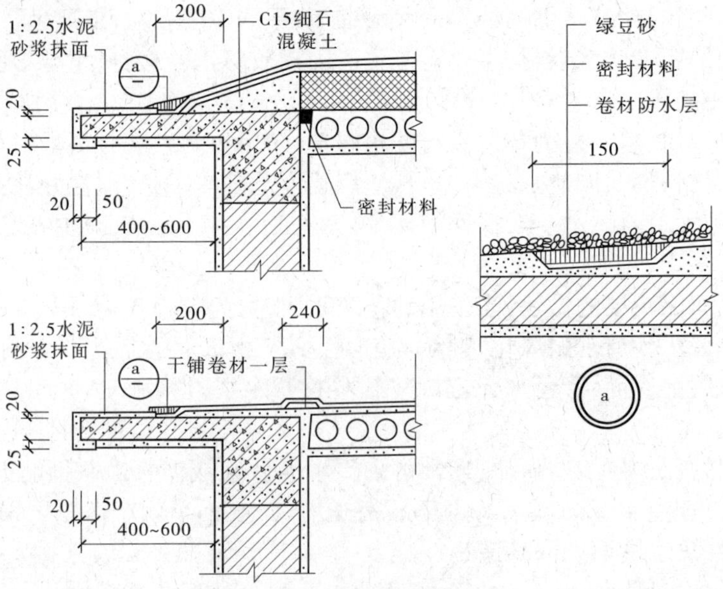

图 6-13　自由落水檐口构造

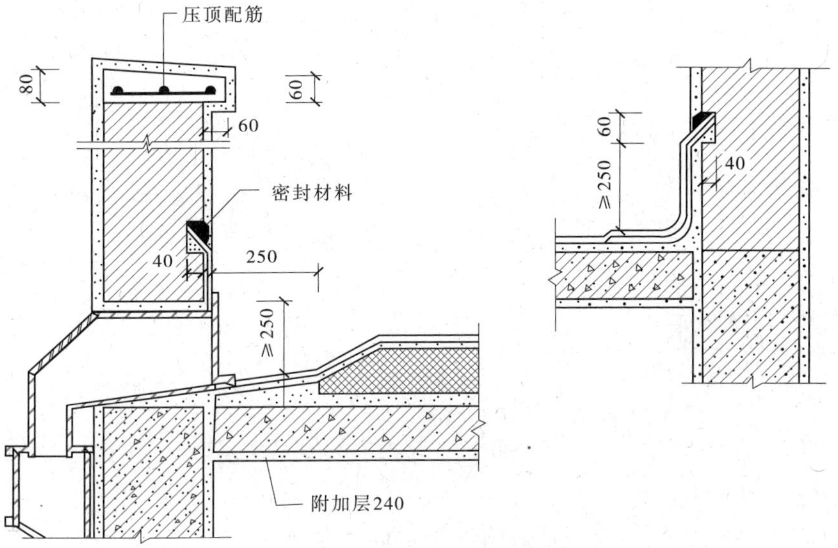

图6-14 女儿墙带内檐沟檐口构造

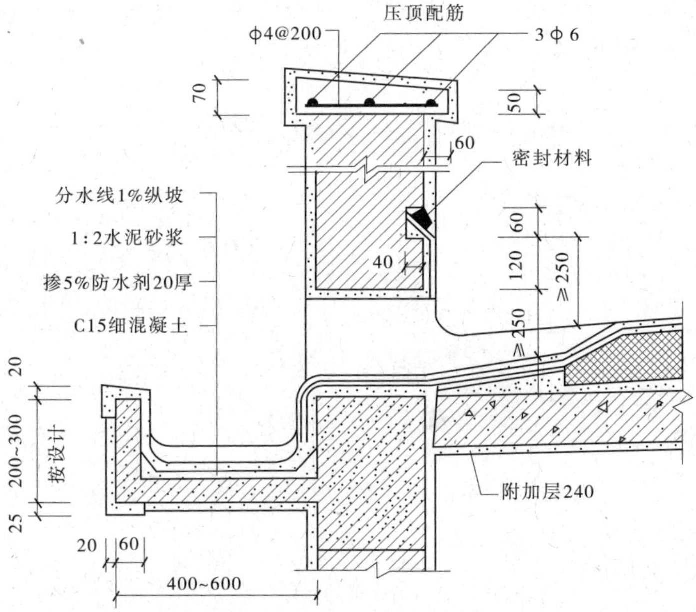

图6-15 女儿墙带外檐沟檐口构造

3. 雨水口构造

雨水口的类型有用于檐沟排水的直管式雨水口和用于女儿墙外排水的弯管式雨水口两种。雨水口在构造上要求排水通畅、防止渗漏水堵塞。直管式雨水口为防止其周边漏水,应加铺一层卷材并贴入连接管内 100 mm,雨水口上用定型铸铁罩或铅丝球盖住,用油膏嵌缝。弯管式雨水口需穿过女儿墙预留孔洞内,且屋面防水层应铺入雨水口内壁四周不小于 100 mm,并安装铸铁箅子以防杂物流入造成堵塞。雨水口构造如图 6-16 所示。

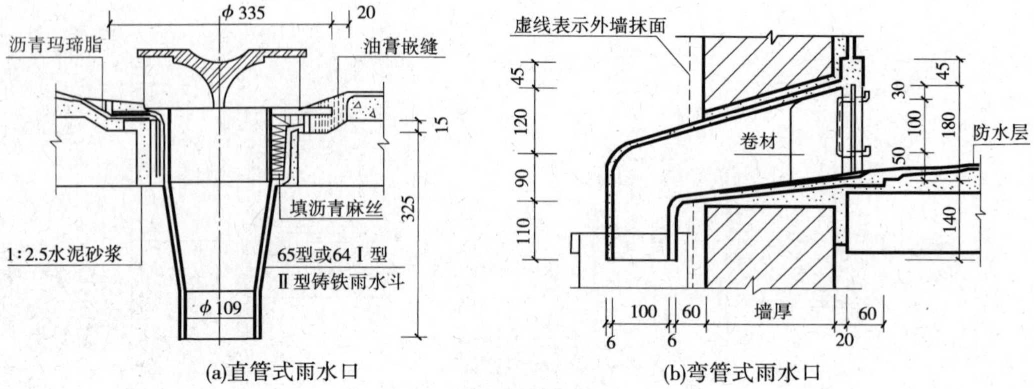

(a)直管式雨水口　　(b)弯管式雨水口

图 6-16　雨水口构造

4. 屋面变形缝构造

屋面变形缝的构造处理原则是既不能影响屋面的变形，又要防止雨水从变形缝渗入室内。

屋面变形缝按建筑设计要求可设于同层等高屋面上，也可设在高低屋面的交接处。等高屋面变形缝构造如图 6-17 所示。

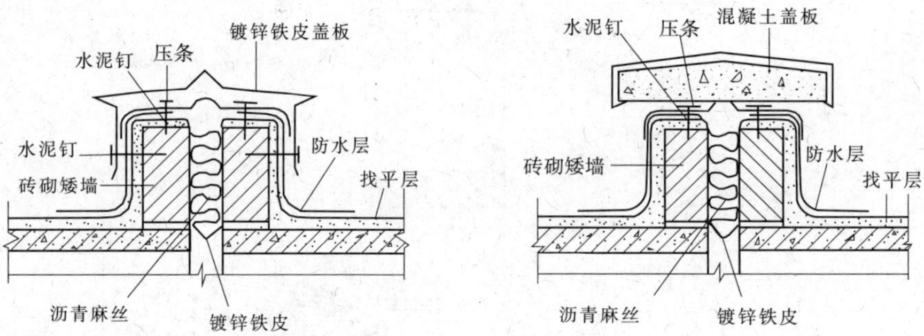

(a)横向变形缝渗水之一　　(b)横向变形缝渗水之二

图 6-17　等高屋面变形缝

6.3.2　刚性防水屋面

刚性防水屋面是指以刚性材料作为防水层的屋面，如防水砂浆、细石混凝土、配筋细石混凝土防水屋面等。这类屋面具有构造简单、施工方便、造价低廉的优点，但对温度变化和结构变形较敏感，容易产生裂缝而渗水。故多用于我国南方地区的建筑。

6.3.2.1　刚性防水屋面的构造层次及做法

刚性防水屋面一般由结构层、找平层、隔离层和防水层组成。

1. 结构层

刚性防水屋面的结构层要求具有足够的强度和刚度，一般应采用现浇或预制装配的钢筋混凝土屋面板，并在结构层现浇或铺板时形成屋面的排水坡度。

2. 找平层

为保证防水层厚薄均匀,通常应在结构层上用 20 mm 厚 1:3水泥砂浆找平。若采用现浇钢筋混凝土屋面板或设有纸筋灰等材料时,也可不设找平层。

3. 隔离层

为减少结构层变形及温度变化对防水层的不利影响,宜在防水层下设置隔离层。隔离层可采用纸筋灰、低强度等级砂浆或在薄砂层上干铺一层油毡等。当防水层中加有膨胀剂类材料时,其抗裂性有所改善,也可不做隔离层。

4. 防水层

常用的配筋细石混凝土防水屋面的混凝土强度等级应不低于 C20,其厚度宜不小于 40 mm,双向配置Φ4~Φ6.5 钢筋,间距为 100~200 mm 的双向钢筋网片。为提高防水层的抗渗性能,可在细石混凝土内掺入适量外加剂(如膨胀剂、减水剂、防水剂等)以提高其密实性能。

6.3.2.2 刚性防水屋面细部构造

刚性防水屋面的细部构造包括屋面防水层的分格缝、泛水、檐口、雨水口等部位的构造处理。

1. 屋面分格缝

屋面分格缝实质上是在屋面防水层上设置的变形缝。其目的在于:①防止温度变形引起防水层开裂;②防止结构变形将防水层拉坏。因此,屋面分格缝的位置应设置在温度变形允许的范围以内和结构变形敏感的部位。一般情况下分格缝间距不宜大于 6 m。结构变形敏感的部位主要是指装配式屋面板的支承端、屋面转折处、现浇屋面板与预制屋面板的交接处、泛水与立墙交接处等部位。分格缝的位置如图 6-18 所示。

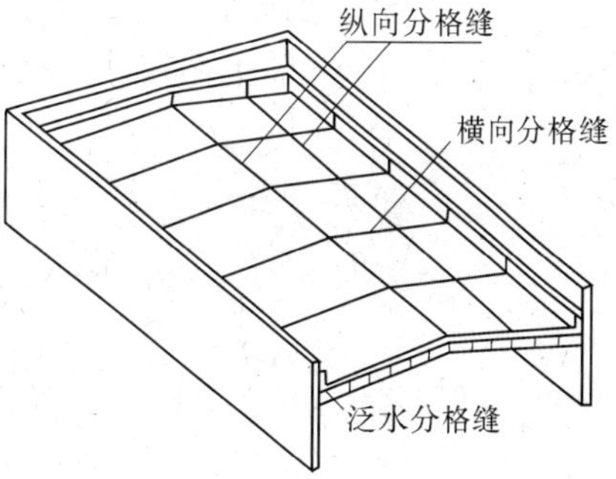

图 6-18 分格缝的位置

分格缝的构造要点:

(1)防水层内的钢筋在分格缝处应断开。

(2)屋面板缝用浸过沥青的木丝板等密封材料嵌填,缝口用油膏等嵌填。

(3)缝口表面用防水卷材铺贴盖缝,卷材的宽度为 200~300 mm。

分格缝的构造如图 6-19 所示。

2. 泛水构造

刚性防水屋面的泛水构造要点与卷材屋面基本相同。不同之处为刚性防水层与屋面突出物(女儿墙、烟囱等)间须留分格缝,另铺贴附加卷材盖缝形成泛水。

3. 檐口构造

刚性防水屋面檐口的形式一般有自由落水挑檐口、挑檐沟外排水檐口和女儿墙外排水檐口、坡檐口等。

(1)自由落水挑檐口。根据挑檐挑出的长度,有直接利用混凝土防水层悬挑和在增设的现浇或预制钢筋混凝土挑檐板上做防水层等做法。无论采用哪种做法,都应注意做

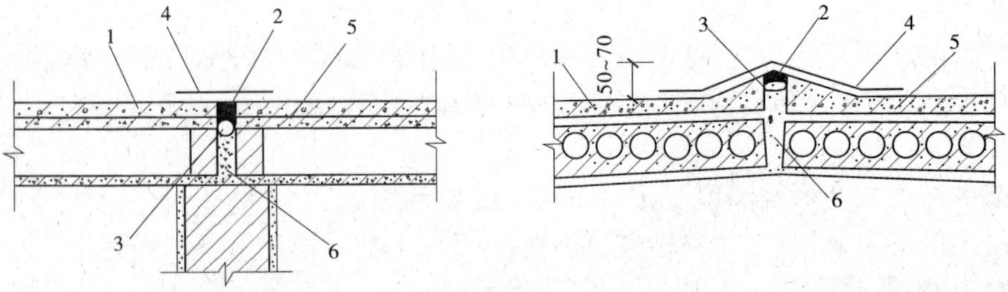

(a) 横向分格缝　　(b) 屋脊分格缝（预制空心楼板）

1—刚性防水层；2—密封材料；3—脊衬材料；4—防水卷材；5—隔离层；6—细石混凝土

图 6-19　分格缝构造

好滴水。

(2) 挑檐沟外排水檐口。檐沟构件一般采用现浇或预制的钢筋混凝土槽形天沟板，在沟底用低强度等级的混凝土或水泥炉渣等材料垫置成纵向排水坡度，铺好隔离层后再浇筑防水层，防水层应挑出屋面并做好滴水。

(3) 坡檐口。建筑设计中出于造型方面的考虑，常采用一种平顶坡檐即"平改坡"的处理形式，使较为呆板的平顶建筑具有某种传统的韵味，以丰富城市景观。坡檐口的构造如图 6-20 所示。

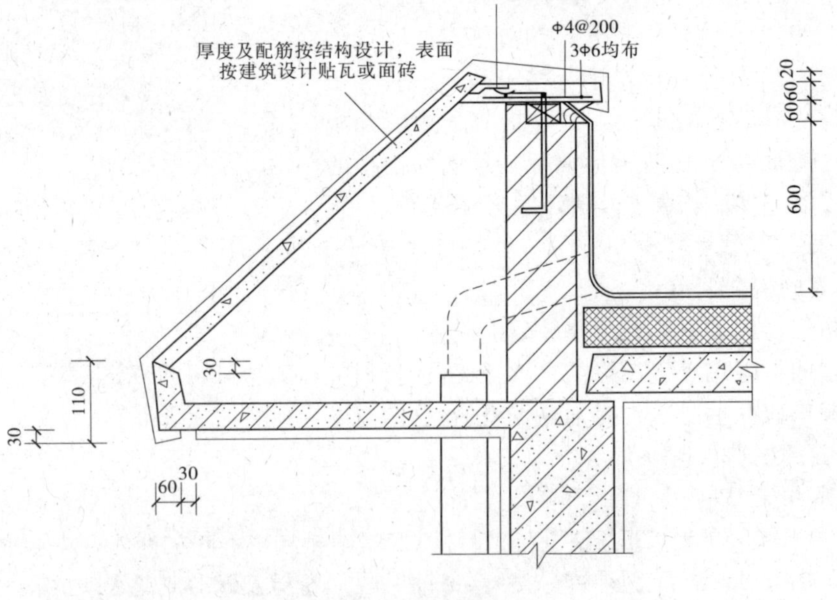

图 6-20　平屋顶坡檐构造

4. 雨水口构造

刚性防水屋面的雨水口有直管式和弯管式两种做法。直管式一般用于挑檐沟外排水的雨水口，弯管式用于女儿墙外排水的雨水口。

(1)直管式雨水口。直管式雨水口为防止雨水从雨水口套管与沟底接缝处渗漏,应在雨水口周边加铺柔性防水层并铺至套管内壁,檐口处浇筑的混凝土防水层应覆盖于附加的柔性防水层之上,并于防水层与雨水口之间用油膏嵌实。直管式雨水口构造如图6-21所示。

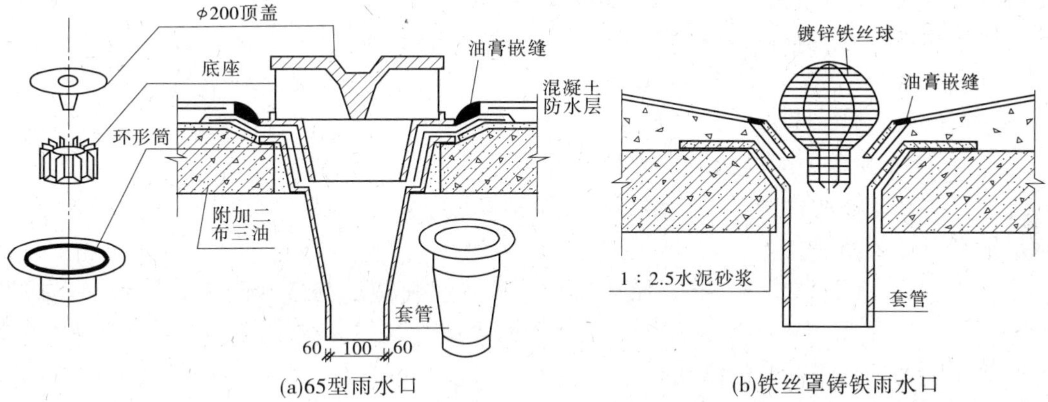

图6-21 直管式雨水口构造

(2)弯管式雨水口。弯管式雨水口一般用铸铁做成弯头。雨水口安装时,在雨水口处的屋面应加铺附加卷材与弯头搭接,其搭接长度不小于100 mm,然后浇筑混凝土防水层,防水层与弯头交接处需用油膏嵌缝。弯管式雨水口构造如图6-22所示。

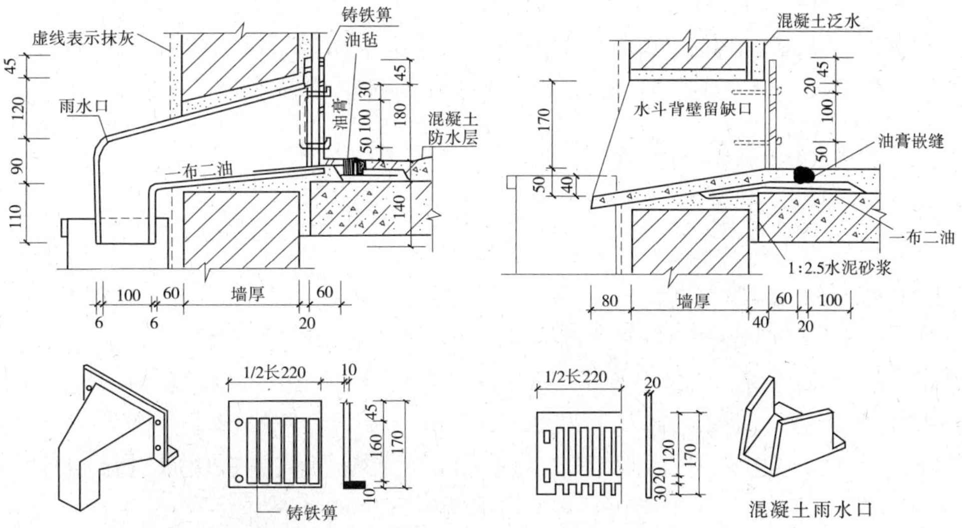

图6-22 弯管式雨水口构造

6.3.3 涂膜防水屋面

涂膜防水屋面又称涂料防水屋面，是指用可塑性和黏结力较强的高分子防水涂料，直接涂刷在屋面基层上形成一层不透水的薄膜层，以达到防水目的的一种屋面做法。防水涂料有塑料、橡胶和改性沥青三大类，常用的有塑料油膏、氯丁胶乳沥青涂料和焦油聚氨酯防水涂膜等。这些材料多数具有防水性好、黏结力强、延伸性大、耐腐蚀、不易老化、施工方便、容易维修等优点，近年来应用较为广泛。这种屋面通常适用于不设保温层的预制屋面板结构，如单层工业厂房的屋面。在有较大震动的建筑物或寒冷地区则不宜采用。

6.3.3.1 涂膜防水屋面的构造层次和做法

涂膜防水屋面的构造层次与柔性防水屋面相同，由结构层、找坡层、找平层、结合层、防水层和保护层组成。

涂膜防水屋面的常见做法中，结构层和找坡层材料做法与柔性防水屋面相同。找平层通常为25 mm厚1∶2.5水泥砂浆。为保证防水层与基层黏结牢固，结合层应选用与防水涂料相同的材料经稀释后满刷在找平层上。当屋面不上人时保护层的做法根据防水层材料的不同，可用蛭石或细砂撒面、银粉涂料涂刷等做法；当屋面为上人屋面时，保护层做法与柔性防水上人屋面做法相同。

6.3.3.2 涂膜防水屋面细部构造

1. 分格缝构造

涂膜防水只能提高屋面表面的防水能力，但由于温度变形和结构变形会导致基层开裂而使得屋面渗漏，因此对屋面面积较大和结构变形敏感的部位，需设置分格缝。

2. 泛水构造

涂膜防水屋面泛水构造要点与柔性防水屋面基本相同，即泛水高度不小于250 mm；屋面与立墙交接处应做成弧形；泛水上端应有挡雨措施，以防渗漏。

6.3.4 平屋顶的保温与隔热

6.3.4.1 平屋顶的保温

1. 保温材料类型

保温材料多为轻质多孔材料，一般可分为以下三种类型：

(1) 散料类：常用炉渣、矿渣、膨胀蛭石、膨胀珍珠岩等。

(2) 整体类：是指以散料作骨料，掺入一定量的胶结材料，现场浇筑而成。如水泥炉渣、水泥膨胀蛭石、水泥膨胀珍珠岩及沥青膨胀蛭石和沥青膨胀珍珠岩等。

(3) 板块类：是指利用骨料和胶结材料由工厂制作而成的板块状材料，如加气混凝土、泡沫混凝土、膨胀蛭石、膨胀珍珠岩、泡沫塑料等块材或板材等。

保温材料的选择应根据建筑物的使用性质、构造方案、材料来源、经济指标等因素综合考虑确定。

2. 保温层的设置

平屋顶因屋面坡度平缓，适合将保温层放在屋面结构层上（刚性防水屋面不适宜设保温层）。

保温层通常设在结构层之上、防水层之下。保温卷材防水屋面与非保温卷材防水屋面的区别是增设了保温层,构造需要相应增加找平层、结合层和隔汽层。设置隔汽层的目的是防止室内水蒸气渗入保温层,使保温层受潮而降低保温效果。隔汽层的一般做法是在20 mm厚1∶3水泥砂浆找平层上刷冷底子油两道作为结合层,结合层上再做一布二油或两道热沥青隔汽层。

6.3.4.2 平屋顶的隔热

1. 通风隔热屋面

通风隔热屋面是指在屋顶中设置通风间层,使上层表面起遮挡阳光的作用,利用风压和热压作用把间层中的热空气不断带走,以减少传到室内的热量,从而达到隔热降温的目的。通风隔热屋面一般有架空通风隔热屋面和顶棚通风隔热屋面两种做法。

(1)架空通风隔热屋面:通风层设在防水层之上,其做法很多,如图6-23所示。其中以架空预制板或大阶砖最为常见。架空通风隔热层设计应满足以下要求:架空层应有适当的净高,一般以180~240 mm为宜;距女儿墙500 mm范围内不铺架空板;隔热板的支点可做成砖垄墙或砖墩,间距视隔热板的尺寸而定。

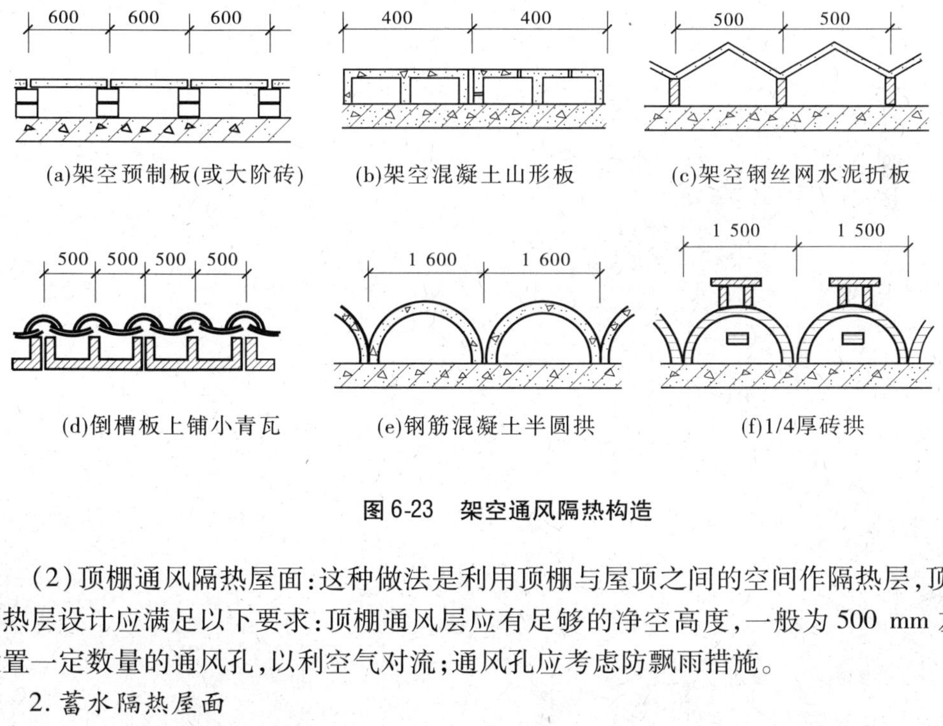

图6-23 架空通风隔热构造

(2)顶棚通风隔热屋面:这种做法是利用顶棚与屋顶之间的空间作隔热层,顶棚通风隔热层设计应满足以下要求:顶棚通风层应有足够的净空高度,一般为500 mm左右;需设置一定数量的通风孔,以利空气对流;通风孔应考虑防飘雨措施。

2. 蓄水隔热屋面

蓄水屋面是指在屋顶蓄积一层水,利用水蒸发时需要大量的汽化热,从而大量消耗晒到屋面的太阳辐射热,以减少屋顶吸收的热能,从而达到降温隔热的目的。蓄水屋面构造与刚性防水屋面基本相同,主要区别是增加了一壁三孔,即蓄水分仓壁、溢水孔、泄水孔和过水孔。蓄水隔热屋面构造应注意以下几点:合适的蓄水深度,一般为150~200 mm;根据屋面面积划分成若干蓄水区,每区的边长一般不大于10 m;足够的泛水高度,至少高出水面100 mm;合理设置溢水孔和泄水孔,并应与排水檐沟或水落管连通,以保证多雨季节不超过蓄水深度和检修屋面时能将蓄水排除；注意做好管道的防水处理。

3. 种植隔热屋面

种植屋面是在屋顶上种植植物，利用植被的蒸腾和光合作用，吸收太阳辐射热，从而达到降温隔热的目的。种植隔热屋面构造如图 6-24 所示。

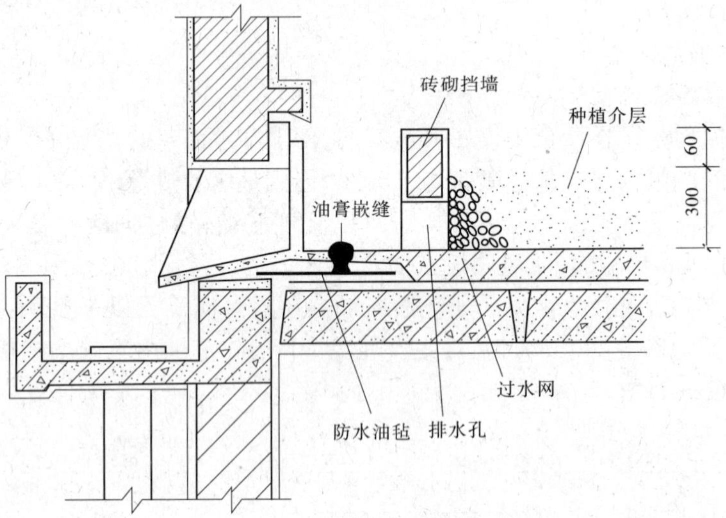

图 6-24　种植屋面构造示意图

6.4　坡屋顶构造

6.4.1　坡屋顶的承重结构

6.4.1.1　承重结构类型

坡屋顶中常用的承重结构有横墙承重、屋架承重和梁架承重，如图 6-25 所示。

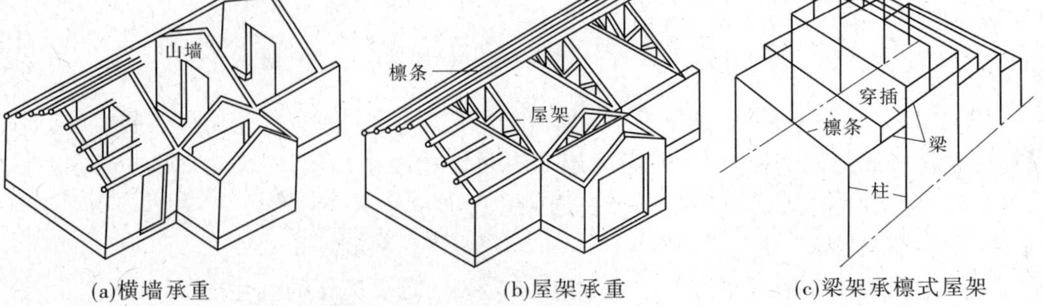

图 6-25　坡屋顶的承重结构类型

6.4.1.2　承重结构构件

1. 屋架

屋架形式常为三角形，由上弦、下弦及腹杆组成，所用材料有木材、钢材及钢筋混凝土等。木屋架一般用于跨度不超过 12 m 的建筑;将木屋架中受拉力的下弦及直腹杆件用钢筋或型钢代替,这种屋架称为钢木屋架;钢木组合屋架一般用于跨度不超过 18 m 的建筑;当跨度更大时需采用预应力钢筋混凝土屋架或钢屋架。

2. 檩条

檩条按所用材料可分为木材、钢材及钢筋混凝土,为使两者的耐久性接近,檩条材料的选用一般与屋架所用材料相同。

6.4.1.3 **承重结构布置**

坡屋顶的承重结构布置主要是指屋架和檩条的布置,其布置方式视屋顶形式而定。屋架和檩条布置如图 6-26 所示。

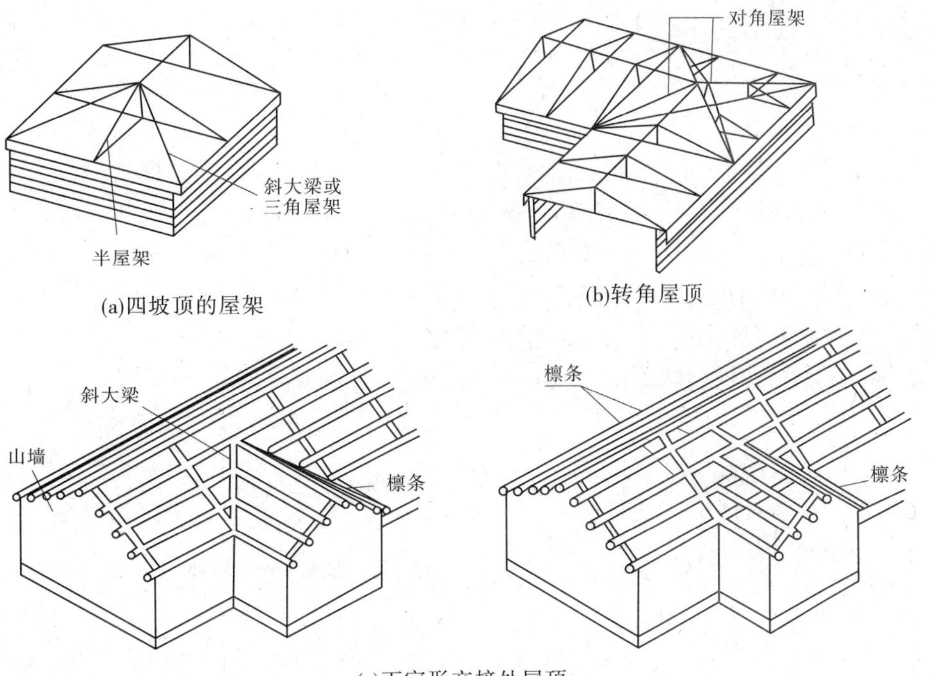

(a)四坡顶的屋架 (b)转角屋顶

(c)丁字形交接处屋顶

图 6-26 屋架和檩条布置

6.4.2 平瓦屋面做法

当坡屋顶的屋面由檩条、椽子、屋面板、防水材料、顺水条、挂瓦条、平瓦等层次组成时,叫平瓦屋面。其中当檩条间距较小(一般小于 800 mm)时,可直接在檩条上铺设屋面板,而不使用椽子。平瓦屋面的一般构造如图 6-27 所示。

坡屋顶屋面一般是利用各种瓦材,如平瓦、波形瓦、小青瓦等作为屋面防水材料。近些年来还有不少采用金属瓦屋面、彩色压型钢板屋面等。

平瓦屋面根据基层的不同有冷摊瓦屋面、木望板平瓦屋面和钢筋混凝土板瓦屋面三种做法。

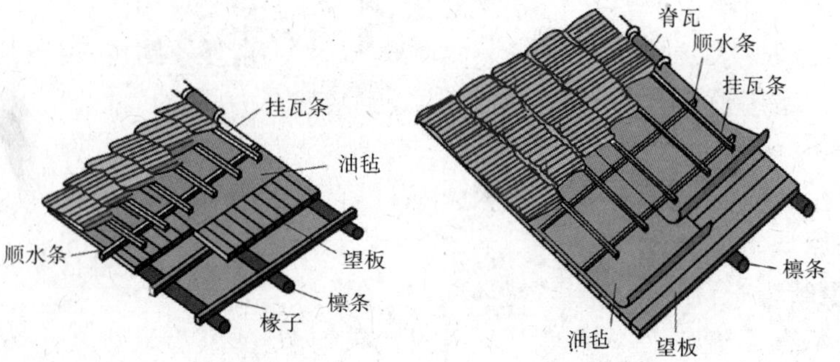

图 6-27　平瓦屋面的一般构造

6.4.2.1　冷摊瓦屋面

冷摊瓦屋面是在檩条上钉固椽条,然后在椽条上钉挂瓦条并直接挂瓦。这种做法构造简单,但雨雪易从瓦缝中飘入室内,通常用于南方地区质量要求不高的建筑。

6.4.2.2　木望板瓦屋面

木望板瓦屋面是在檩条上铺钉 15 ~ 20 mm 厚的木望板(亦称屋面板),望板可采取密铺法(不留缝)或稀铺法(望板间留 20 mm 左右宽的缝),在望板上平行于屋脊方向干铺一层油毡,在油毡上顺着屋面水流方向钉 10 mm × 30 mm、中距 500 mm 的顺水条,然后在顺水条上面平行于屋脊方向钉挂瓦条并挂瓦,挂瓦条的断面和间距与冷摊瓦屋面相同。这种做法比冷摊瓦屋面的防水、保温隔热效果要好,但耗用木材多、造价高,多用于质量要求较高的建筑物中。冷摊瓦屋面、木望板瓦屋面构造如图 6-28 所示。

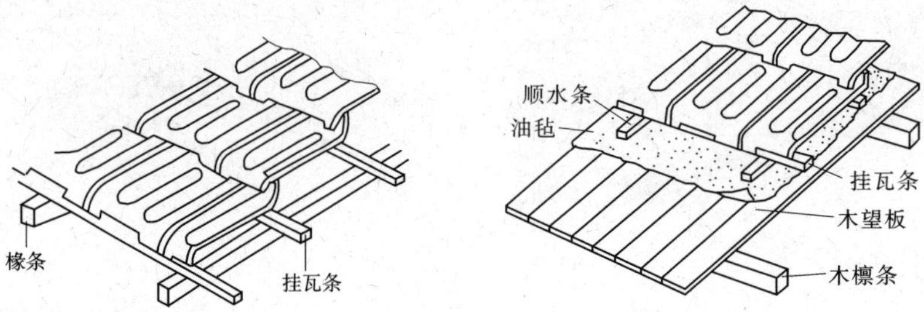

(a) 冷摊瓦屋面　　(b) 木望板瓦屋面

图 6-28　冷摊瓦屋面、木望板瓦屋面构造

6.4.2.3　钢筋混凝土板瓦屋面

瓦屋面由于保温、防火或造型等的需要,可将钢筋混凝土板作为瓦屋面的基层盖瓦。盖瓦的方式有两种:一种是在找平层上铺油毡一层,用压毡条钉在嵌在板缝内的木楔上,再钉挂瓦条挂瓦;另一种是在屋面板上直接粉刷防水水泥砂浆并贴瓦、陶瓷面砖或平瓦。在仿古建筑中也常常采用钢筋混凝土板瓦屋面。钢筋混凝土板瓦屋面构造如图 6-29 所示。

6.4.3　平瓦屋面细部构造

平瓦屋面应做好檐口、天沟、屋脊等部位的细部处理。

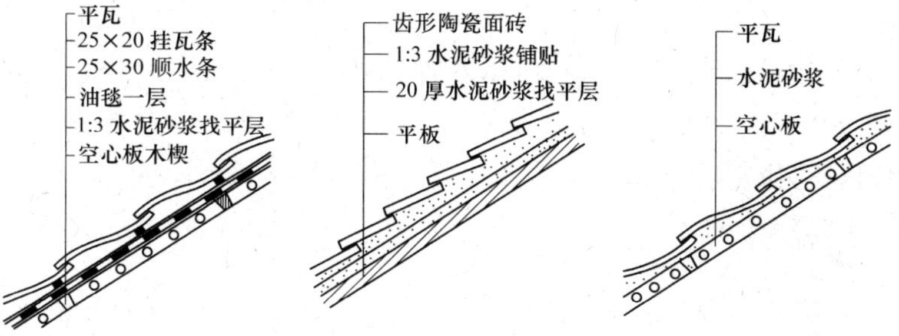

(a) 木条挂瓦 (b) 砂浆贴面砖 (c) 砂浆贴瓦

图 6-29 钢筋混凝土板瓦屋面构造

6.4.3.1 檐口构造

檐口分为纵墙檐口和山墙檐口。

1. 纵墙檐口

纵墙檐口根据造型要求做成挑檐或封檐。纵墙檐口的构造方法如图 6-30 所示。

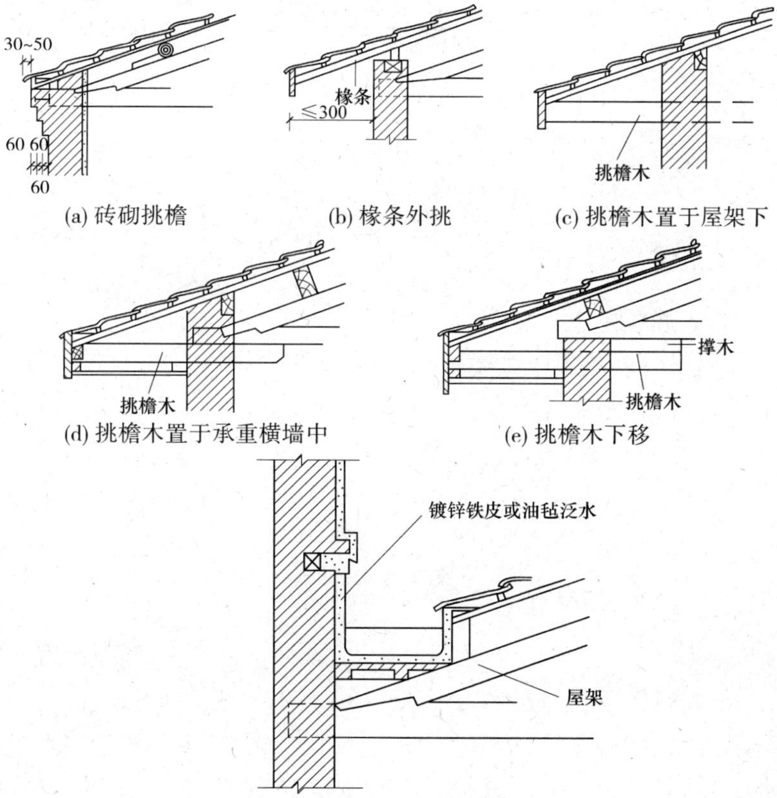

(a) 砖砌挑檐 (b) 椽条外挑 (c) 挑檐木置于屋架下

(d) 挑檐木置于承重横墙中 (e) 挑檐木下移

(f) 女儿墙包檐口

图 6-30 平瓦屋面纵墙檐口构造

2. 山墙檐口

山墙檐口按屋顶形式分为硬山与悬山两种。硬山檐口构造，将山墙升起包住檐口，女儿墙与屋面交接处应作泛水处理。女儿墙顶应作压顶板，以保护泛水。

悬山屋顶的山墙檐口构造，先将檩条外挑形成悬山，檩条端部钉木封檐板，沿山墙挑檐的一行瓦，应用 1:2.5 的水泥砂浆做出坡水线，将瓦封固。

6.4.3.2 **天沟和斜沟构造**

在等高跨或高低跨相交处，常常出现天沟，而两个相互垂直的屋面相交处则形成斜沟。沟应有足够的断面积，上口宽度不宜小于 300 ~ 500 mm，一般用镀锌铁皮铺于木基层上，镀锌铁皮伸入瓦片下面至少 150 mm。高低跨和包檐天沟若采用镀锌铁皮防水层时，应从天沟内延伸至立墙（女儿墙）上形成泛水。天沟、斜沟构造如图 6-31 所示。

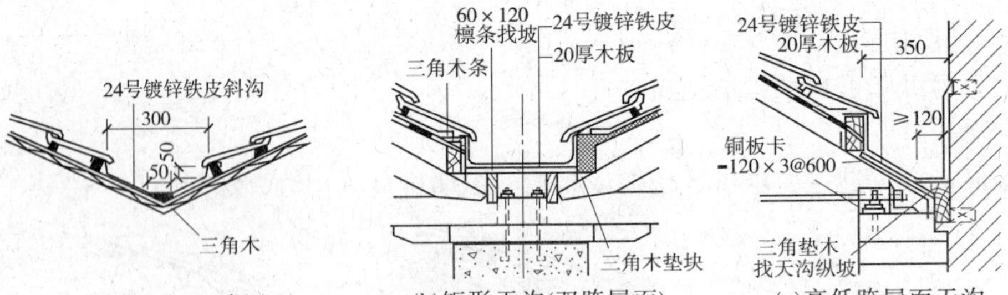

(a)三角形天沟(双跨屋面)　(b)矩形天沟(双跨屋面)　(c)高低跨屋面天沟

图 6-31　天沟、斜沟构造

6.4.4 坡屋顶的保温与隔热

6.4.4.1 **坡屋顶保温构造**

坡屋顶的保温层一般布置在瓦材与檩条之间或吊顶棚上面。保温材料可根据工程具体要求选用松散材料、块体材料或板状材料。

6.4.4.2 **坡屋顶隔热构造**

炎热地区，在坡屋顶中设进气口和排气口，利用屋顶内外的热压差和迎风面的压力差组织空气对流，形成屋顶内的自然通风，以减少由屋顶传入室内的辐射热，从而达到隔热降温的目的。进气口一般设在檐墙上、屋檐部位或室内顶棚上；出气口最好设在屋脊处，以扩大高差，有利加速空气流通。

6.5 其他屋面构造

6.5.1 金属瓦屋面

金属瓦屋面是用镀锌铁皮或铝合金瓦做防水层的一种屋面，金属瓦屋面自重轻、防水性能好、使用年限长，主要用于大跨度建筑的屋面。

金属瓦的厚度很薄（在 1 mm 以内），铺设这样薄的瓦材必须用钉子将其固定在木望板上,木望板则支撑在檩条上,为防止雨水渗漏,瓦材下应干铺一层油毡。所有的金属瓦必须相互连通导电,并与避雷针或避雷带连接。

6.5.2 彩色压型钢板屋面

彩色压型钢板屋面简称彩板屋面,是近十多年来在大跨度建筑中广泛采用的高效能屋面,它不仅自重轻强度高且施工安装方便。彩板的连接主要采用螺栓连接,不受季节气候影响。彩板色彩绚丽,质感好,大大增强了建筑的艺术效果。彩板除用于平直坡面的屋顶外,还可根据造型与结构的形式需要,在曲面屋顶上使用。

小 结

本章重点是平屋顶的排水和防水的构造,平屋顶保温隔热的构造做法,平屋顶的细部构造。本章难点是平屋顶排水和防水构造、细部构造。

思考与练习题

一、思考题

1. 影响屋顶坡度的因素有哪些?各种屋顶的坡度值是多少?屋顶坡度的形成方法有哪些?对各种方法的优缺点进行比较。
2. 什么叫无组织排水和有组织排水?它们的优缺点和适用范围各是什么?
3. 如何确定屋面排水坡面的数目?如何确定雨水管和雨水口的数量及尺寸规划?
4. 绘图说明卷材防水屋面的构造层次。
5. 绘图说明卷材防水屋面的泛水、檐口等细部构造的要点是什么?
6. 什么是刚性防水屋面?其构造层有哪些?为什么要设置隔离层?
7. 平屋顶隔热、降温构造有哪几种?每种做法有何优缺点?

二、练习题

1. 屋顶外形有哪些形式?注意各种形式屋顶的特点及适用范围。
2. 常见的有组织排水方案有哪几种?各适用于何种条件?
3. 屋顶排水组织设计的内容和要求是什么?
4. 什么是分格缝?为什么要设分格缝?应设置在哪些部位?
5. 什么叫涂膜防水屋面?
6. 瓦屋面的承重结构系统有哪几种?
7. 刚性防水屋面为什么容易开裂?可以采取哪些措施预防开裂?
8. 什么叫坡屋顶?坡屋顶的承重结构系统有哪些?

第 7 章　门和窗

【实训活动】

带领学生参观门窗。

【技能掌握】

通过实训活动和本章的理论学习，了解门窗的分类、特点及适用范围；了解识读各种门窗构造图。

7.1　门窗的形式与尺度

7.1.1　门窗的作用

门窗在房屋建筑中不承重，属分隔构件。其中，门的主要功能是供交通出入及分隔、联系建筑空间，带玻璃或亮子的门也可起通风、采光的作用；窗的作用主要是采光、通风及观望。在不同情况下，门和窗还有分隔、保温、隔声、防火、防辐射、防风沙等要求。

门窗在建筑立面构图中的影响也较大，它的尺度、比例、形状、组合、透光材料的类型等都影响着建筑的艺术效果。

7.1.2　门的形式与尺度

7.1.2.1　门的形式

门按其开启方式通常有平开门、弹簧门、推拉门、折叠门、转门、上翻门、升降门、卷帘门等。门的开启形式如图 7-1 所示。

7.1.2.2　门的尺度

门的尺度通常是指门洞的高宽尺寸。门作为交通疏散通道，其尺度取决于人的通行要求、家具器械的搬运及与建筑物的比例关系等，并要符合现行《建筑模数协调统一标准》的规定。

(1)门的高度：不宜小于 2 100 mm。当门设有亮子时，亮子高度一般为 300 ~ 600 mm，则门洞高度为 2 400 ~ 3 000 mm 。公共建筑大门高度可视需要适当提高。

(2)门的宽度：单扇门为 700 ~ 1 000 mm，双扇门为 1 200 ~ 1 800 mm。宽度在 2 100 mm 以上时，则做成三扇门、四扇门或双扇带固定扇的门，因为门扇过宽易产生翘曲变形，同时也不利于开启。辅助房间(如浴厕、贮藏室等)门的宽度可窄些，一般为 700 ~ 800 mm。

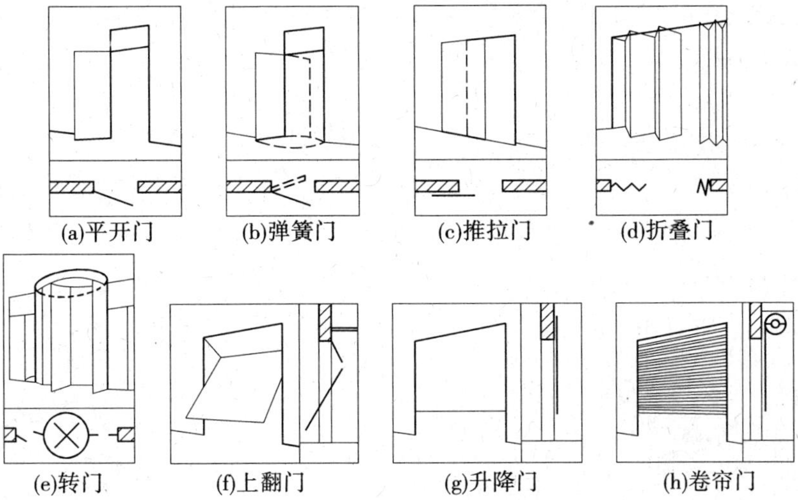

图7-1　门的开启形式

7.1.3　窗的形式与尺度

7.1.3.1　窗的形式

窗的形式一般按开启方式确定。而窗的开启方式主要取决于窗扇铰链安装的位置和转动方式。通常窗的开启方式有以下几种(见图7-2)：

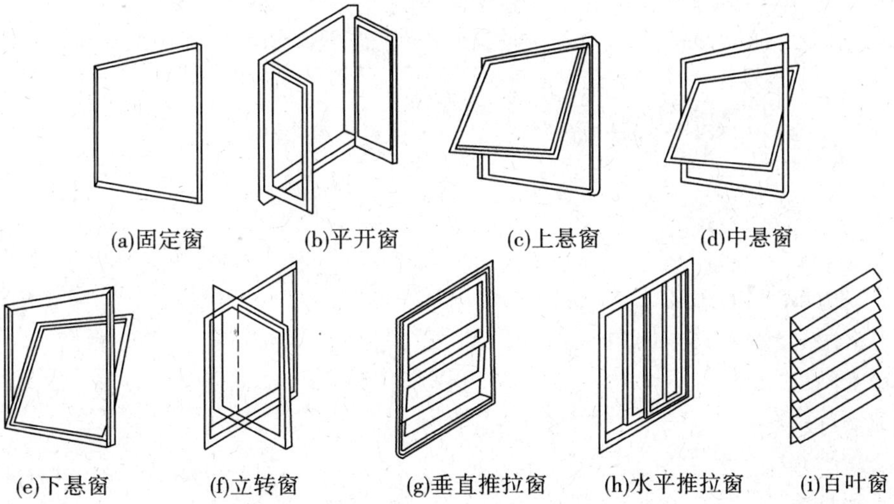

图7-2　窗的开启方式

1. 固定窗

无窗扇、不能开启的窗为固定窗。固定窗的玻璃直接嵌固在窗框上,可供采光和眺望之用。

2. 平开窗

平开窗是将铰链安装在窗扇一侧与窗框相连,向外或向内水平开启。有单扇、双扇、多扇之分，也有向内开与向外开之分。其构造简单，开启灵活，制作维修方便，是民用建筑中采用最广泛的窗。

3. 悬窗

因铰链和转轴的位置不同，悬窗可分为上悬窗、中悬窗和下悬窗。

4. 立转窗

立转窗引导风进入室内效果较好，防雨及密封性较差，多用于单层厂房的低侧窗。因密闭性较差，不宜用于寒冷和多风沙的地区。

5. 推拉窗

推拉窗分垂直推拉窗和水平推拉窗两种。它们不多占使用空间，窗扇受力状态较好，适宜安装较大玻璃，但通风面积受到限制。

6. 百叶窗

百叶窗主要用于遮阳、防雨及通风，但采光差。可用金属、木材、钢筋混凝土等制作，有固定式和活动式两种形式。

7.1.3.2 窗的尺度

窗的尺度主要取决于房间的采光、通风、构造做法和建筑造型等要求，并要符合现行《建筑模数协调统一标准》的规定。为使窗坚固耐久，一般平开木窗的窗扇高度为 800 ~ 1 200 mm，宽度不宜大于 500 mm；上、下悬窗的窗扇高度为 300 ~ 600 mm；中悬窗的窗扇高度不宜大于 1 200 mm，宽度不宜大于 1 000 mm；推拉窗的窗扇高宽均不宜大于 1 500 mm。对一般民用建筑用窗，各地均有通用图，各类窗的高度与宽度尺寸通常采用扩大模数 3M 数列作为洞口的标志尺寸，需要时只要按所需类型及尺度大小直接选用。

7.2 木门窗构造

7.2.1 平开木门的构造

7.2.1.1 平开木门的组成

平开木门一般由门框、门扇、亮子、五金零件及其附件组成，如图 7-3 所示。

平开木门的门扇按其构造方式不同，有镶板门、夹板门、拼板门、玻璃门和纱门等类型。亮子又称腰头窗，在门上方，为辅助采光和通风之用，有平开、固定及上、中、下悬几种。门框是门扇、亮子与墙的联系构件。五金零件一般有铰链、插销、门锁、拉手、门碰头等。附件有贴脸板、筒子板等。

7.2.1.2 门框

平开木门的门框一般由两根竖直的边框和上框组成。当门带有亮子时，还有中横框，多扇门则还有中竖框。

1. 门框断面

门框的断面形式与门的类型、层数有关，同时应利于门的安装，并应具有一定的密闭性，如图 7-4 所示。

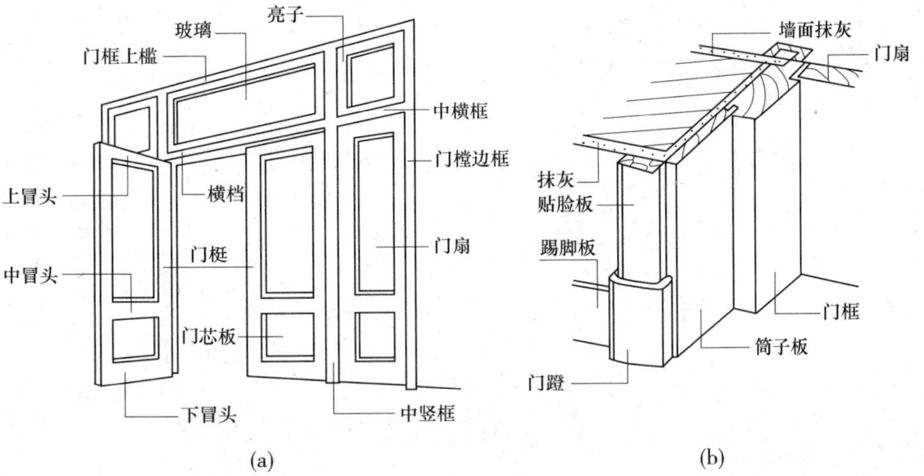

图7-3 平开门的组成

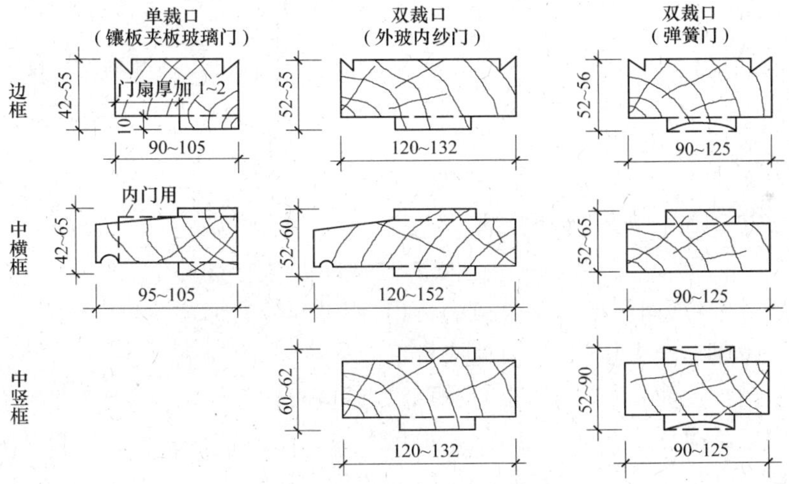

图7-4 门框的断面形式与尺寸

2. 门框安装

门框的安装根据施工方式分后塞口和先立口两种,如图7-5所示。

3. 门框在墙中的位置

门框在墙中的位置,可在墙的中间或与墙的一边平。一般多与开启方向一侧平齐,尽可能使门扇开启时贴近墙面。门框位置、门贴脸板及筒子板如图7-6所示。

7.2.1.3 门扇

常用的木门门扇有镶板门(包括玻璃门、纱门)、夹板门和拼板门等。

1. 镶板门

镶板门是广泛使用的一种门,门扇由边梃、上冒头、中冒头(可作数根)和下冒头组成骨架,内装门芯板而构成。构造简单,加工制作方便,适于一般民用建筑作内门和外门。

2. 夹板门

夹板门是用断面较小的方木做成骨架,两面粘贴面板而成。门扇面板可用胶合板、塑

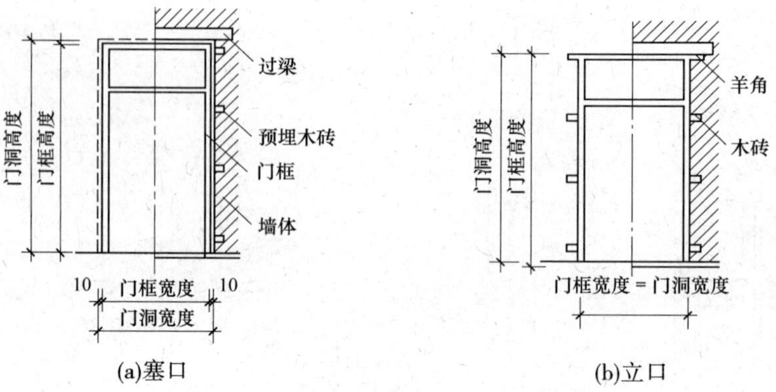

图 7-5 门框的安装方式

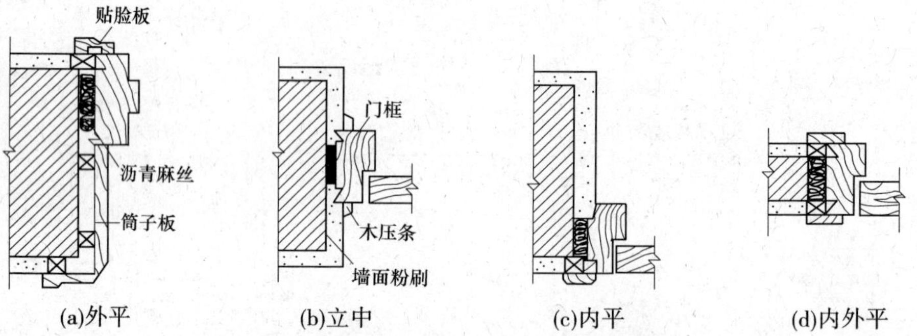

图 7-6 门框位置、门贴脸板及筒子板

料面板和硬质纤维板，面板不再是骨架的负担，而是和骨架形成一个整体，共同抵抗变形。夹板门的形式可以是全夹板门、带玻璃或带百叶夹板门。

由于夹板门构造简单，可利用小料、短料，自重轻，外形简洁，便于工业化生产，故在一般民用建筑中广泛应用。

3. 拼板门

拼板门的门扇由骨架和条板组成。有骨架的拼板门称为拼板门，而无骨架的拼板门称为实拼门；有骨架的拼板门又分为单面直拼门、单面横拼门和双面保温拼板门三种。

7.2.2 推拉门的构造

推拉门由门扇、门轨、地槽、滑轮及门框组成。门扇可采用钢木门、钢板门、空腹薄壁钢门等，每个门扇宽度不大于 1.8 m。推拉门的支承方式分为上挂式和下滑式两种，当门扇高度小于 4 m 时，用上挂式，即门扇通过滑轮挂在门洞上方的导轨上。当门扇高度大于 4 m 时，多用下滑式，在门洞上下均设导轨，门扇沿上下导轨推拉，下面的导轨承受门扇的重量。推拉门位于墙外时，门上方需设雨篷。

7.2.3 平开窗的构造

7.2.3.1 窗框安装

窗框与门框一样，在构造上应有裁口及背槽处理，裁口亦有单裁口与双裁口之分。窗框的安装与门框一样，分后塞口与先立口两种。塞口时洞口的高、宽尺寸应比窗框尺寸大10～20 mm。

7.2.3.2 窗框在墙中的位置

窗框在墙中的位置，一般是与墙内表面平，安装时窗框突出砖面20 mm，以便墙面粉刷后与抹灰面平。框与抹灰面交接处，应用贴脸板搭盖，以阻止由于抹灰干缩形成缝隙后风透入室内，同时可增加美观。贴脸板的形状及尺寸与门的贴脸板相同。

当窗框立于墙中时，应内设窗台板，外设窗台。窗框外平时，靠室内一面设窗台板。

7.3 金属门窗构造

7.3.1 钢门窗

钢门窗是用型钢或薄壁空腹型钢在工厂制作而成。它符合工业化、定型化与标准化的要求。在强度、刚度、防火、密闭等性能方面，均优于木门窗，但在潮湿环境下易锈蚀，耐久性差。

7.3.1.1 钢门窗材料

1. 实腹式

实腹式钢门窗料是最常用的一种，有各种断面形状和规格。一般门可选用32料及40料，窗可选用25料及32料(25、32、40等表示断面高为25 mm、32 mm、40 mm)。

2. 空腹式

空腹式钢门窗料与实腹式窗料比较，具有更大的刚度，外形美观，自重轻，可节约钢材40%左右。但由于壁薄，耐腐蚀性差，不宜用于湿度大、腐蚀性强的环境。

7.3.1.2 基本钢门窗

为了使用、运输方便，通常将钢门窗在工厂制作成标准化的门窗单元。这些标准化的单元，即是组成一樘门或窗的最小基本单元。设计者可根据需要，直接选用基本钢门窗，或用这些基本钢门窗组合出所需大小和形式的门窗。

钢门窗框的安装方法常采用塞框法。如图7-7所示，门窗框与洞口四周的连接方法主要有两种：①在砖墙洞口两侧预留孔洞，将钢门窗的燕尾形铁脚埋入洞中，用砂浆窝牢；②在钢筋混凝土过梁或混凝土墙体内侧先预埋铁件，将钢窗的Z形铁脚焊在预埋钢板上。

7.3.1.3 组合式钢门窗

当钢门窗的高、宽超过基本钢门窗尺寸时，就要用拼料对门窗进行组合。拼料起横梁和立柱的作用，承受门窗的水平荷载。

拼料与基本门窗之间一般用螺栓或焊接相连。当钢门窗很大时，特别是水平方向很长时，为避免大的伸缩变形引起门窗损坏，必须预留伸缩缝，一般是用两根∟56×36×4的角钢用螺栓组成拼件，角钢上穿螺栓的孔为椭圆形，使螺栓有伸缩余地。

7.3.2 卷帘门

卷帘门主要由帘板、导轨及传动装置组成。工业建筑中的帘板常采用页板式，页板可

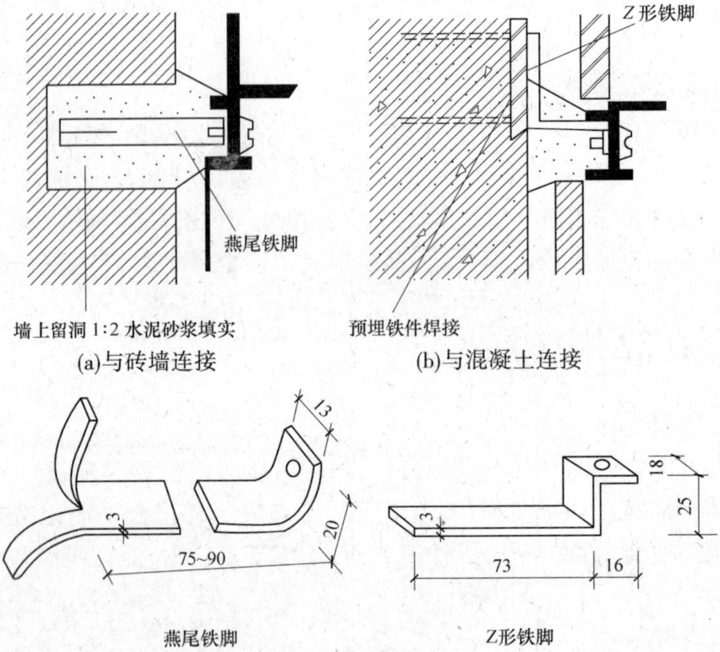

图7-7　钢门窗与墙的连接

用镀锌钢板或合金铝板轧制而成，页板之间用铆钉连接。页板的下部采用钢板和角钢，用以增强卷帘门的刚度，并便于安设门钮。页板的上部与卷筒连接，开启时，页板沿着门洞两侧的导轨上升，卷在卷筒上。门洞的上部安设传动装置，传动装置分手动(见图7-8)和电动两种。

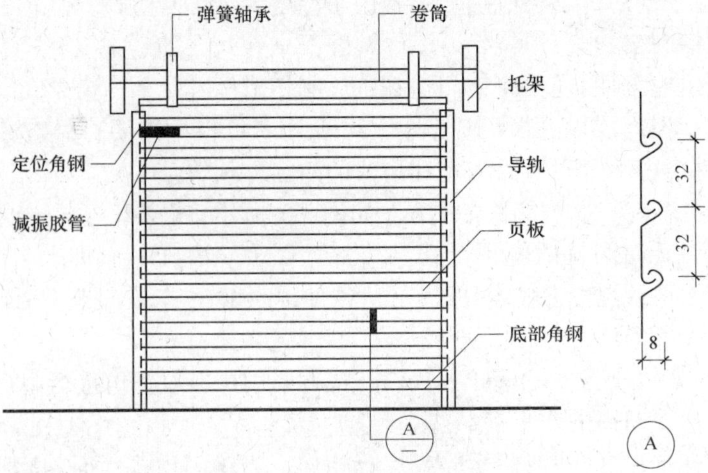

图7-8　手动式卷帘门

7.3.3　彩板门窗

彩板钢门窗是以彩色镀锌钢板经机械加工而成的门窗。它具有自重轻、硬度高、采光面积大、防尘、隔声、保温密封性好、造型美观、色彩绚丽、耐腐蚀等特点。

彩板平开窗目前有两种类型，即带副框和不带副框。当外墙面为花岗石、大理石等贴面材料时，常采用带副框的门窗（见图7-9）；当外墙装修为普通粉刷时，常用不带副框的做法（见图7-10）。

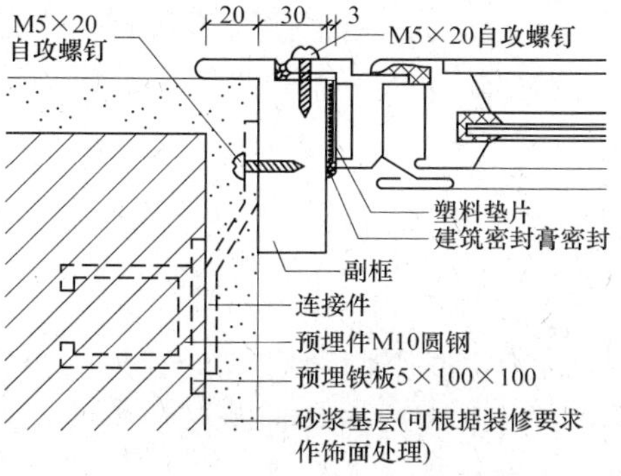

图7-9 带副框彩板平开窗安装构造

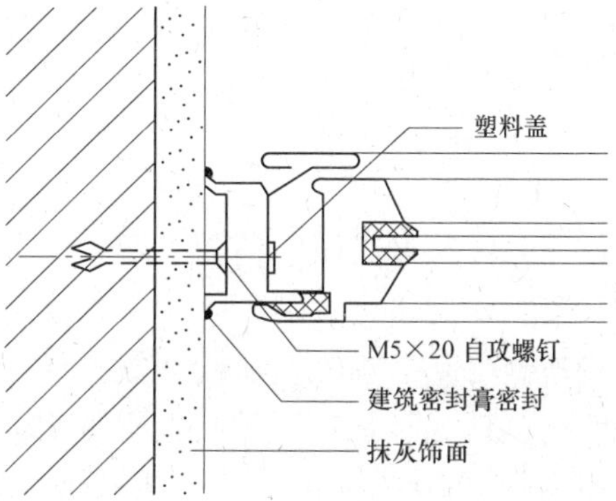

图7-10 不带副框彩板平开窗安装构造

7.3.4 铝合金门窗

7.3.4.1 铝合金门窗的特点

（1）自重轻。铝合金门窗用料省、自重轻，较钢门窗轻50%左右。

（2）性能好。密封性好，气密性、水密性、隔声性、隔热性都较钢、木门窗有显著的提高。

（3）耐腐蚀、坚固耐用。铝合金门窗不需要涂涂料，氧化层不褪色、不脱落，表面不需要维修。铝合金门窗强度高，刚性好，坚固耐用，开闭轻便灵活，无噪声，安装速度快。

（4）色泽美观。铝合金门窗框料型材表面经过氧化着色处理后，既可保持铝材的银白色，又可以制成各种柔和的颜色或带色的花纹，如古铜色、暗红色、黑色等。

7.3.4.2 铝合金门窗的设计要求

（1）应根据使用和安全要求确定铝合金门窗的风压强度性能、雨水渗漏性能、空气渗透性能综合指标。

（2）组合门窗设计宜采用定型产品门窗作为组合单元。非定型产品的设计应考虑洞口最大尺寸和开启扇最大尺寸的选择及控制。

（3）外墙门窗的安装高度应有限制。

7.3.4.3 铝合金门窗框料系列

系列名称是以铝合金门窗框的厚度构造尺寸来区别各种铝合金门窗的称谓，如平开门门框厚度构造尺寸为50 mm，即称为50系列铝合金平开门，推拉窗窗框厚度构造尺寸90 mm，即称为90系列铝合金推拉窗等。实际工程中，通常根据不同地区、不同性质的建筑物的使用要求选用相适应的门窗框。

7.3.4.4 铝合金门窗安装

铝合金门窗是表面处理过的铝材经下料、打孔、铣槽、攻丝等加工，制作成门窗框料的构件，然后与连接件、密封件、开闭五金件一起组合装配成门窗。

门窗安装时，将门、窗框在抹灰前立于门窗洞处，与墙内预埋件对正，然后用木楔将三边固定。经检验确定门、窗框水平、垂直、无翘曲后，用连接件将铝合金框固定在墙（柱、梁）上，连接件固定可采用焊接、膨胀螺栓或射钉等方法。

门窗框与墙体等的连接固定点，每边不得少于二点，且间距不得大于 0.7 m。在基本风压大于等于 0.7 kPa 的地区，不得大于 0.5 m；边框端部的第一固定点距端部的距离不得大于 0.2 m。

7.4　塑钢门窗

塑钢门窗是以改性硬质聚氯乙烯（简称 UPVC）为主要原料，加上一定比例的稳定剂、着色剂、填充剂、紫外线吸收剂等辅助剂，经挤出机挤出成型为各种断面的中空异型材。经切割后，在其内腔衬以型钢加强筋，用热熔焊接机焊接成型为门窗框扇，配装上橡胶密封条、压条、五金件等附件而制成的门窗即所谓的塑钢门窗。塑钢门窗具有如下优点：强度好、耐冲击，保温隔热、节约能源，隔声好，气密性、水密性好，耐腐蚀性强，防火，耐老化、使用寿命长，外观精美、清洗容易。

塑钢窗框与墙体的连接方式如图 7-11 所示。

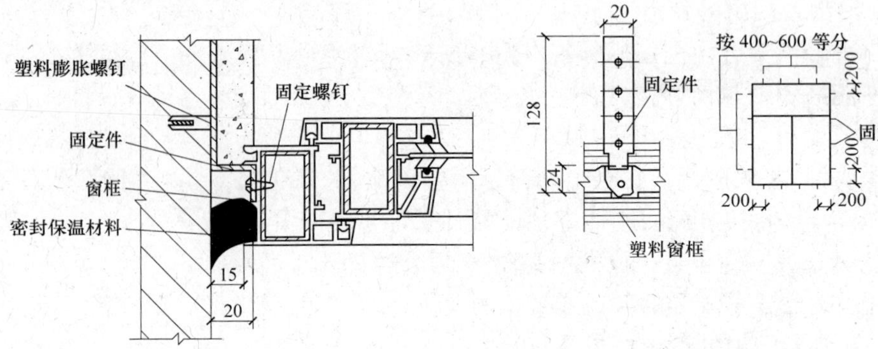

(a)连接件法

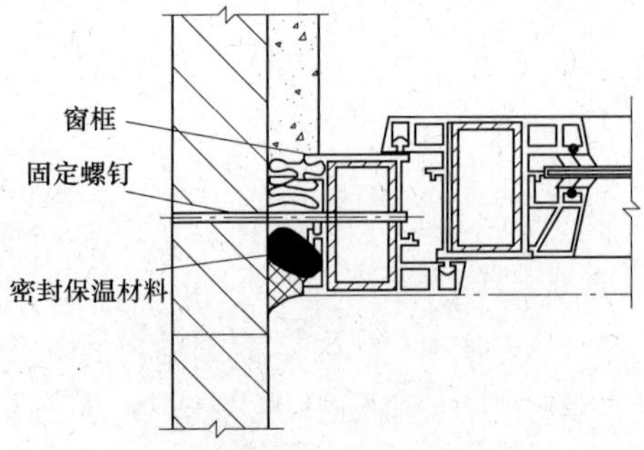

(b)直接固定法

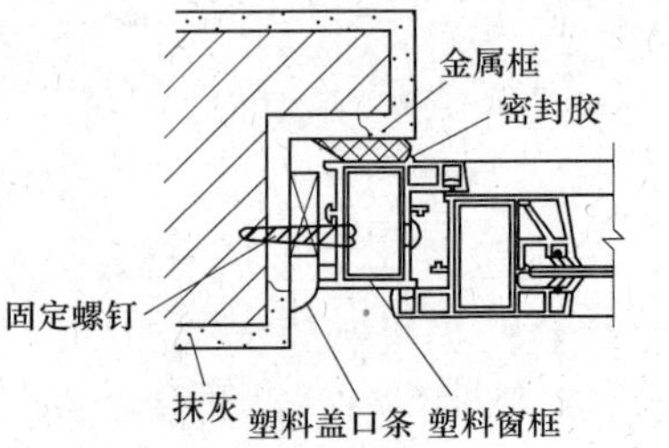

(c)假框法

图 7-11　塑钢窗框与墙体的连接节点图

7.5 特殊门窗

7.5.1 特殊要求的门

7.5.1.1 防火门

防火门用于加工易燃品的车间或仓库。根据车间对防火门耐火等级的要求，门扇可以采用钢板、木板外贴石棉板再包以镀锌铁皮或木板外直接包镀锌铁皮等构造措施。考虑到木材受高温会炭化而放出大量气体，应在门扇上设泄气孔。防火门常采用自重下滑关闭门，它是将门上导轨做成5%～8%的坡度，火灾发生时，易熔合金片熔断后，重锤落地，门扇依靠自重下滑关闭。当洞口尺寸较大时，可做成两个门扇相对下滑。

7.5.1.2 保温门、隔声门

保温门要求门扇具有一定热阻值和门缝密闭处理，故常在门扇两层面板间填以轻质、疏松的材料（如玻璃棉、矿棉等）。隔声门的隔声效果与门扇的材料及门缝的密闭有关，隔声门常采用多层复合结构，即在两层面板之间填吸声材料，如玻璃棉、玻璃纤维板等。

一般保温门和隔声门的面板常采用整体板材（如五层胶合板、硬质木纤维板等），不易发生变形。门缝密闭处理对门的隔声、保温以及防尘有很大影响，通常采用的措施是在门缝内粘贴填缝材料，如橡胶管、海绵橡胶条、泡沫塑料条等。还应注意裁口形式，斜面裁口比较容易关闭紧密，可避免由于门扇胀缩而引起的缝隙不密合。

7.5.2 特殊窗

7.5.2.1 固定式通风高侧窗

在我国南方地区，结合气候特点，创造出多种形式的通风高侧窗。它们的特点是：能采光，能防雨，能常年进行通风，不需设开关器，构造较简单，管理和维修方便，多在工业建筑中采用。

7.5.2.2 防火窗

防火窗必须采用钢窗或塑钢窗，镶嵌铅丝玻璃以免破裂后掉下，防止火焰窜入室内或窗外。

7.5.2.3 保温窗、隔声窗

保温窗常采用双层窗及双层玻璃的单层窗两种。双层窗可内外开或内开、外开。双层玻璃单层窗又分为：①双层中空玻璃窗，双层玻璃之间的距离为5～15 mm，窗扇的上下冒头应设透气孔；②双层密闭玻璃窗，两层玻璃之间为封闭式空气间层，其厚度一般为4～12 mm，充以干燥空气或惰性气体，玻璃四周密封。这样可增大热阻、减少空气渗透，避免空气间层内产生凝结水。

若采用双层窗隔声，应采用不同厚度的玻璃，以减少吻合效应的影响。厚玻璃应位于声源一侧，玻璃间的距离一般为80～100 mm。

小 结

本章重点是木质门窗、塑钢门窗及铝合金门窗的尺寸、开启方式，节点构造及安装方法；难点是门窗的构造。

思考与练习题

一、思考题

1. 门的形式有哪几种，各自有什么特点和适应范围？
2. 窗的形式有哪几种，各自有什么特点和适应范围？
3. 平开门的组成和门框的安装方式各是什么？

二、练习题

1. 门窗的作用和要求有哪些？
2. 简述塑料门窗的优点。
3. 简述常见金属门窗的类型及特点和选用条件。
4. 简述铝合金门窗的安装要点。
5. 平开窗的组成和门框的安装方式有哪些？

第8章 建筑施工图的识读

【实训活动】

识读民用建筑的总平面图、平面图、立面图、剖面图、详图，完成建筑施工图的抄绘任务。

【技能掌握】

通过实训活动和本章的理论实习，结合建筑施工图的识读和抄绘工作任务，掌握建筑施工图的有关规定和内容；重点掌握民用建筑平面图、立面图、剖面图、详图的表达内容和图示特点。

8.1 概 述

将一幢房屋的全貌及各细部，按正投影原理及建筑制图的有关规定，准确而详细地在图纸上表达出来，就是房屋建筑图。房屋建筑图是表达设计思想、指导房屋施工、设备安装的重要技术文件。

8.1.1 房屋的类型及组成

房屋按使用功能可以分为民用建筑（居住建筑、公共建筑）、工业建筑（厂房、仓库等建筑）和农业建筑（粮仓、饲养场等）。各种不同功能的房屋，虽然它们的使用要求、空间组合、外形、规模等各不相同，但是构成建筑物的主要部分一般都有基础、墙、柱、梁、楼板、地面、楼梯、屋顶、门、窗等，此外还有阳台、雨篷、台阶、窗台、雨水管、明沟或散水，以及其他一些构配件。

8.1.2 房屋的建造过程和房屋施工图的分类

建造房屋要经过两个过程，一是设计，二是施工。首先，根据所建房屋的要求和有关技术条件，进行初步设计，绘制房屋的初步设计图，初步设计图是设计过程中用来征求意见的图样，比较简略，经研究、修改和审批之后，再完整、详细地绘制出房屋施工图。房屋施工图是建造房屋的技术依据，是直接用来指导施工的，要求表达完整、尺寸齐全、准确无误。

房屋施工图由于专业分类不同，又分为建筑施工图、结构施工图和设备施工图，分别简称“建施”“结施”和“设施”。设备施工图按需要又分为给排水施工图、采暖通风施工图、电气施工图等，分别简称“水施”“暖施”和“电施”。

由此可见，在房屋的设计阶段，需要绘制初步设计图和施工图；在施工阶段，要读懂整套施工图，并按照图纸进行施工。因此，从事建筑专业的工程技术人员，必须掌握识读和绘制房屋施工图的基本技能。

8.1.3　房屋施工图的有关规定

为了保证制图质量、提高效率、表达统一，绘制和阅读房屋施工图应依据正投影原理及视图、剖面图和断面图的基本图示方法，遵守《房屋建筑制图统一标准》（GB/T 50001—2010）；在绘制和阅读总平面图时，应遵守《总图制图标准》（GB/T 50103—2010）；在绘制和阅读建筑平面图、建筑立面图、建筑详图时，应遵守《建筑制图标准》（GB/T 50104—2010）；在绘制和阅读结构施工图时，应遵守《建筑结构制图标准》（GB/T 50105—2010）；在绘制和阅读给水排水施工图时，应遵守《给水排水制图标准》（GB/T 50106—2010）。现就下列几项简要说明有关规定的主要内容和表示方法。

8.1.3.1　图线

建筑专业制图采用的各种线型、线宽，应符合《建筑制图标准》（GB/T 50104—2010）中的规定，如表 8-1 所示。绘图时，应按照所绘图样的具体情况选定粗实线的宽度“b”，其他线型的宽度也就随之而定；如果所绘图样比较简单，可采用两种线宽的线宽组，其线宽比为 b∶0.25b。

表 8-1　建筑制图中的图线

名称	线型	线宽	用途
粗实线		b	平面图、剖面图及详图中被剖切到的主要轮廓线，立面图中的外轮廓线，构配件详图中的可见轮廓线。如墙的断面轮廓线、剖切符号等
中实线		0.5b	平面图、立面图、剖面图中建筑物构配件的轮廓线，平面图、剖面图中被剖到的次要建筑物构造（包括构配件）的轮廓线，构配件详图中的一般轮廓线。如楼梯、踏步、台阶、花坛等
细实线		0.25b	尺寸线、尺寸界线、索引符号、标高符号、门窗分析线、图例线、粉刷线等
中虚线	----------------	0.5b	不可见轮廓线，拟扩建的建筑物轮廓线
细点画线		0.25b	中心线、对称线、定位轴线
折断线		0.25b	不需画全的断开界线

8.1.3.2　比例

建筑专业制图选用的比例，应符合《建筑制图标准》（GB/T 50104—2010）中的有关规定，如表 8-2 所示。

8.1.3.3　常用图例

建筑物和构筑物是按比例缩小绘制在图纸上的，对于有些建筑构件及建筑材料，往往不可能按实际投影画出，同时用文字注释也难以表达清楚。为了得到简单而明了的效果，《建筑制图标准》规定了统一的图例和代号，常用构造及配件图例见表 8-3，常用建筑材料图例见表 8-4。

表 8-2 建筑制图比例

图名	比例
建筑物或构筑物的平面图、立面图、剖面图	1∶50、1∶100、1∶200
建筑物或构筑物的局部放大图	1∶10、1∶20、1∶50
配件及构造详图	1∶1、1∶2、1∶5、1∶20、1∶50

表 8-3 常用构造及配件图例

<table>
<tr><th>名称</th><th>图例</th><th>说明</th></tr>
<tr><td rowspan="3">楼梯</td><td>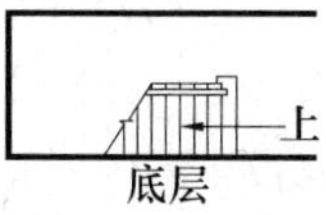</td><td rowspan="3">1. 平面图
2. 楼梯的形式和步数应按实际情况绘制</td></tr>
<tr><td>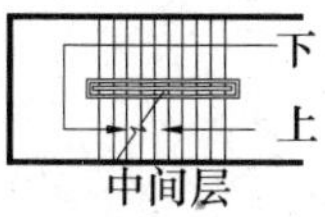</td></tr>
<tr><td>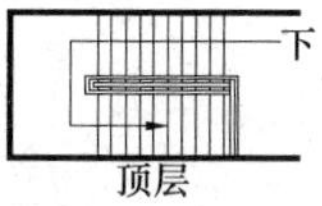</td></tr>
<tr><td>单层固定窗</td><td>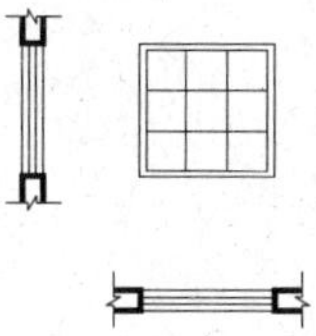</td><td rowspan="3">1. 窗的名称代号用 C 表示
2. 立面图中的斜线表示窗的开启方向，实线为外开，虚线为内开；开启方向线交角的一侧安装合页
3. 图例中，剖面图所示左为外、右为内，平面图所示下为外、上为内
4. 平、剖面图上的虚线，仅说明开关方式，在设计图中不需要表示</td></tr>
<tr><td>单层外开上悬窗</td><td>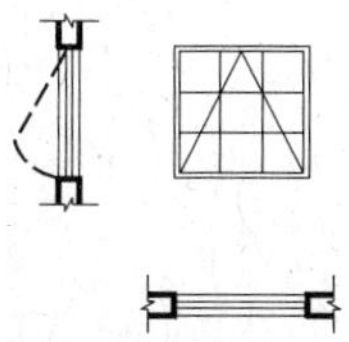</td></tr>
<tr><td>单层外开平开窗</td><td>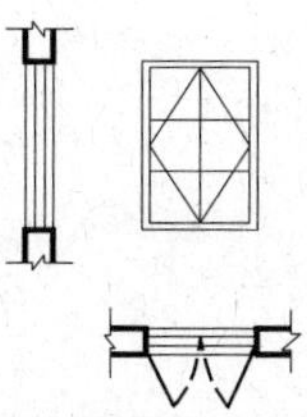</td></tr>
</table>

<table>
<tr><th>名称</th><th>图例</th><th>说明</th></tr>
<tr><td>单扇门（包括平开式单面弹簧门）</td><td>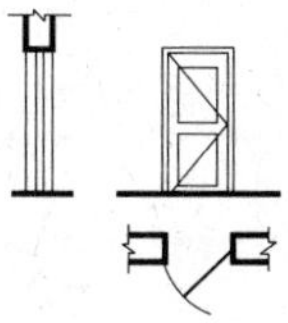</td><td rowspan="5">1. 门的名称代号用 M 表示
2. 图例中剖面图左为外、右为内，平面图下为外、上为内
3. 立面图上开启方向线交角的一侧安装合页，实线为外开，虚线为内开
4. 平面图上门线 45°或 90°开启弧线宜绘出
5. 立面图上的开启线在一般设计图中可不表示，在详图及室内设计图上应表示</td></tr>
<tr><td>双扇门</td><td>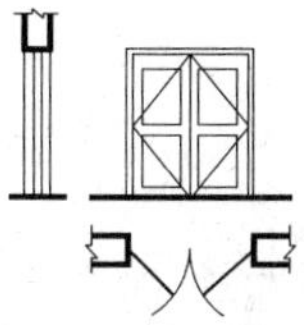</td></tr>
<tr><td>单扇双面弹簧门</td><td>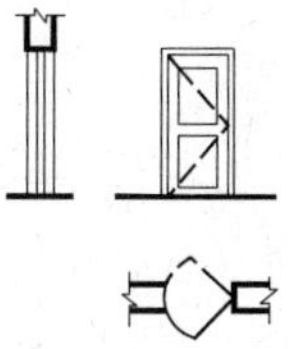</td></tr>
<tr><td>墙中单扇推拉门</td><td>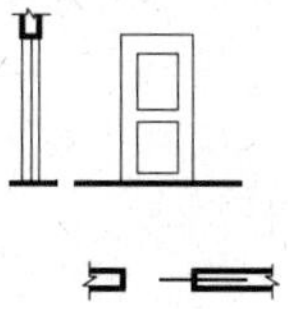</td></tr>
<tr><td>双扇双面弹簧门</td><td>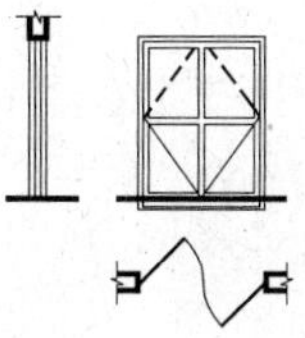</td></tr>
</table>

表 8-4　常用建筑材料图例

名称	图例	说明
自然土壤		包括各种自然土壤
夯实土壤		包括人工或机械夯实的土壤及混合土壤
砂、灰土	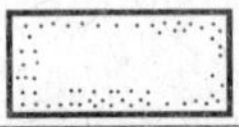	靠近轮廓线处点较密
普通砖		包括砌体、砌块;断面较窄不易画图例时可涂红
饰面砖		包括铺地砖、马赛克、陶瓷锦砖、人造大理石等
混凝土	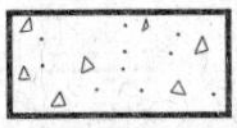	本图例仅适用于能承重的混凝土及钢筋混凝土;包括各种强度等级、骨料、添加剂的混凝土;在剖面图上画钢筋时,不画图例线;断面较窄不易画图例线时可涂黑
钢筋混凝土		
毛石	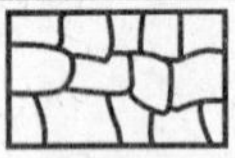	
木材	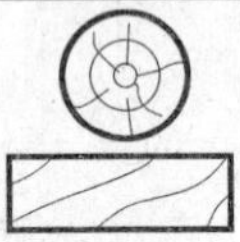	上图为横断面,下图为纵断面
防水材料		构造层次多或比例较大时,采用上面图例

8.1.3.4　**标高**

标高是标注建筑物高程的另一种尺寸形式。标高分绝对标高和相对标高两种。绝对标高以黄海平均海平面为零点,相对标高以单个建筑物的室内底层地面为零点,写成 ±0.000。建筑施工图中的标高符号应按图 8-1(a)所示形式以细实线绘制,图 8-1(b) 所示为具体画法。标高数字以 m 为单位,精确到小数点后三位数(总平面图中精确到小数点后两位数),标注方法如图 8-1(c)所示。标高数字前"－"表示该面低于零点标高,高于零点的标高不注"+"号。如在同一位置表示几个不同标高时,数字可按图 8-1(d)的形式注写。

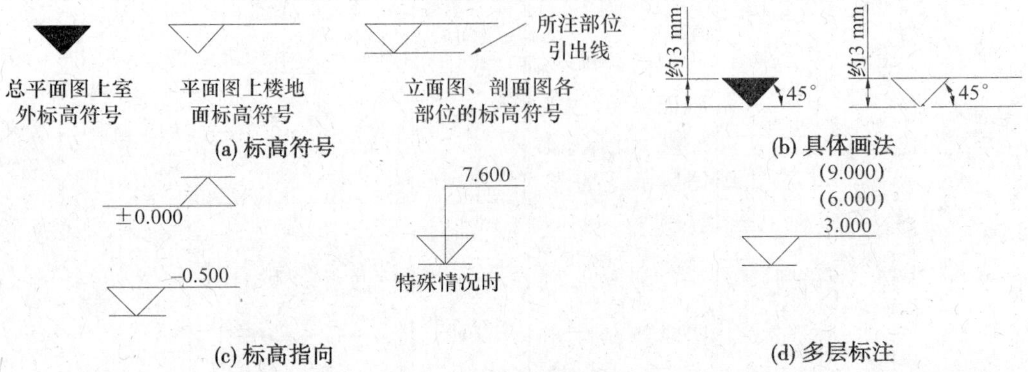

图 8-1　标高符号

8.2 建筑施工图

建筑施工图是表示建筑物的总体布局、外部造型、内部布置、细部构造、内外装修以及施工要求的图样。建筑施工图主要用来作为施工放线、砌墙、安装门窗、室内外装修以及编制预算和施工组织计划等的依据。一般包括总平面图、建筑平面图、建筑立面图、建筑剖面图和建筑详图。

8.2.1 总平面图

将拟建工程四周一定范围内的新建、拟建、原有和拆除的建筑物连同其周围的地形地物状况，用水平投影和相应的图例所画出的图样，称总平面图。它能反映出新建房屋和原有房屋的位置、朝向、道路、绿化等的布置以及地形、地貌、标高等。总平面图是新建房屋施工定位、土方施工以及其他专业（如水、暖、电、煤气等）管线总平面图设计的重要依据。

总平面图一般采用 1∶500、1∶1 000、1∶2 000 的比例，表 8-5 给出了总平面图中的部分图例。

表 8-5 总平面图常用图例

名称	图例	名称	图例
新建建筑物	 右上角用点数或数字表示层数	原有道路	
		台阶	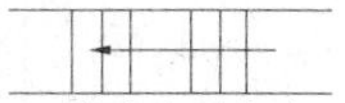 箭头表示向上
原有建筑物	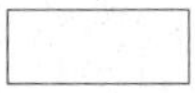	填挖边坡	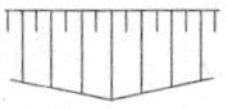
拆除的建筑物	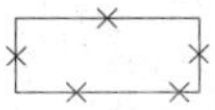	围墙及大门	
新建道路	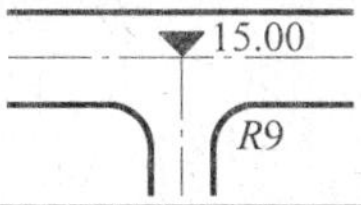	阔叶灌木	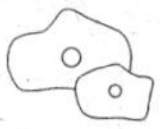

在总平面图中，除图例以外，通常还要画出带有指北方向的风向频率玫瑰图（简称风玫瑰图，参见图 8-2 右下角所绘图形），用来表示该地区常年的风向频率和房屋的朝向。风玫瑰图是根据当地多年平均统计的风向次数，按一定比例绘制的，风的吹向是从外吹向中心。实线表示全年风向频率，虚线表示夏季风向频率。

在总平面图中，常标出新建房屋的总长、总宽和定位尺寸，新建房屋室内底层地面和室外地面的绝对标高，尺寸和标高都以 m 为单位，注写到小数点以后两位数字。

8.2.2 建筑平面图

建筑平面图是房屋的水平剖面图，是假想用一个水平剖切面，沿门窗洞的位置将房屋切开，移去剖切平面上方的房屋，将留下的部分向水平投影面作正投影所得到的图样。它

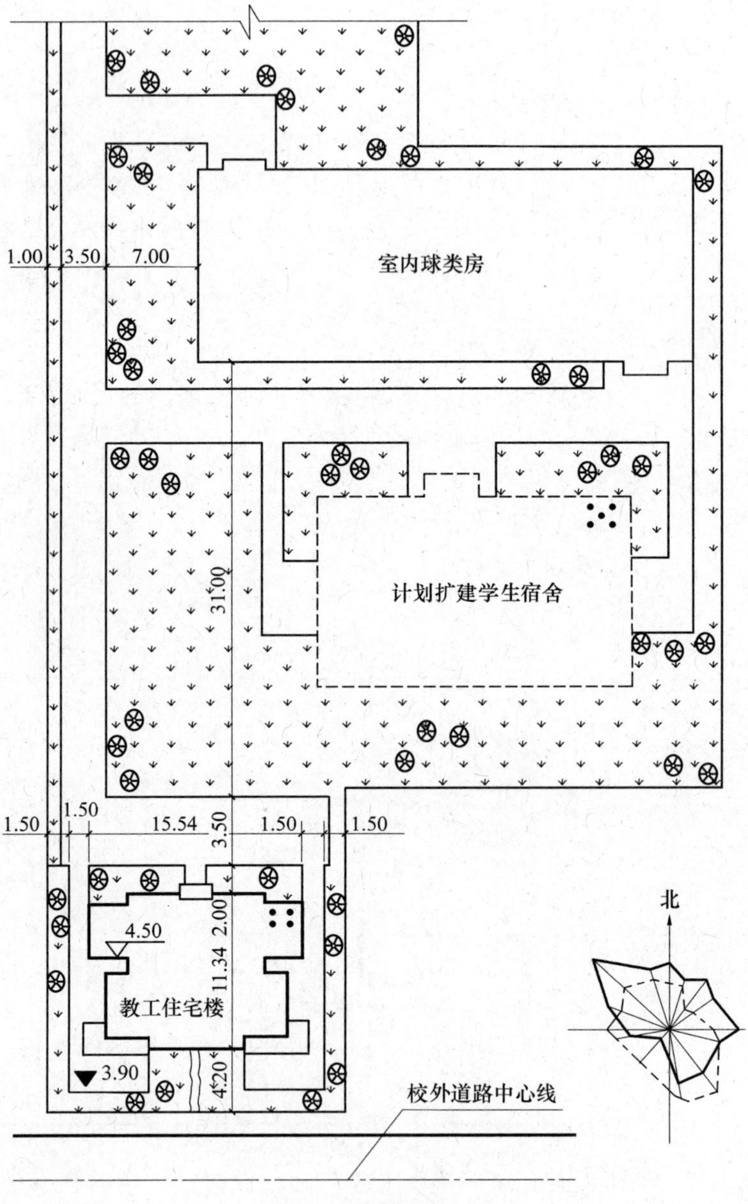

图 8-2 总平面图

主要用来表示房屋的平面形状、大小和房间布置,墙或柱的位置、厚度和材料,门窗的位置、开启方向等。在施工过程中,建筑平面图是进行放线、砌墙、安装门窗和室内装修及编制预算等工作的重要依据。

8.2.2.1 **图示内容**

一般地,建筑平面图应包括以下内容:

(1)图名、比例、朝向、层次。

(2)纵、横定位轴线及其编号。

(3)墙、柱的断面形状和大小。

(4)各房间的分隔情况，门窗布置及型号。

(5)楼梯梯段的走向和级数。

(6)其他构配件如台阶、雨篷、阳台的位置，卫生间、厨房、壁橱等固定设备及雨水管、明沟的布置。

(7)轴线间距，各建筑构配件的定形尺寸、定位尺寸以及楼地面的标高。

(8)剖面图的剖切符号。

(9)详图索引符号。

(10)施工说明等。

8.2.2.2　相关规定和要求

1. 定位轴线

定位轴线用细点画线绘制，其编号注在直径为 8 ~ 10 mm 的圆内，圆心在定位轴线的延长线或延长线的折线上。平面图上定位轴线的编号标注在图样的下方与左侧，横向编号用阿拉伯数字，从左至右顺序编写，竖向编号用大写拉丁字母(I、O、Z 除外)从下至上顺序编写。在标注非承重的分隔墙或次要的承重构件时，可在两根轴线之间附加轴线，附加轴线的编号应按图 8-3 所规定的分数表示。

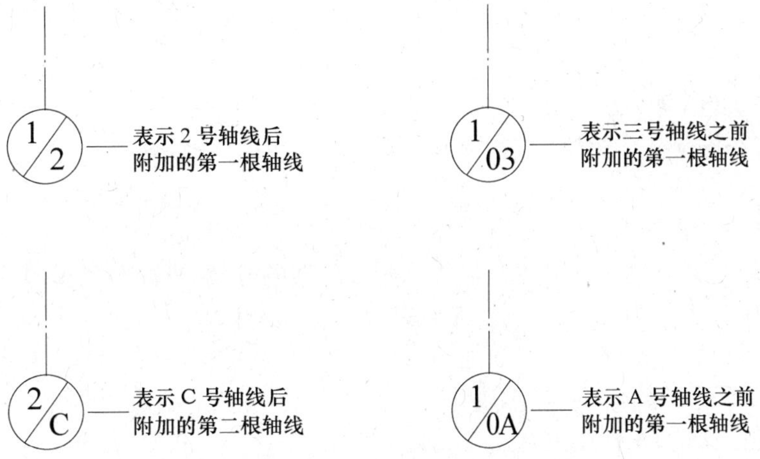

图 8-3　附加轴线及其编号

2. 图线

建筑平面图中被剖切到的主要轮廓线，如墙的断面轮廓线用粗实线表示；次要轮廓线，如楼梯、踏步、台阶等，用中实线表示；图例线、引出线、标高符号等用细实线表示。

3. 符号和图例

在底层平面图上应画出指北针，所指方向应与总平面图中风玫瑰的指北方向一致。指北针用细实线绘制，圆的直径为 24 mm，指北针尾部宽为 3 mm，指针尖端指向北，由指北针可以看出整幢住宅和各个房间的朝向。

对需要另画详图表达的局部构造或构件，应在图中相应部位用索引符号索引；而索引出的详图，则应画出详图符号。索引符号以细实线绘制，圆的直径为 10 mm，引出线应指在要索引的位置上。当引出的是剖面详图时，用粗实线表示剖切位置，引出线所在的一侧为剖视方向,圆内编号的含义如图 8-4 所示;详图符号应以粗实线绘制,直径为 14 mm,当详图与被索引的图样不在同一张图纸内时,可用细实线在详图符号内画一水平直径,圆内编号的含义如图 8-5 所示。

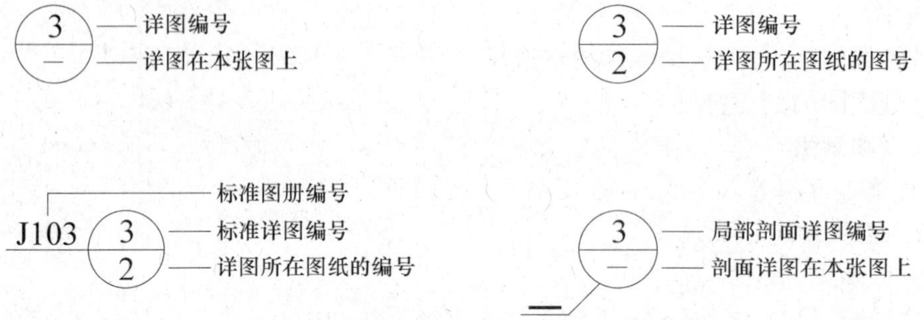

图 8-4　索引符号

图 8-5　详图符号

比例为 1∶100、1∶200 时,建筑平面图中的墙、柱断面不画建筑材料图例,而按《建筑制图标准》(GB/T 50104—2010)的规定,采用简化画法,砖墙涂红,钢筋混凝土涂黑。

门窗按规定图例绘制,代号分别为 M、C,钢门、钢窗的代号分别为 GM、GC,代号后面的阿拉伯数字是它们的型号。

4. 尺寸标注

在建筑平面图中,应标注房屋总长、总宽,各房间的开间、进深,门、窗洞的宽度、位置,墙厚,以及其他一些主要构配件与固定设施的定形和定位尺寸。其中,外墙应注三道尺寸,最靠近图形的一道是表示外墙的细部尺寸;第二道主要标注轴线间的尺寸;最外一道,表示这幢住宅两端外墙面之间的总尺寸。上述尺寸,均不包括粉刷层厚度。

在建筑平面图中,宜标注室内外地面、楼地面、阳台等处的完成面标高,即包括面层(粉刷层厚度)在内的建筑标高。在底层平面图中,还应标注出地面的相对标高,在地面有起伏处,应画出分界线。

8.2.2.3　建筑平面图识读

底层平面图是在底层窗台之上,底层通向二层楼梯平台之下的位置水平剖切后,按俯视方向投射所得到的图形,主要反映这幢住宅楼的底层平面布置和房间大小。

图 8-6 表示这幢住宅楼的底层平面图。图中可看出住宅北面室外标高为 -0.600 m,上两级台阶后标高为 -0.320 m,进门洞后标高为 -0.300 m,上两级踏步,至标高为 ±0.000 m的地面,继续上 18 级台阶则到达二楼楼面。底层分东西两户,每户各有三个卧室、一个过厅、一个厨房和一个卫生间。从门 M43 进入任一户,首先是一过厅,过厅的大门(M43)旁边,有一个壁橱;过厅与厨房、卫生间之间有玻璃隔墙分隔;过厅向南,分别有大、小两间朝南卧室,大的开间为 3 300 mm,进深为 5 100 mm,小的开间为 3 300 mm,进深为 4 500 mm;过厅向北,有一小卧室,开间 2 700 mm,进深为 3 900 mm;另外还可看到室外

构配件和固定设施，如房屋四周的明沟、散水和雨水管的位置；北面的门洞外、住宅的东侧和西侧（过厅通往室外处），东南角和西南角分别有台阶和平台；在东南角和西南角的台阶角隅外，各有一个花坛。

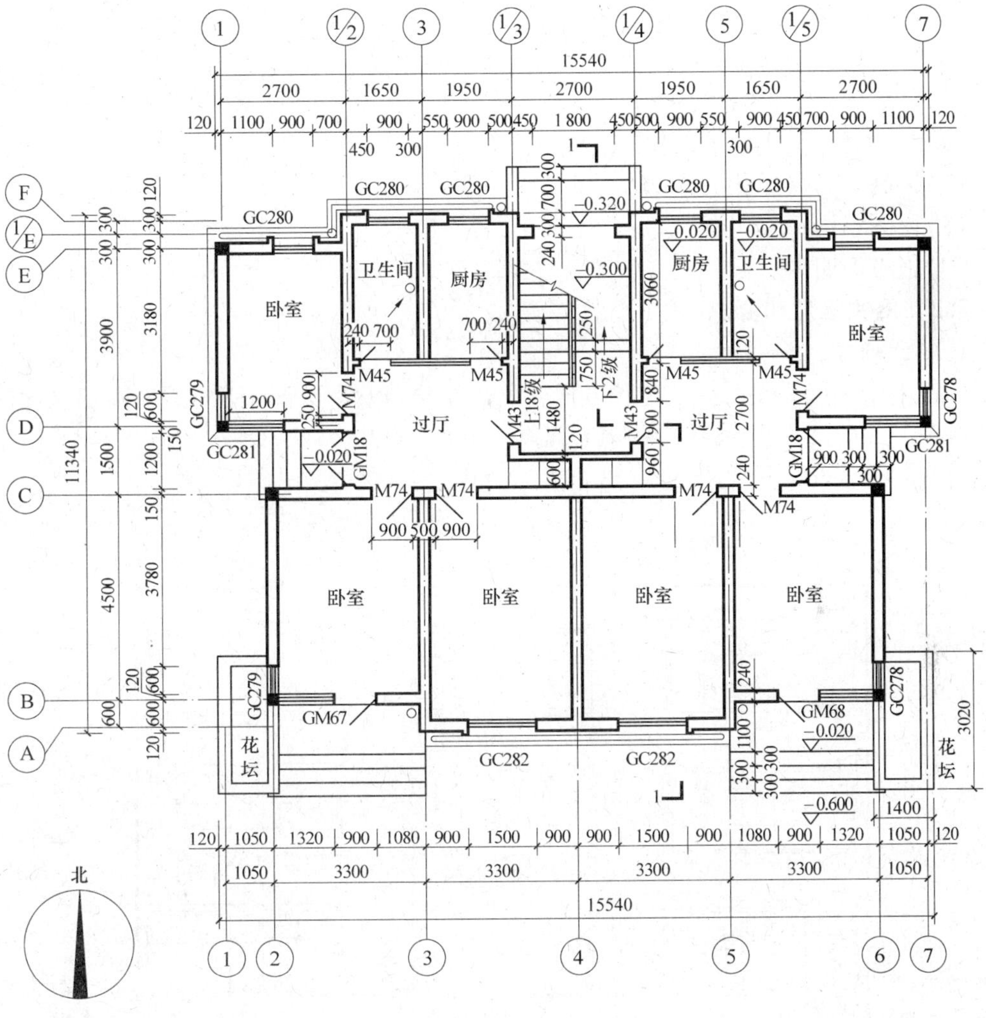

图8-6 底层平面图

8.2.3 建筑立面图

建筑立面图是在与房屋立面相平行的投影面上所作的正投影。它主要用来表示建筑物的体型和外貌，门窗的形式和位置，并表明外墙面装修、阳台、雨棚等部分的材料和做法。

房屋有多个立面，通常把房屋的主要入口的立面图画为正立面图，从而确定背立面图和侧立面图。有定位轴线的建筑物，根据两端定位轴线编号确定立面图名称；无定位轴线的建筑物，则可按房屋的朝向来定立面图的名称，例如南立面图、东立面图。

8.2.3.1　**图示内容**

(1)图名、比例。

(2)立面两端的定位轴线及其编号。

(3)门窗的位置和形状。

(4)屋顶的外形。

(5)外墙面的装饰及做法。

(6)台阶、雨篷、阳台等的位置、形状和做法。

(7)标高及必需标注的局部尺寸。

(8)详图索引符号。

(9)施工说明等。

8.2.3.2　**相关规定和要求**

1.定位轴线

立面图中一般只画两端的定位轴线并给出编号,以便与平面图对照来确定立面的朝向,如图8-7中①~⑦立面图也称南立面图。

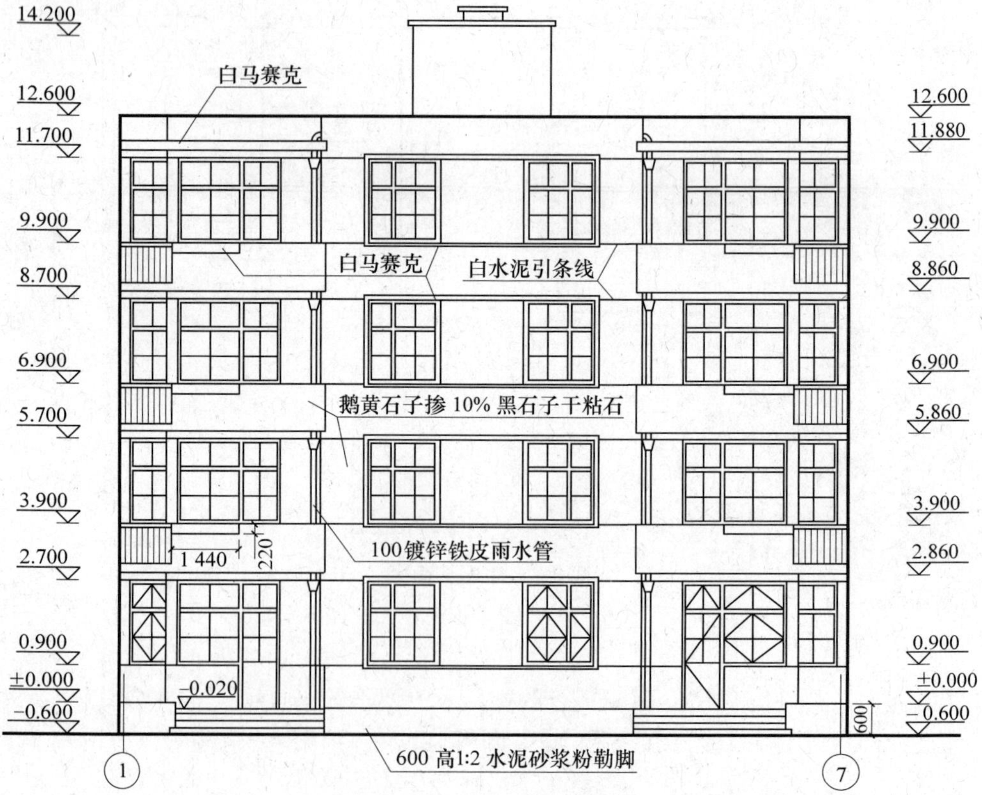

图8-7　①~⑦立面图

2.图线

室外地平线用1.4b的加粗实线表示;外轮廓线用粗实线表示;在外轮廓线之内的凹进或凸出墙面轮廓线,以及门窗洞、雨篷、阳台、台阶、平台、遮阳板等建筑设施或构配件的轮廓线，画成0.5b 的中实线；一些较小的构配件和细部的轮廓线，表示立面上凹进或凸出的一些次要构造或装修线，如雨水管，墙面上的引条线、勒脚、图例线等，画成线宽为0.25b 的细实线。

3. 尺寸标注

在立面图中，一般不标注房屋的总长和总高，也不标注门、窗的宽度和高度尺寸，而应标注室内外地面、楼面、阳台、平台、檐口、门、窗等处的标高。在建筑立面图中注写标高时，除门、窗洞口不包括粉刷层外，通常在标注构件的上顶面（如女儿墙顶面和阳台栏杆顶面）时，用建筑标高，即完成面标高；而在标注构件下底面（如阳台底面、雨篷底面）时，用结构标高，即不包括粉刷层的毛面标高。

8.2.3.3　建筑立面图识读

图 8-7 是住宅① ~ ⑦立面图，也是南立面图，外轮廓线所包围的范围表示这幢住宅的总长和总高，屋顶用女儿墙包檐形式，共四层，各层布局相同，左右对称，每层居中的两个窗台和窗顶，在两侧连在一起，做成窗套，各类门窗至少有一处画出它们的开启方向线，在底层的东西两侧，分别有台阶和平台；在平台的上方，二、三、四层都有阳台，在四层的阳台之上，还有雨篷；中间墙面的墙脚处有 600 mm 高的勒脚；墙面上还反映出雨水管、水斗和雨水口的位置；屋顶有水箱。

图中还用文字说明来表明立面装修的主要做法。外墙面及阳台栏板面的做法是掺10%黑石子的鹅黄石子干粘石；窗套、阳台上的小花台、四层阳台顶上的雨篷，都是用白马赛克贴面；引条线用白水泥浆勾缝；外墙面墙角处的勒脚，用 1:2的水泥砂浆粉面层；在中间凸出处的侧墙面上，分别有一根ϕ 100 镀锌铁皮雨水管。

8.2.4　建筑剖面图

建筑剖面图是房屋的垂直剖面图，是假想用一个或多个铅垂剖切平面剖开房屋，将位于剖切平面与观察者之间的部分移去，留下的部分向投影面作投影所得到的图形。建筑剖面图的剖切位置根据具体情况而定，一般选在能反映房屋内部结构和构造比较复杂，有变化、有代表性的部位，并应通过门窗洞口的位置。剖面图的数量视房屋的复杂程度和施工中的实际需要而定。

建筑剖面图主要用来表示房屋的内部分层、结构形式、构造方法、材料、做法、各部位间的联系及其标高等情况。在施工过程中，建筑剖面图是进行分层、砌筑内墙、铺设楼板、屋面板和楼梯、内部装修等工作的重要依据，是与平、立面图相互配合的不可缺少的重要图样。

8.2.4.1　图示内容

（1）图名、比例。

（2）外墙的定位轴线及其编号。

（3）剖切到的室内外地面、楼板、屋顶、内外墙及门窗、各种梁、楼梯、阳台、雨篷等的位置、形状及图例。

（4）未剖切到的可见部分轮廓线，如墙、门窗、梁、柱的位置和形状。

（5）垂直尺寸及标高。

(6)详图索引符号。

(7)施工说明等。

8.2.4.2 相关规定和要求

1. 定位轴线

在建筑剖面图中,通常给出被剖切到的墙或柱子的定位轴线及其间距,建筑剖面图中定位轴线的左右相对位置,应与平面图中剖视方向投射后所得到的投影相一致,以便于与建筑平面图对照识读。

2. 图线

室外地平线为线宽 1.4*b* 的加粗实线;被剖切到的主要建筑构造、构配件的轮廓线,室外台阶和平台,为线宽 *b* 的粗实线;被剖切到的次要构配件的轮廓线,为线宽 0.5*b* 的中实线;屋面、楼地面的面层线、墙面上的一些装修线(外墙上的勒脚、引条线、内墙上的踢脚板)、一些固定设施、构配件的轮廓线(如壁橱门、水箱内部的轮廓线)等为线宽 0.25*b* 的细实线。

3. 尺寸标注

在建筑剖面图中,应标注房屋外部、内部一些必要的尺寸和标高。外部尺寸通常标注三道,门窗洞及洞间墙的高度尺寸,层高尺寸,总高尺寸;内部尺寸标注内墙上的门窗洞高度;标高应标注在室外地面、楼地面、阳台、平台、檐口、女儿墙顶,高出屋面的水箱、楼梯间顶部等处。

在建筑剖面图中,主要标注高度方向的尺寸,对楼地面、楼梯、平台等处,应标注建筑标高(包括粉刷层高度),其余部位标注结构标高(不包括粉刷层)。

8.2.4.3 建筑剖面图识读

图 8-8 是四层住宅楼 1—1 剖面图。1—1 剖面图是用两个侧平面进行剖切所得到的,一个剖切面位于楼梯间进门的两级台阶处,即从下一层楼面到上一层楼面的第二上行梯段处,在东边住户大门 M43 处转折成另一个侧立剖切面,通过东边住户的过厅与大卧室的门和窗进行剖切。建筑剖面图一般采用和建筑平面图相同的比例。在图中可看到,被剖切到的建筑构配件,如室外地面的地平线、室内地面的架空板、楼板和面层线(底层架空板和楼层楼板为现浇钢筋混凝土板,涂黑表示);被剖切到的轴线为 A 和 1/E 的外墙、轴线为 C 的内墙,底层到二层的楼梯平台凸出处的外墙,以及这些墙面上的门、窗、窗套、过梁、圈梁等构配件的断面形状或图例,被剖切到的梯段及楼梯平台(含面层线);伸出屋面的女儿墙及钢筋混凝土压顶,钢筋混凝土构件屋面板和面层线,屋顶的架空隔热板,带有检修孔的水箱和孔盖。未剖切到的可见构配件,如南墙外西边住户的室外台阶、平台和花坛,各楼层的阳台及其上的小花台,四层阳台顶上的雨篷,北墙外西边住户厨房的外墙面及其上的勒脚、引条线和窗套,楼梯间未被剖切到的可见楼梯段、栏杆、扶手及西墙上的踢脚板,西端墙和压顶,支撑架热板的砖墩,屋面检修孔,支撑水箱的矮墙等。

8.2.5 建筑详图

建筑详图是建筑细部的施工图。因为建筑平、立、剖面图一般采用较小的比例,因而某些建筑构配件(如门、窗、楼梯、阳台等)和节点(如檐口、窗顶、窗台、明沟等)的详细构造和尺寸都不能在这些图中表达清楚。根据施工需要,在建筑平、立、剖面图中引出索引

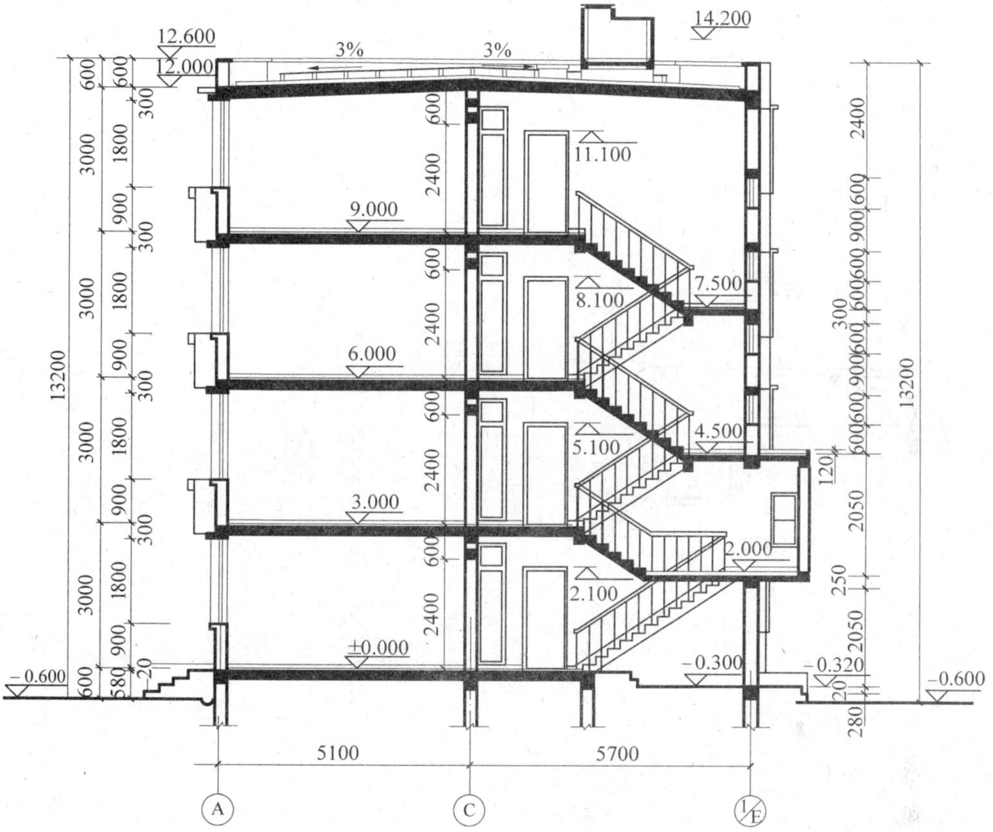

图 8-8　1—1 剖面图

符号，在索引符号所指出的图纸上，另外绘制比例较大的图样，也称大样图或节点图。因此，建筑详图作为建筑平、立、剖面图的补充，图示内容详细清楚，尺寸标注齐全、文字说明详尽，是建筑工程的细部施工、建筑构配件的制作及编制预算的依据。

建筑详图一般表达构配件的详细构造，所用的各种材料及其规格，各部分的连接方法和相对位置关系，各部分的详细尺寸，有关施工要求和做法等，同时，建筑详图必须画出详图符号，与被索引图样上的索引符号相对应。

图 8-9 是楼梯节点详图。编号为 1 的详图表明了踏步的踏面上马赛克防滑条的定形和定位尺寸，以及扶手的定位尺寸。

在编号为 2 的详图中看出楼板是钢筋混凝土板，细石混凝土面层；梯段是由楼梯梁和踏步板组成的现浇钢筋混凝土板式楼梯，板底用 10 mm 厚纸筋灰浆粉平后刷白，踏步用 20 mm 厚 1∶2水泥砂浆粉面；为了防止行人行走时滑跌，在每级踏步口贴一条 25 mm 宽的马赛克，高于踏面，作为防滑条；为了保障行人安全，在梯段或平台临空一侧，设栏杆和扶手，栏杆用方钢和扁钢焊成，它们的材料、尺寸和油漆颜色都已标明在图中，栏杆的下端焊接在的带有Φ 8 钢筋弯脚的钢板上，钢板预埋于踏步中；栏杆的上端装有扶手，图中注明了扶手的油漆颜色，也注明了栏杆的上端与镶嵌在扶手底部的钢铁件焊接在一起。

编号为 3 的详图可看出扶手的断面形状和尺寸，扶手材料是木材，用通长扁钢镶嵌在扶手的底部，并用木螺钉连接，栏杆则焊接在扁钢上。

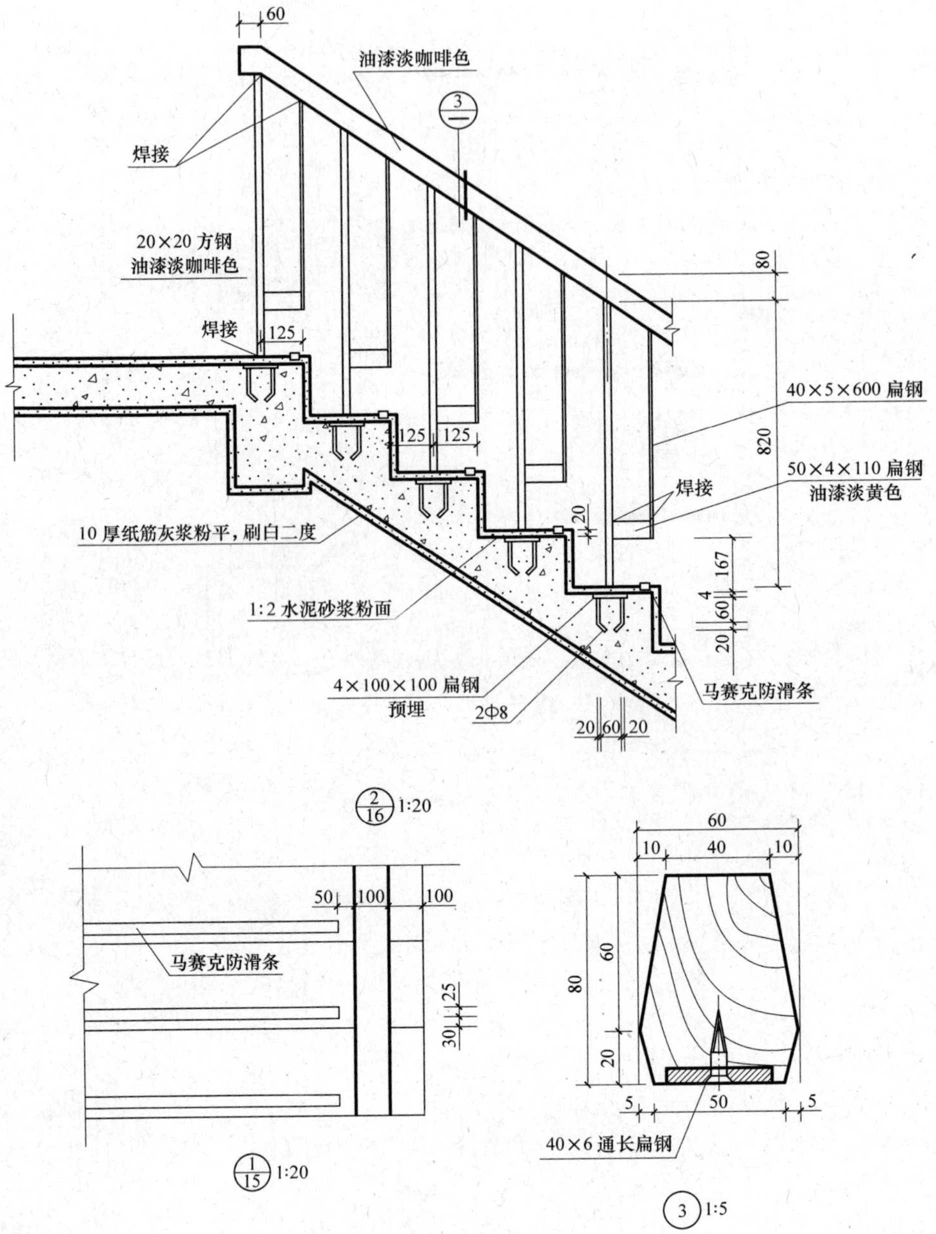

图 8-9 楼梯节点详图

小 结

本章重点是掌握建筑施工图的图示方法、图示内容和图示要求；难点是建筑平面图、剖面图、详图的识读。要求具备识读建筑设计总说明，识读和抄绘建筑平面图、立面图、剖面图、详图的能力。

思考与练习题

一、思考题

1. 建筑平面图的主要内容有哪些?
2. 建筑平面图中的尺寸标注主要包括哪些内容?
3. 建筑剖面图的主要内容有哪些?
4. 建筑详图包括哪些内容?
5. 墙身节点详图主要是用来表达建筑物上的哪些部位?
6. 楼梯详图的主要内容是什么?

二、练习题

1. 根据课堂布置的指定图纸,抄绘建筑平面图并写出识读报告。
2. 根据课堂布置的指定图纸,抄绘建筑立面图并写出识读报告。
3. 根据课堂布置的指定图纸,抄绘建筑剖面图并写出识读报告。
4. 根据课堂布置的指定图纸,抄绘建筑详图并写出识读报告。

第 9 章 结构施工图的识读

【实训活动】

识读民用建筑物的结构构件图和结构布置图；完成结构施工图的抄绘任务。

【技能掌握】

通过实训活动和本章的理论学习，结合结构施工图识读和抄绘的工作任务，掌握结构施工图的有关规定和内容；重点掌握民用建筑物的梁结构图、板结构图、柱结构图的表达内容和图示特点。

在工程建筑（房屋建筑、水工建筑、道路桥梁等）中，结构系统都是由各种受力构件（结构构件）组成，这些构件主要承受各种活动荷载和固定荷载。工程建筑有安全性、耐久性和稳定性的要求，这就需要对各种结构构件进行力学计算，确定出构件的形状、尺寸、材料和连接方式等，并将结果绘制成图，作为施工的依据，指导施工，这类图样称为钢筋混凝土结构图。钢筋混凝土结构图包括结构构件图和结构布置图。常用的结构构件按使用部位不同，分为板、梁、柱、基础、桁架和支撑等，如图 9-1 所示；按所用材料不同，分为预制钢筋混凝土构件、钢筋混凝土构件、钢构件和木构件等。

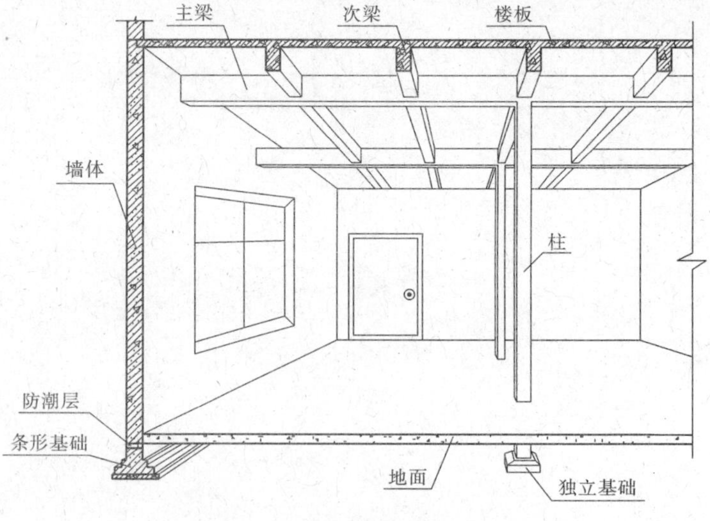

图 9-1 构件使用部位示意图

9.1 钢筋混凝土结构的基本知识

把混凝土和钢筋根据各自的力学特性有机地结合在一起，制成各种不同的承重构件，在工程建筑中广泛应用。

9.1.1　混凝土的组成和强度等级

混凝土主要由水泥、石子、砂及水组成。有时为了改善混凝土的性能、节约水泥和加快施工进度，还常常在混凝土中加入一些其他的外加剂和掺合料。

水泥、石子、砂、水按一定的配合比，经过拌和、养护和硬化后就形成了混凝土。混凝土具有很高的抗压强度，而它的抗拉强度却很低，一般为抗压强度的 7% ~14%。根据《混凝土结构设计规范》(GB 50010—2010)，可将混凝土分为十四个等级，如 C15、C20、C25、C30、C35、C40、C45、C50、C55、C60、C65、C70、C75、C80，其中的数字表示混凝土的强度等级，数字越大，抗压强度越大。

没有钢筋的混凝土构件称为素混凝土构件，它的抗压性能较好，抗拉性能很差。图 9-2(a)为一素混凝土梁，在外力作用下，梁的上部受压，下部受拉，当外力达到一定限值时，梁的下部就会被拉裂。为了加强混凝土的抗拉强度，在混凝土的受拉区域配置钢筋，让钢筋来承受拉力，不容易使构件开裂，如图 9-2(b)所示，这种配有钢筋的构件称为钢筋混凝土构件。钢筋混凝土构件根据制作工艺的不同，可分为现浇钢筋混凝土构件、预制钢筋混凝土构件和预应力钢筋混凝土构件。

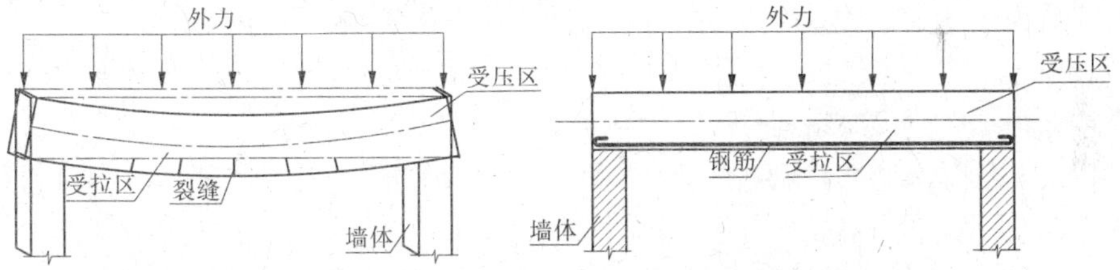

(a)素混凝土梁　(b)钢筋混凝土梁

图 9-2　梁受力示意图

9.1.2　钢筋的基本知识

9.1.2.1　钢筋的种类及代号

钢筋按生产工艺和抗拉强度的不同可以分为多种强度等级，根据《混凝土结构设计规范》(GB 50010—2010)，常用的钢筋种类和代号如表 9-1 所示。

表 9-1　钢筋的种类及代号

种类	代号	种类	代号
HPB300(Q300)	Φ	HRB400(20MnSiV、20MnSiNb、20MnTi)	⏀ (三级钢符号)
HRB335(20MnSi)	Φ (二级钢符号)	RRB400(K20MnSi)	$Φ_R$

注：HPB300 为光圆钢筋，HRB335、HRB400 为人字纹钢筋，RRB400 为光圆或螺纹钢筋。

9.1.2.2　构件中钢筋的分类和作用

如图 9-3 所示，按钢筋在梁、板、柱等构件中所起的作用不同，可分为以下几类：

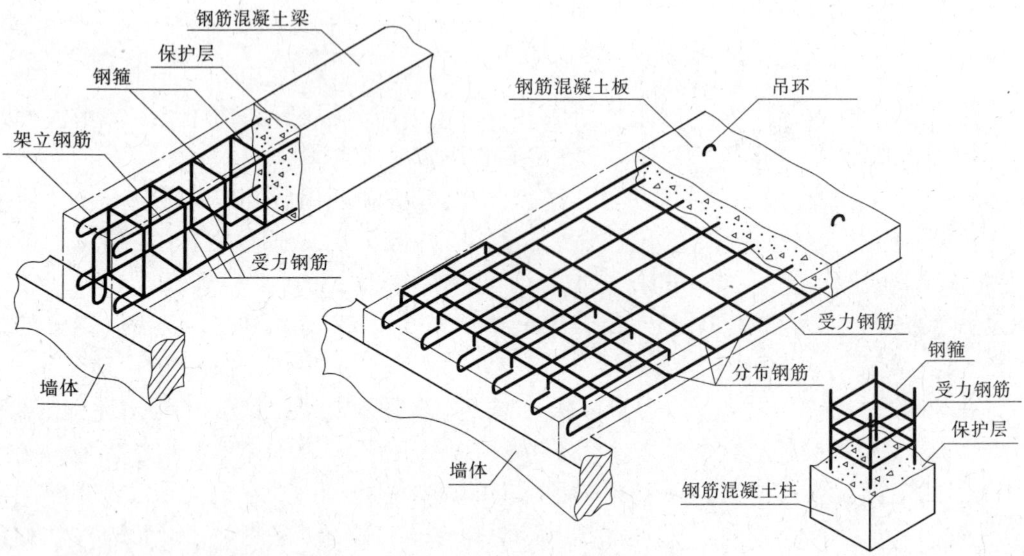

图 9-3　构件中钢筋的分类和作用示意图

(1)受力筋。指在梁、板、柱等构件中主要承受拉力或压力的钢筋,有时为加强支座端,有时将受力筋弯起。受力筋必须经过力学计算来配置。

(2)架立筋。指在梁、板、柱等构件中与箍筋一起形成骨架钢筋。架立筋用来固定钢筋的位置,常根据构造要求来配置。

(3)箍筋(也称钢箍)。指用来固定钢筋位置的钢筋,在梁、板、柱等构件中主要承受剪力和斜拉应力。配置时需经力学计算。

(4)构造筋。指为满足施工和构造要求,按有关规范规定,在梁、板、柱等构件中配置的次类钢筋。

9.1.2.3　**钢筋的弯钩**

为了防止钢筋混凝土构件的早期破坏,加强钢筋与混凝土之间的黏结力,不至于使钢筋与混凝土之间发生相对滑动,常将光圆钢筋的两端做成弯钩。弯钩的形式有四种:直角弯钩、半圆弯钩、斜弯钩、箍筋弯钩,如图 9-4 所示。人字纹钢筋和螺纹钢筋一般不做弯钩。

9.1.2.4　**钢筋的保护层**

为了满足结构构件的耐久性要求和对受力筋有效锚固的要求,防止钢筋受环境影响而产生锈蚀,保证钢筋与混凝土的有效黏结,钢筋混凝土构件必须有足够的混凝土保护层,混凝土保护层的厚度从钢筋的外边缘起算到构件的表面为止。在《混凝土结构设计规范》(GB 50010—2010)中对构件的保护层厚度作了如下规定(见表 9-2)。

9.1.2.5　**常用构件代号**

为了读图、绘图方便,对基础、板、梁、柱等钢筋混凝土构件的名称用代号表示。代号一般用该构件汉语拼音前两个字的第一个字母表示,代号后应用阿拉伯数字标注该构件的型号或编号,也可为构件的顺序号。构件的顺序号采用不带角标的阿拉伯数字连续编排。常用的构件代号见表 9-3。

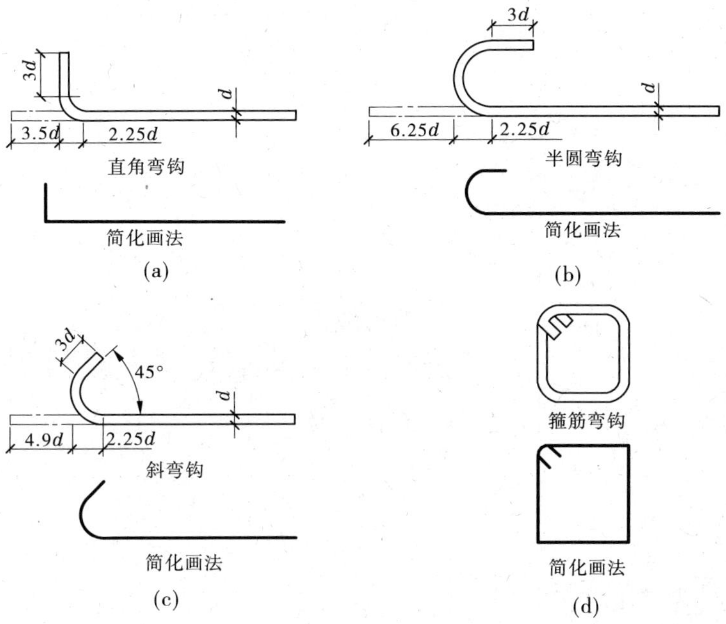

图 9-4　钢筋的弯钩形式示意图

表 9-2　混凝土保护层的最小厚度 c　（单位:mm）

环境类别	板、墙、壳	梁、柱、杆
一	15	20
二 a	20	25
二 b	25	35
三 a	30	40
三 b	40	50

注:1. 混凝土强度等级不大于 C25 时,表中保护层厚度数值应增加 5 mm。

2. 钢筋混凝土基础宜设置混凝土垫层,基础中钢筋的混凝土保护层厚度应从垫层面算起,且不应小于 40 mm。

设计绘图过程中,采用标准通用图集中的钢筋混凝土构件时,应用该图集中的规定代号或型号来注写。由于目前各地区注写方法不同,使用时应该注意查阅该地区的标准图集。如图 9-5 所示,6 – YKB5 – 36 – 2 表示 6 块预应力空心板,板长 3 600 mm,板宽 500 mm,荷载等级为Ⅱ级。

表 9-3　常用构件代号(GB/T 50105—2001)

序号	名称	代号	序号	名称	代号	序号	名称	代号
1	板	B	19	圈梁	QL	37	承台	CT
2	屋面板	WB	20	过梁	GL	38	设备基础	SJ
3	空心板	KB	21	连系梁	LL	39	桩	ZH
4	槽形板	CB	22	基础梁	JL	40	挡土墙	DQ
5	折板	ZB	23	楼梯梁	TL	41	地沟	DG
6	密肋板	MB	24	框架梁	KL	42	柱间支撑	ZC
7	楼梯板	TB	25	框支梁	KZL	43	垂直支撑	CC
8	盖板或沟盖板	GB	26	屋面框架梁	WKL	44	水平支撑	SC
9	挡雨板或檐口板	YB	27	檩条	LT	45	梯	T
10	吊车安全走道板	DB	28	屋架	WJ	46	雨篷	YP
11	墙板	QB	29	托架	TJ	47	阳台	YT
12	天沟板	TGB	30	天窗架	CJ	48	梁垫	LD
13	梁	L	31	框架	KJ	49	预埋件	M -
14	屋面梁	WL	32	刚架	GJ	50	天窗端壁	TD
15	吊车梁	DL	33	支架	ZJ	51	钢筋网	W
16	单轨吊车梁	DDL	34	柱	Z	52	钢筋骨架	G
17	轨道连接	DGL	35	框架柱	KZ	53	基础	J
18	车挡	CD	36	构造柱	GZ	54	暗柱	AZ

说明:(1)预制钢筋混凝土构件、现浇钢筋混凝土构件、钢构件和木构件,一般可直接采用表 9-3 中的构件代号。在绘图中,当需要区别上述构件的材料种类时,可在构件代号前加注材料代号,并在图纸中加以说明。

(2)如图 9-5 所示预应力钢筋混凝土构件的代号,应在构件代号前加注“Y -”,如 Y - DL表示预应力钢筋混凝土吊车梁。

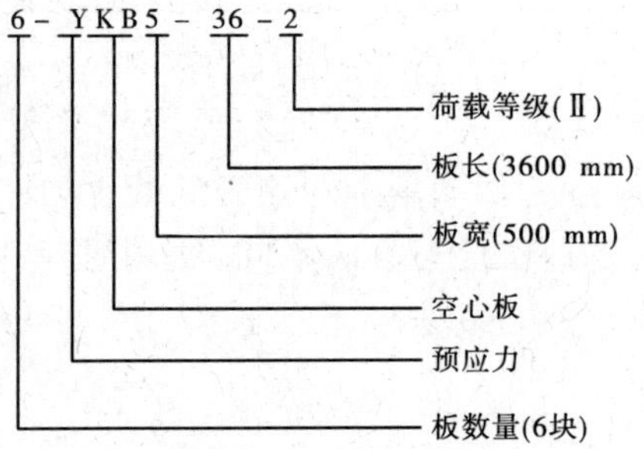

图 9-5　预应力空心板标注示意图

9.2 钢筋混凝土构件图的图示方法

9.2.1 钢筋混凝土构件图的内容

9.2.1.1 模板图

模板是钢筋混凝土工程中重要的施工工具,为了保证施工安全、保证施工质量、加快施工速度和降低工程成本,要合理选用模板结构。模板应按模板图设计要求制作,以使钢筋混凝土构件按规定的几何尺寸和位置成型。模板图就是钢筋混凝土构件的外形图,表明钢筋混凝土构件的外部形状以及预埋件和预留空洞的位置、标高和吊点位置等。结构形状复杂的构件应单独画模板图。

9.2.1.2 配筋图

配筋图是钢筋混凝土结构图中的一种重要图样。它是构件施工和加工、绑扎钢筋的主要依据。配筋图不仅表示出了构件的外部形状和尺寸,而且还表示出了钢筋在构件中的位置、数量、种类和直径等。绘图时可假想钢筋混凝土构件为透明体,将钢筋混凝土构件中钢筋的配置情况投影成图,称为配筋图。它一般包括平面图、立面图、断面图和钢筋详图(钢筋表)等。

9.2.1.3 预埋件图

在钢筋混凝土构件施工和运输时,需要对钢筋混凝土构件进行吊装和连接,这就需要在制作构件时,将一些铁件连接在钢筋骨架上,浇筑完混凝土后,使其一部分伸出到钢筋混凝土构件的表面外,这就叫做预埋件。预埋件在其他图形中应表示出位置,自身用预埋件详图来表达。

9.2.2 钢筋的一般表示方法

9.2.2.1 图线规定

在表达钢筋混凝土构件的配筋图时,为了突出钢筋的布置情况,可见的钢筋混凝土构件的轮廓线用细实线,不可见的轮廓线用细虚线;钢筋混凝土构件内的可见钢筋用粗实线,不可见的钢筋用粗虚线;预应力钢筋用粗的双点划线。

9.2.2.2 钢筋的编号

在钢筋混凝土构件的配筋图中,要把同类型钢筋(规格、形状、直径、尺寸相同的钢筋称为同类型钢筋)编一个号而不管它的根数有多少。有多少种同类型钢筋就编多少个号。编号采用阿拉伯数字,注写在引出线端直径为6 mm的细实线圆中,编号一般采用先受力筋,后架立筋、箍筋和构造筋。

除对同种类型的钢筋进行编号外,还应在引出线上注明该种钢筋的直径、间距和根数。下面通过图9-6所示示例说明钢筋的编号方式和标注含义。

例中:

(1)受力筋有两种,包括编号为“1”的两根直径16 mm的HRB335钢筋和编号为“2”的一根直径18 mm的HPB300钢筋。

(2)架立筋一种,编号为“3”的二根直径 12 mm 的 HPB300 钢筋。

(3)箍筋有一种,编号为“4”的直径 8 mm、间距 200 mm 的 HPB300 钢筋。

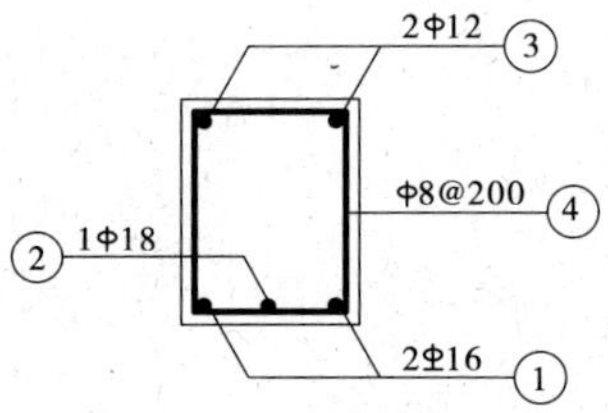

图 9-6　钢筋编号示意图

9.2.2.3　钢筋的图例

为了将钢筋混凝土构件中各种类型的钢筋表达清楚,在《建筑结构制图标准》(GB/T 50105—2010)中列出了钢筋的常用图例,表 9-4 所示为普通钢筋的常用图例,表 9-5 列出了预应力钢筋的图例。

表 9-4　普通钢筋常用图例

序号	名称	图例	说明
1	钢筋横断面	●	—
2	无弯钩的钢筋端部		下图表示长、短钢筋投影重叠时,短钢筋的端部用 45°斜划线表示
3	带半圆形弯钩的钢筋端部		—
4	带直钩的钢筋端部		—
5	带丝扣的钢筋端部		—
6	无弯钩的钢筋搭接		—
7	带半圆弯钩的钢筋搭接		—
8	带直钩的钢筋搭接		—
9	花篮螺丝钢筋接头	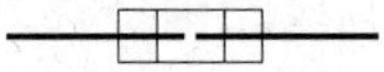	—
10	机械连接的钢筋接头		用文字说明机械连接的方式(如冷挤压或直螺纹等)

9.2.2.4　钢筋的连接

钢筋的连接可分为两类:绑扎搭接、焊接。同一构件中相邻纵向受力钢筋的绑扎搭接接头宜相互错开,其画法采用表 9-4 中的规定图例。纵向受力钢筋的焊接接头也应相互错开,焊接接头的形式和标注方法应符合表 9-6 的规定。

此外,还有钢筋网片的图例,在使用时可查阅规范。

表 9-5 预应力钢筋常用图例

序号	名称	图例
1	预应力钢筋或钢绞线	
2	后张法预应力钢筋断面 无黏结预应力钢筋断面	
3	预应力钢筋断面	
4	张拉端锚具	
5	固定端锚具	
6	锚具的端视图	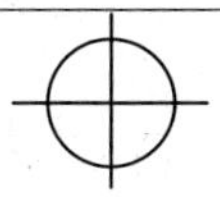
7	可动连接件	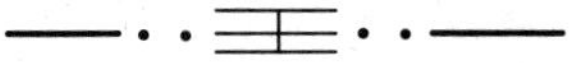
8	固定连接件	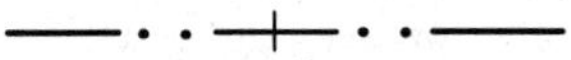

表 9-6 钢筋的焊接接头

序号	名称	接头形式	标注方法
1	单面焊接 的钢筋接头	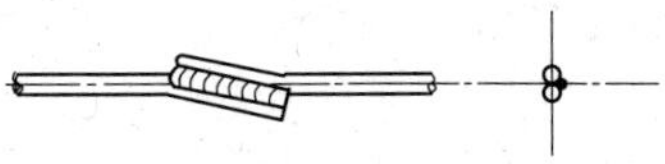	
2	双面焊接 的钢筋接头	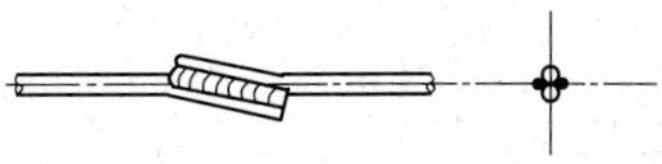	
3	用帮条单面 焊接的钢筋接头	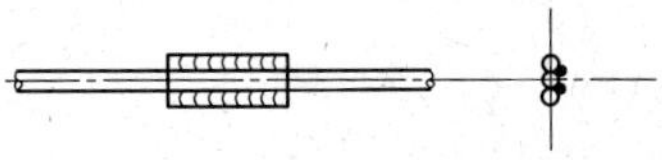	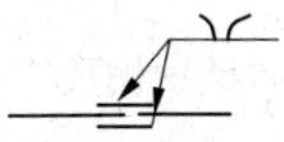

续表 9-6

序号	名称	接头形式	标注方法
4	用帮条双面焊接的钢筋接头	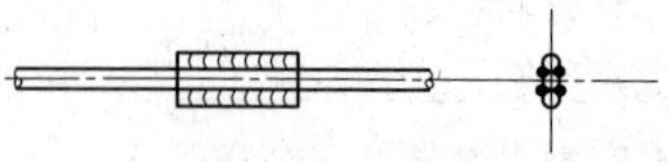	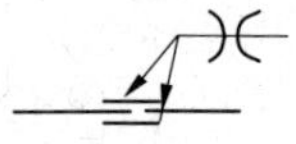
5	接触对焊的钢筋接头（闪光焊、压力焊）	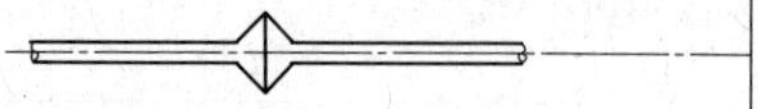	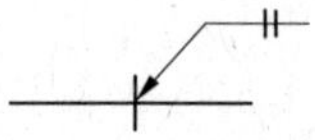
6	坡口平焊的钢筋接头	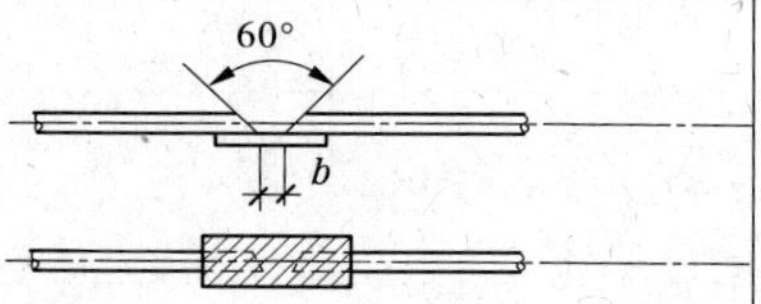	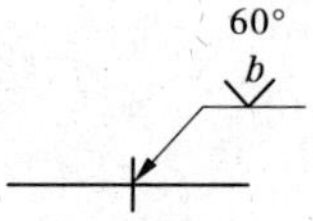
7	坡口立焊的钢筋接头	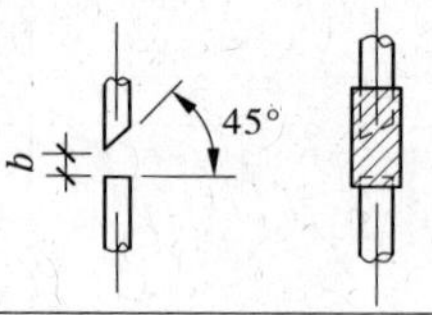	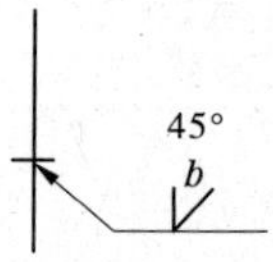
8	用角钢或扁钢做连接板焊接的钢筋接头	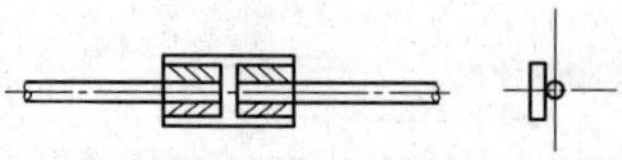	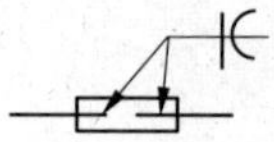
9	钢筋或螺（锚）栓与钢板穿孔塞焊的接头	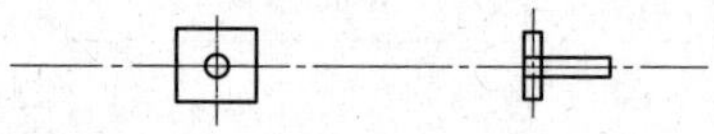	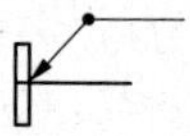

9.2.2.5 钢筋的画法

在表达钢筋混凝土结构图中的钢筋时，画法还应符合表 9-7 的规定。

表 9-7 钢筋的画法

序号	说明	图例
1	在结构楼板中配置双层钢筋时，底层钢筋的弯钩应向上或向左，顶层钢筋的弯钩则向下或向右	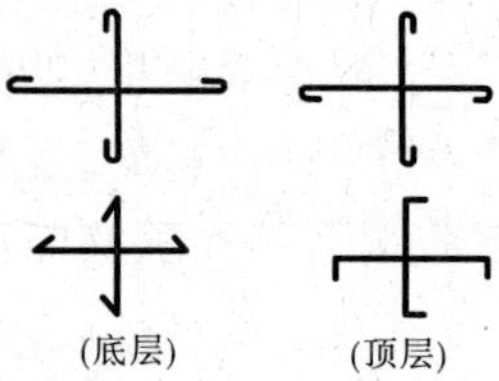

续表 9-7

序号	说明	图例
2	钢筋混凝土墙体配双层钢筋时，在配筋立面图中，远面钢筋的弯钩应向上或向左，而近面钢筋的弯钩向下或向右（JM 表示近面为，YM 表示远面）	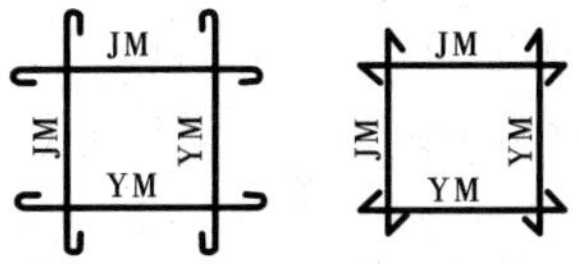
3	断面图中不能表达清楚的钢筋布置，应在断面图外增加钢筋大样图（如钢筋混凝土墙、楼梯等）	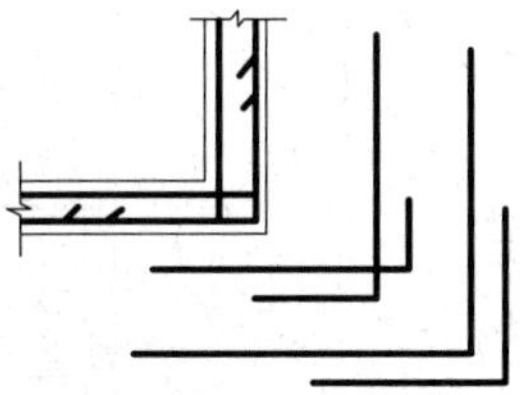
4	图中所表示的箍筋、环筋等若布置复杂，可加画钢筋大样图及注写说明	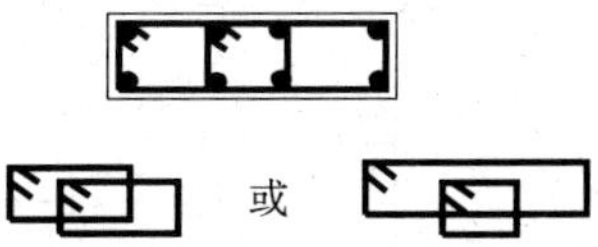
5	每组相同的钢筋、箍筋或环筋，可用一根粗实线表示，同时用一两端带斜短画线的横穿细线，表示其钢筋及起止范围	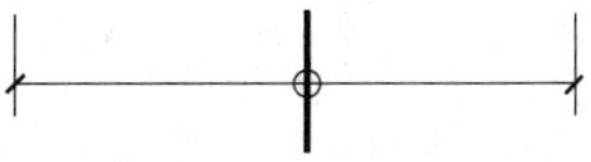

9.2.3　配筋平面、立面、断面图的画法

9.2.3.1　配筋平面图画法

对于钢筋混凝土板，由于其纵、横方向上尺寸都比较大，通常只用一个平面图来表示配筋情况。如图 9-7 所示为一现浇钢筋混凝土板的配筋情况，在绘制该图时仅用了配筋平面图来表达，图中用中实线画出四周墙体的可见轮廓线，用中虚线画出不可见墙体和梁的轮廓线，钢筋用粗实线来画，并表明了钢筋的配置和弯曲情况，其中①号钢筋为两端带有向左弯起的半圆弯钩的 HPB300 级钢筋，配置在板底，直径是 10 mm，间距为 150 mm；②号钢筋为两端带有向上弯起的半圆弯钩的 HPB300 级钢筋，配置在板底，直径是 10 mm，间距为 150 mm；③号钢筋为两端带有向右和向下弯起的直弯钩的 HPB300 级钢筋，配置在板顶，直径是 8 mm，间距为 200 mm；④号钢筋为两端带有向右弯起的直弯钩的 HPB300 级钢筋，配置在板顶，直径是 8 mm，间距为 200 mm。

钢筋混凝土板为双向板，四周伸进了墙体的内部，①、②号钢筋为受力筋，③号钢筋为配置在端部支座处的构造筋，④号钢筋为配置在中间支座处的负弯矩钢筋。

9.2.3.2　配筋立面图和配筋断面图的画法

对于钢筋混凝土梁和柱，由于其比较细长，通常用配筋立面图和配筋断面图表达配筋情况。

图 9-8 为一单跨简支梁的配筋立面图和配筋断面图，另还给出了钢筋详图和钢筋表。

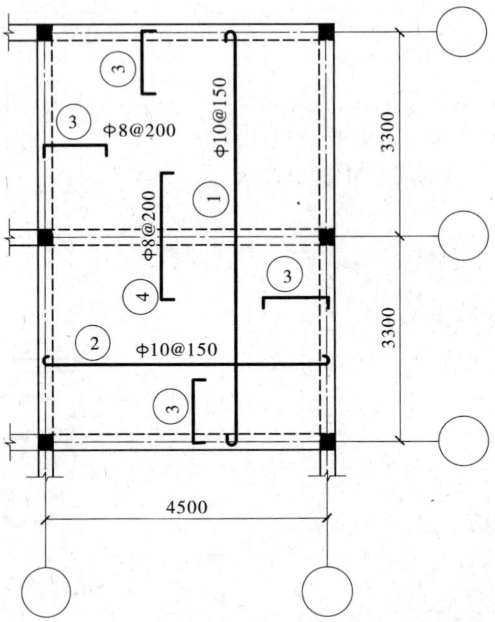

图 9-7　现浇钢筋混凝土板配筋平面图

在配筋立面图 L 中，梁长 3 600 mm，梁的轮廓线用细实线，各种规格的钢筋用粗实线。其中，①号钢筋为两端带有半圆弯钩钢筋，配置在梁底；②号钢筋为弯起钢筋，中间段在梁底，距梁两端 500 mm 时向上弯起，弯起角度为 45°至梁顶，到梁两端时又垂直向下弯起至梁底部；③号钢筋为架立筋配置在梁顶，沿梁通长布置，不带弯钩；④号钢筋为箍筋，沿梁纵向均匀布置，在图中采用了简化画法。

图 9-8 中 1—1、2—2 为该梁的配筋断面图，主要表达了梁的截面形状、尺寸大小、各钢筋的位置和箍筋的形状，不画混凝土的材料图例。梁断面轮廓线用细实线，各钢筋用粗实线表达。1—1 断面图表达了梁中间部分的断面形状，2—2 断面图表达了梁端部的断面形状。通过这两个断面图可知，梁的断面是 240 mm × 400 mm 的矩形，①号钢筋为两端带有半圆弯钩的 HRB335 级钢筋，两根，配置在梁底两角处，直径是 16 mm；②号钢筋为弯起的 HRB335 级钢筋，直径是 14 mm；③号钢筋为两根 HPB300 级的直筋，配置在梁顶两角处，直径是 6 mm；④号钢筋为两端带有 135°弯钩矩形 HPB300 级钢筋，直径是 6 mm，间距为 150 mm。

图中还画出了各种钢筋的成型图（钢筋详图、抽筋图），是加工钢筋的主要依据，应和钢筋立面图对应布置，从梁顶部钢筋开始依次排列。同一种编号的钢筋在图中用粗实线只画一根，并对钢筋进行标注，标注内容包括钢筋的编号、直径、种类、根数和下料长度。

在画钢筋混凝土构件配筋立面图和配筋断面图时，保护层和钢筋弯钩的大小不必精确度量，可凭估计画出。

有时为了加工钢筋和下料方便，在钢筋表中列出了所有钢筋的种类、长度、根数和钢筋的重量，项目可根据需要进行增减，如表 9-8 所示。

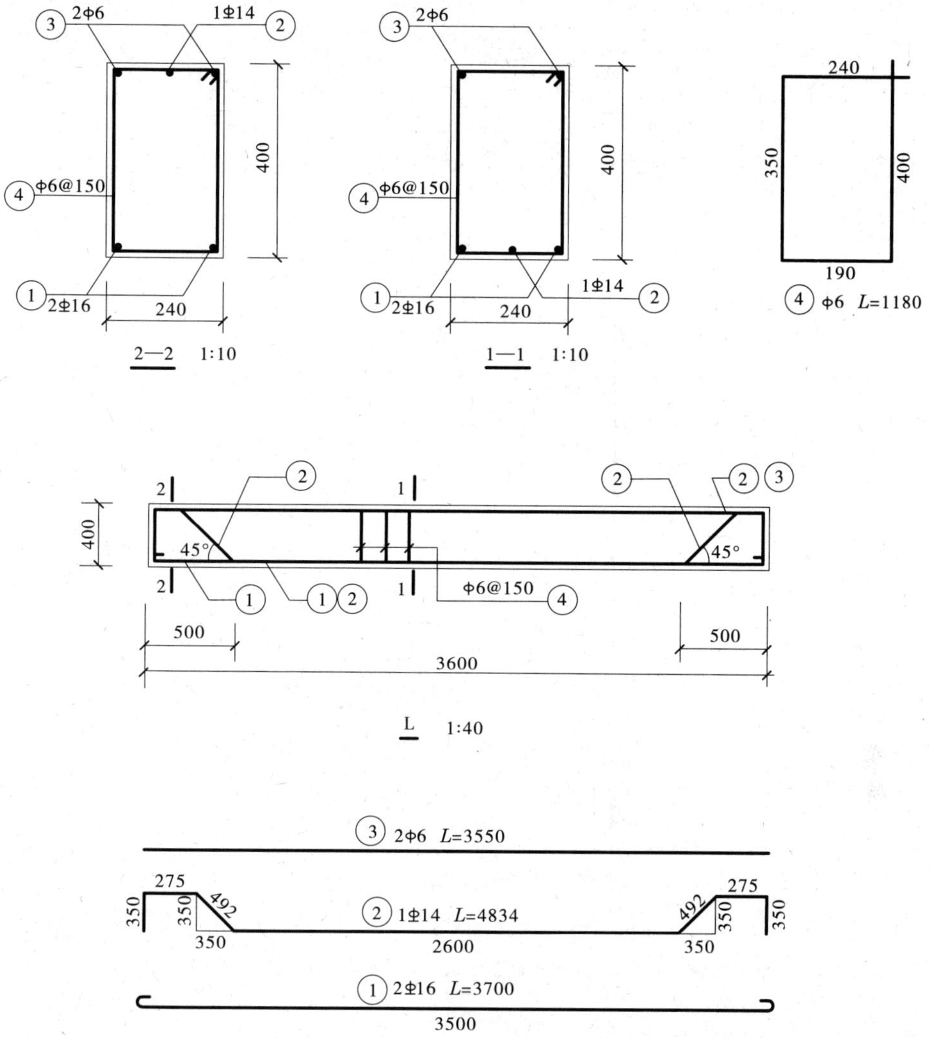

图 9-8　单跨简支梁的配筋立面图和配筋断面图

表 9-8　钢筋表

编号	规格	简图	单根长度(mm)	根数	总长(m)	重量(kg)
①	Φ 16		3 700	2	7.40	7.53
②	Φ 14		4 834	1	4.834	5.83
③	ϕ6		3 550	2	7.10	1.58
④	ϕ6		1 180	24	28.32	6.32

简单钢筋混凝土柱的图示方法与梁基本相同，一般也用配筋立面图和配筋断面图表示。图 9-9 为某活动中心的柱配筋立面图和配筋断面图。从柱立面图和断面图中可以看出，柱的下部与基础相连，上部与梁连接在一起。柱的断面尺寸为 350 mm × 350 mm，受力钢筋为 4 根直径 20 mm 的 HPB300 级钢筋，配置在柱的四角。箍筋是直径为 8 mm 的 HPB300 级钢筋，与柱基础连接部分为加密区，间距 100 mm，其余为非加密区，间距是 200 mm。

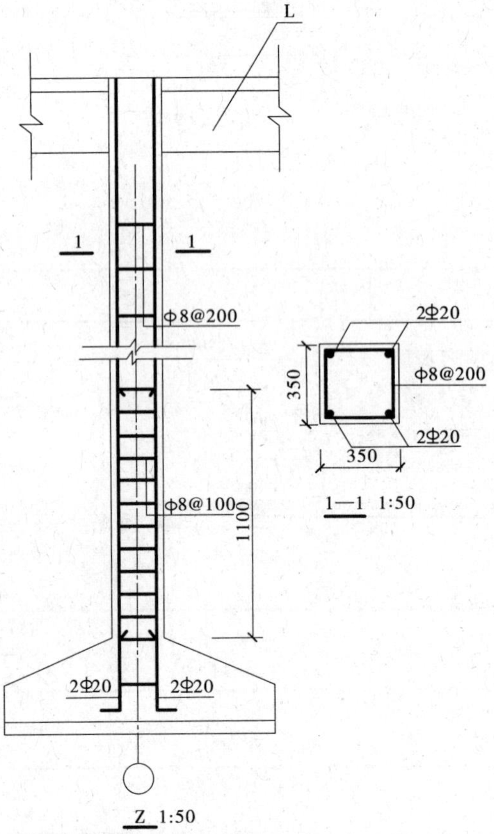

图 9-9　柱配筋立面图和配筋断面图

9.2.3.3　配筋图的简化画法

(1) 当构件对称时，钢筋网片可用一半或 1/4 表示，如图 9-10 所示。图中钢筋网代号用“W”表示；钢筋骨架代号用“G”表示。

(2) 钢筋混凝土构件配筋较简单时，可采用局部剖切，作出局部剖面图。如图 9-11 所示，(a) 图为独立基础，(b) 图为其他构件。

(3) 对称的钢筋混凝土构件，可在同一图样中以一半表示外形视图，另一半表示配筋，如图 9-12 所示。

9.2.4　钢筋混凝土构件平面整体表示方法

钢筋混凝土构件除用配筋平面、立面、断面图一一表示外，近几年来又出现了一种新

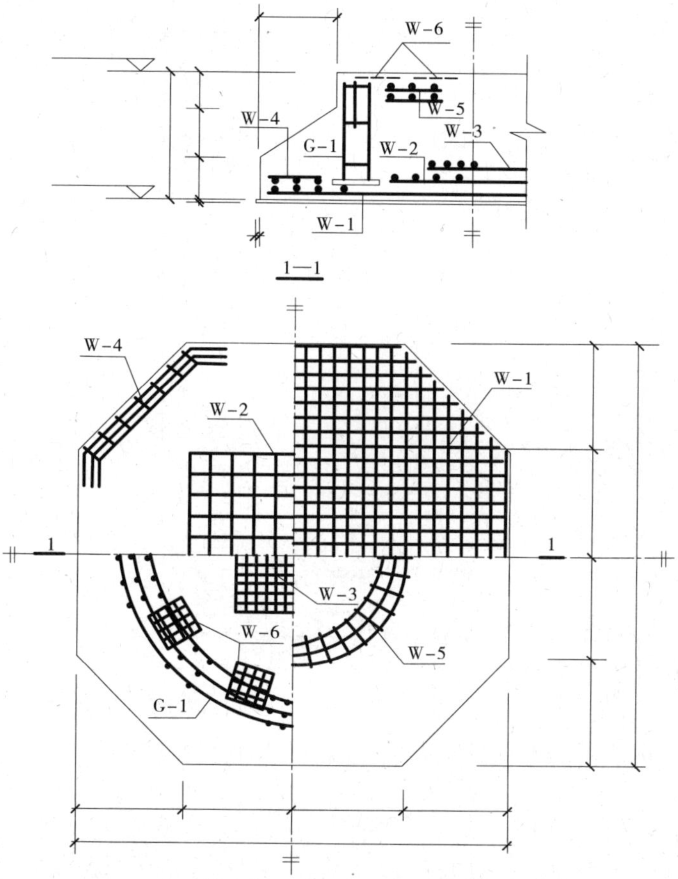

图 9-10　配筋简化图(一)

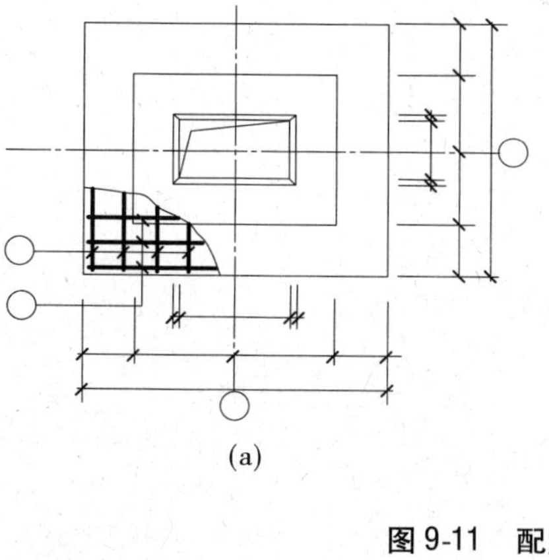

(a)

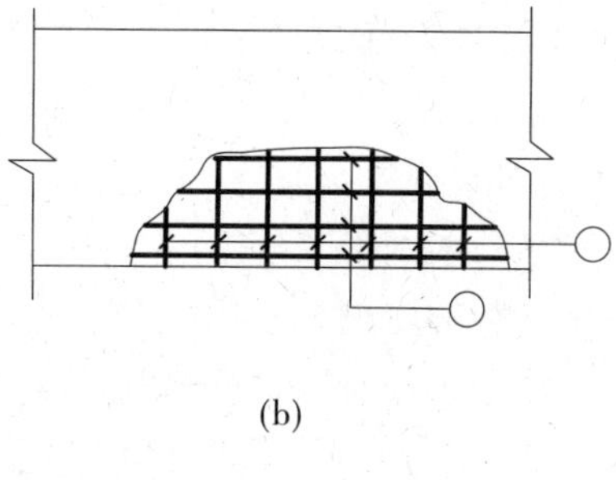

(b)

图 9-11　配筋简化图(二)

的标注方式——平面整体表示方法。概括来讲,这种表达形式,是把结构构件的尺寸和配筋等,按照平面整体表示方法制图规则,整体直接表达在各类构件的结构平面图上。这种方式改变了传统的逐个绘制钢筋混凝土构件配筋图和重复标注的烦琐方法,由于其图示方式简便、大大减少了作图量,因此目前在结构设计中得到广泛的应用。

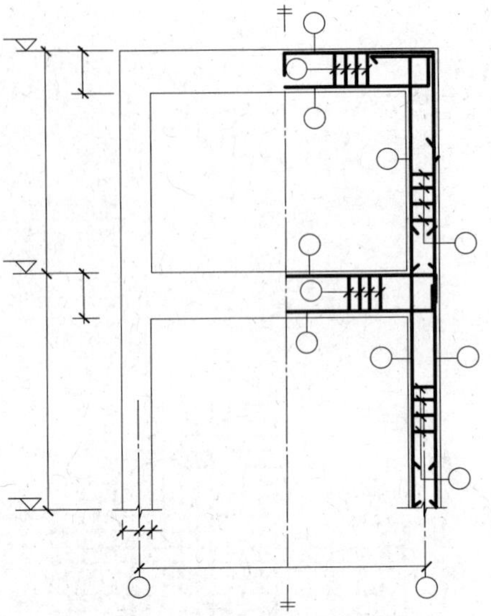

图 9-12　配筋简化图(三)

下面以梁、柱为例来说明平面整体表示方法。

9.2.4.1　钢筋混凝土梁平面整体表示方法

梁平面整体表示法是在梁平面布置图上采用平面注写方式或截面注写方式表达。梁平面布置图,应分别按梁的不同结构层,将全部梁和其他相关联的构件一起采用适当比例绘制。

1. 梁的平面注写方式

平面注写方式,是在梁平面布置图上,分别在不同编号的梁中各选一根梁,在其上注写截面尺寸和配筋的具体数值,平面注写包括集中标注与原位标注,其中集中标注表达梁的通用数值,包括五项必注值和一项选注值。五项必注值是梁编号、梁截面尺寸、梁箍筋、梁上部通长筋或架立筋配置、梁侧面纵向构造钢筋或受扭钢筋配置;一项选注值是梁顶面标高高差。原位标注表达梁的特殊数值,内容包括上部纵筋、下部纵筋、附加箍筋或吊筋。施工时,原位标注取值优先。以图 9-13 为例,来说明具体的注写方法。

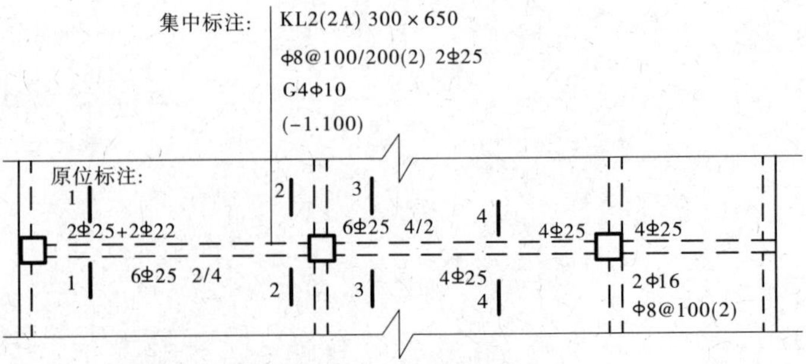

图 9-13　平面注写方式

集中标注：

KL2(2A) 300×650：KL2 表示第 2 号框架梁；(2A)表示 2 跨，一端有悬挑(B 表示两端有悬挑)；300×650 表示梁的截面尺寸。

Φ8@100/200(2) 2 Φ 25：Φ8@100/200(2)表示箍筋为Ⅰ级钢筋，直径为 8 mm，加密区间距为 100 mm，非加密区间距为 200 mm，均为四肢箍；两Φ 25 表示梁的上部有两根直径为 25 mm 的通长筋。

G4 Φ 10 表示梁的两个侧面共配置 4 Φ 10 的纵向构造钢筋，每侧各配置 2 Φ 10。

(−0.100)表示梁的顶面低于所在结构层的楼面标高，高差为 0.100 m。

原位标注：

(1)梁支座上部纵筋。

2 Φ 25 +2 Φ 22 表示梁支座上部有两种直径钢筋共 4 根，中间用“ + ”相连，其中 2 Φ 25放在角部，2 Φ 22 放在中部。

6 Φ 25　4/2 表示梁上部纵筋为二排，用斜线将各排纵筋自上而下分开。上一排纵筋为 4 Φ 25，下一排纵筋为 2 Φ 25。

4 Φ 25 表示梁支座上部配置 4 根直径为 25 mm 的钢筋。

(2)梁支座下部纵筋。

6 Φ 25　2/4 表示梁下部纵筋为二排，用斜线将各排纵筋自上而下分开。上一排纵筋为 2 Φ 25，下一排纵筋为 4 Φ 25。

4 Φ 25 表示梁下部中间配置 4 根直径为 25 mm 的钢筋。

Φ8@100 (2)：表示箍筋为Ⅰ级钢筋，直径为 8 mm，间距为 100 mm，为两肢箍。

图 9-14 给出了传统的表示方法，用于对比按平面注写方式表达的同样内容。实际采用平面注写方式表达时，不需绘制梁截面配筋图和图 9-15 中相应截面号。

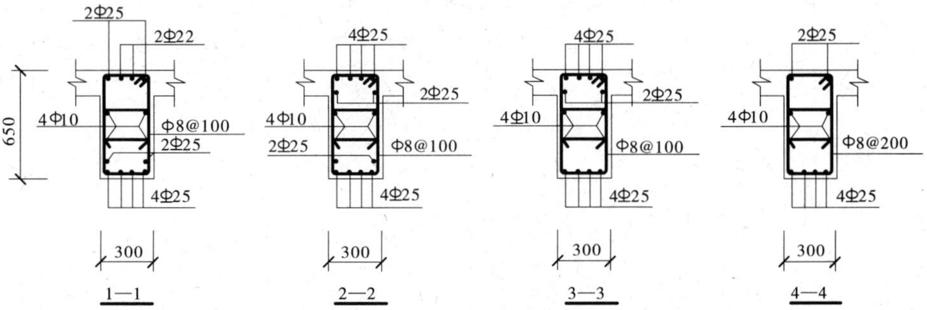

图 9-14　传统截面表示法

2. 梁的截面注写方式

梁截面注写方式，是在梁平面布置图上，分别在不同编号的梁中各选择一根梁用剖面号引出配筋图，并在其上注写截面尺寸和配筋的具体数值，如图 9-15 所示。

9.2.4.2　钢筋混凝土柱平面整体表示方法

柱平面整体表示法是在柱平面布置图上采用截面注写方式或列表注写方式表达。柱

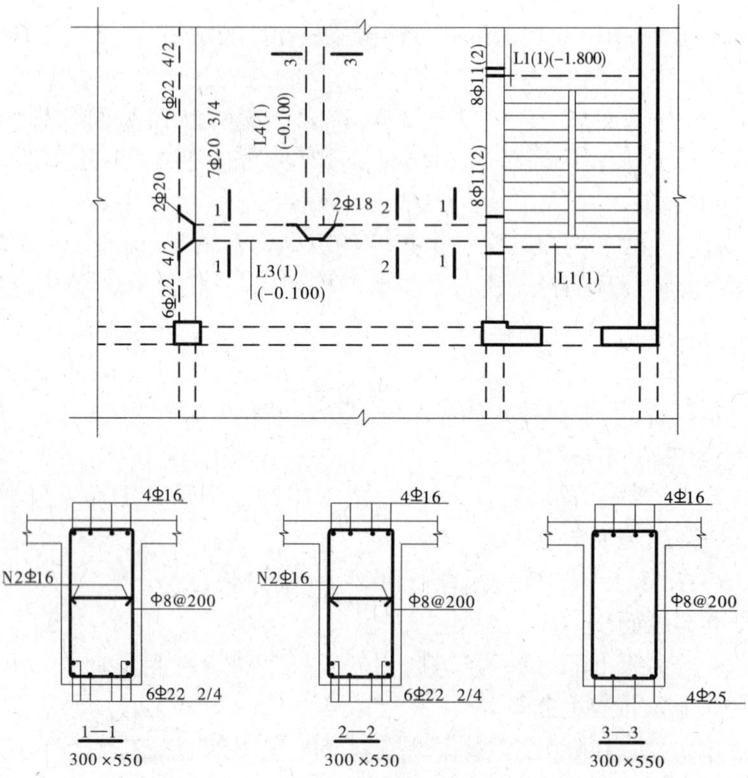

图 9-15 梁截面注写法

平面布置图可采用适当比例单独绘制,也可与其他构件合并绘制。

1. 柱的截面注写方式

柱的截面注写方式是在柱平面布置图的柱截面上,分别在同一编号的柱中选择一个截面,以直接注写方式注写截面尺寸和配筋具体数值。具体注写方式如图 9-16 所示。

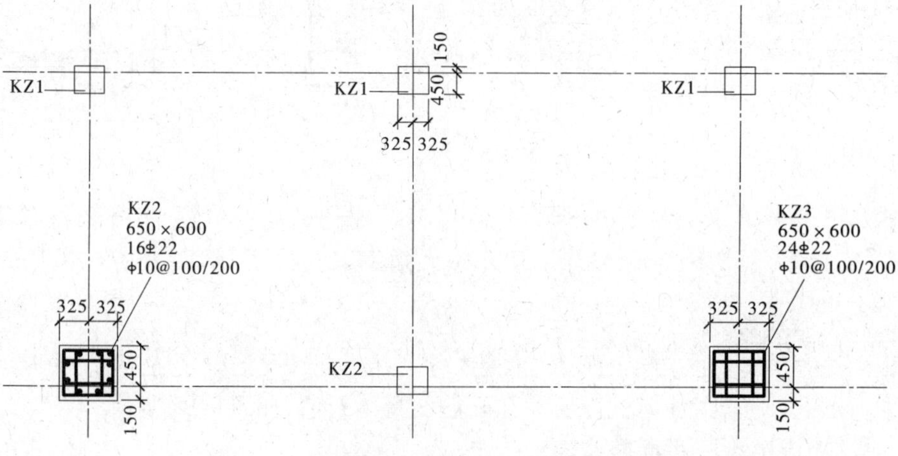

图 9-16 柱截面注写法

在图9-16中：

(1)KZ1、KZ2、KZ3为柱代号，表示柱的类型为框架柱。

(2)650×600表示柱的截面尺寸。22 Φ 22、24 Φ 22表示柱中纵筋的级别、直径和数量。

(3)当纵筋采用两种直径时，须再注写截面各边中部筋的具体数值，对于采用对称配筋的矩形截面柱，可仅在一侧注写中部筋，对称边省略不注。

(4)Φ 10@100/200表示柱中箍筋的级别、直径和间距，用“/”区分加密和非加密区的间距。

2.柱的列表注写方式

柱的列表注写方式是在柱平面布置图上，分别在同一编号的柱中选择一个或几个截面标注几何参数代号：在柱表中注写柱号、柱段起止标高、几何尺寸与配筋的具体数值，并配以各种柱截面形状及其箍筋类型图来表达的一种方式。

柱表中注写的内容规定如下：

(1)注写柱编号，柱编号由类型代号和序号组成。

(2)注写各段柱的起止标高，自柱根部往上以变截面位置或截面未变但配筋改变处为界分段注写。

(3)注写各段柱的截面尺寸。

(4)注写柱的纵筋，包括根数、级别、直径。

(5)注写箍筋类型号及箍筋肢数。

(6)注写柱箍筋，包括钢筋级别、直径与间距。

具体注写方式可查阅有关的标准图集。

9.3 钢筋混凝土构件图的阅读

图9-17～图9-19是某单层厂房的预制钢筋混凝土柱，它是单层厂房的主要承重构件，对厂房的安全和稳定有重大的影响。该预制钢筋混凝土柱分为上柱、牛腿、下柱三部分。上柱承受屋架传来的荷载，支撑屋架；牛腿用来支撑吊车梁；下柱直接插入到杯形基础中。从图中可知，该柱用模板图、配筋图和预埋件图等三种图样来进行表达，下面就对这三种图样所表达的内容分别进行介绍。

9.3.1 模板图

模板图主要用来表达柱的外部形状、预埋件和预留空洞的位置、标高和吊点位置等。从图9-17中可知，该图用一个立面图和四个断面图表达。上柱断面尺寸为400 mm×400 mm，牛腿处的最大断面尺寸为400 mm×800 mm，下柱为工字形截面。柱顶标高为12.600 m，牛腿处标高为8.600 m，柱的总长为13.9 m。柱顶处的预埋件M－1用来与屋架相连接，牛腿处的两个预埋件与吊车梁连接，具体作法用预埋件详图来表示。

9.3.2 配筋图

配筋图主要用来表达预制钢筋混凝土柱配筋情况。它有一个立面图和四个断面图组

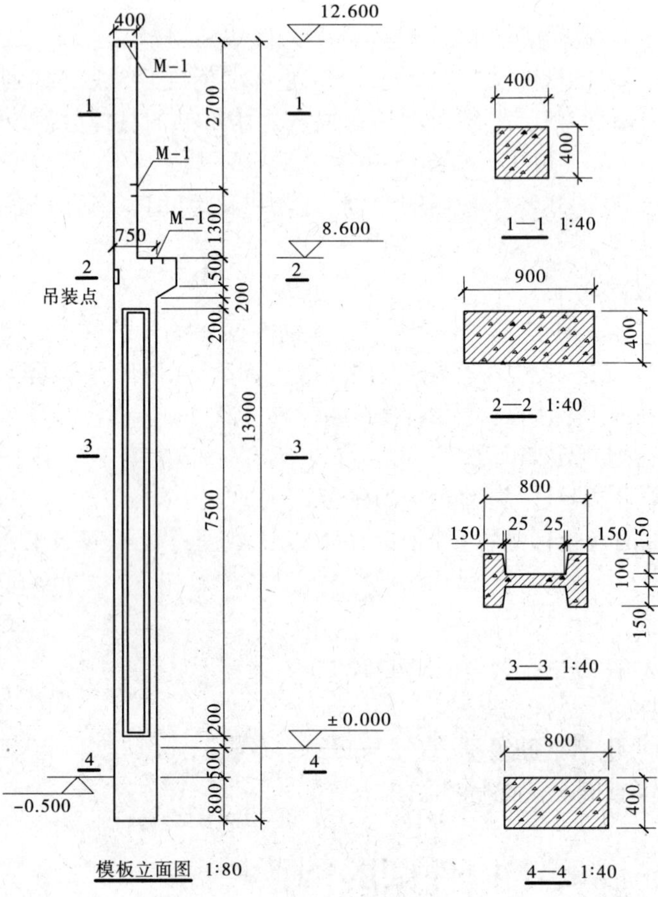

图 9-17　柱模板图

成，如图 9-18 所示。从立面图中可知柱纵向钢筋的编号、直径、级别和排列情况，1—1 断面图表明了上柱中配置有 6 Φ 18 的受力筋和Φ 8@200 的箍筋，其中受力筋布置在柱的两侧，每侧三根。2—2 断面图表明了牛腿处的配筋情况，比较复杂，应与立面图对照识读。3—3 断面图表明了下柱中工字形部分的配筋情况，受力筋为②号和③号筋，箍筋采用Φ 6@300。4—4 断面图为下柱中矩形部分的配筋情况。

9.3.3　预埋件图

预埋件图用了两个图形来表达，一个为底面图，一个为立面图，如图 9-19 所示。它表明了预埋件的构造作法。

综上所述，阅读钢筋混凝土构件图的方法步骤如下：

(1) 整体概括了解构件的形状、尺寸大小、预埋件位置等。

(2) 局部细看，弄清构件中各种钢筋的位置、形状、尺寸、级别、数量和直径等。

(3) 最后综合起来阅读，记下关键部分的内容，并能指出任何部位的构造作法和配筋情况。

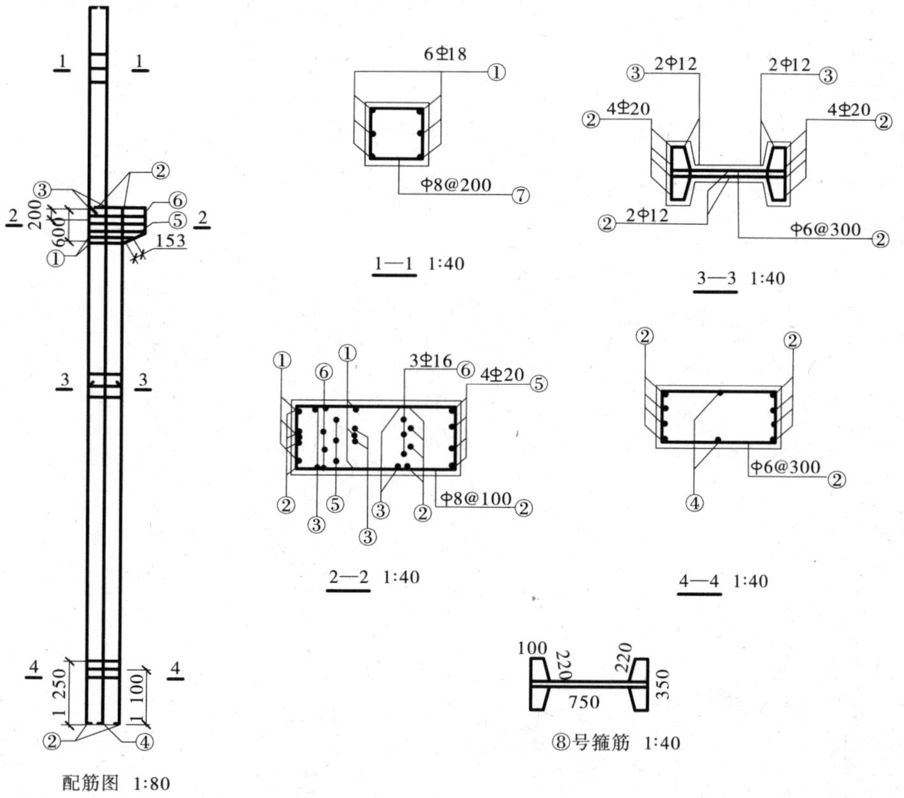

图 9-18 柱配筋图

9.4 结构施工图

常见的房屋结构形式按承重构件的材料可分为：

(1)混合结构：墙用砖砌筑，梁、楼板和屋面都是钢筋混凝土构件。

(2)钢筋混凝土结构：柱、梁、楼板和屋面都是钢筋混凝土构件。

(3)砖木结构：墙用砖砌筑，梁、楼板和屋架都用木料制成。

(4)钢结构：承重构件全部为钢材。

(5)木结构：承重构件全部用木料。

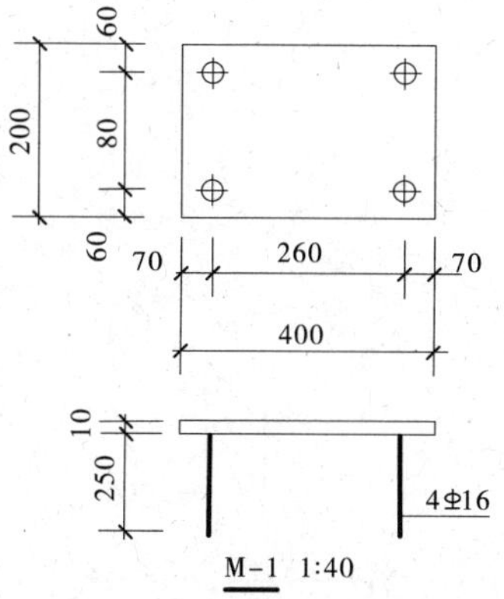

图 9-19 柱预埋件图

目前，我国建造的住宅、办公楼、教学楼和集体宿舍等民用建筑，都广泛采用钢筋混凝土结构。

结构施工图主要表达结构设计的内容，是表示建筑物各承重构件（如基础、承重墙、柱、梁、板、屋架等）的布置、形状、大小、材料、构造及相互位置关系的图样。结构施工图主要用来作为施工放线、挖基槽、支模板、绑扎钢筋、设置预埋件、浇捣混凝土和安装梁、板、柱等构件,以及编制预算与施工组织计划等的依据。结构施工图必须与建筑施工图密切配合,这两个工种的施工图之间不能有矛盾。

结构施工图一般有基础图、结构布置图和结构详图等。为了图示方便,在结构施工图中表示各类构件名称时,可用代号表示。常用构件代号如表 9-9 所示。

表 9-9　常用构件代号

名称	代号	名称	代号	名称	代号
板	B	梁	L	基础梁	JL
屋面板	WB	屋面梁	WL	楼梯梁	TL
空心板	KB	圈梁	QL	屋架	WJ
楼梯板	TB	过梁	GL	框架	KJ
檐口板	YB	雨篷	YP	钢架	GJ
墙板	QB	阳台	YT	柱	Z
天沟板	TGB	预埋件	M	基础	J

9.4.1　基础图

基础是位于墙壁或柱下面的承重构件,它承受房屋的全部荷载,并传递给基础下面的地基。地基可以是天然土壤,也可以是经过加固的土壤。

基础图是表示基础部分的平面布置和详细构造的图样,它是施工时在基础上放灰线(用石灰粉线定出房屋定位轴线、墙身线、基础底面线),开挖基坑和砌筑基础的依据。

基础的结构形式与房屋上部结构形式密切相关,一般上部是墙体,基础为条形基础;上部是柱,基础则为独立基础。基础图通常包括基础平面图和断面详图。图 9-20 是常见基础示意图。

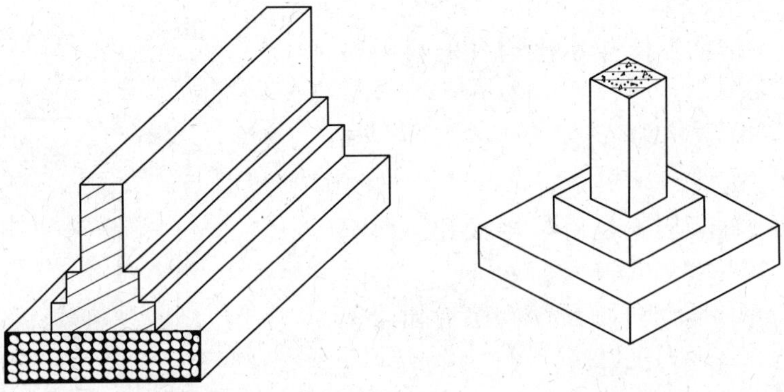

(a)条形基础　　(b)独立基础

图 9-20　常见基础

9.4.1.1　基础平面图

基础平面图是表示基础平面布置的图样,是假想用一个水平的剖切平面沿房屋的地面与基础之间剖切，移去房屋上部和基坑内的泥土所作的基础水平投影图。

1. 图示内容和要求

基础平面图主要内容有：图名、比例，纵横定位轴线及其编号，基础墙、柱以及基础底面的形状、大小及其与轴线的关系，基础梁的位置和代号，剖切符号及编号，轴线间距、基础定形尺寸和定位尺寸等。

基础平面图一般采用与建筑平面图相同的比例。在基础平面图中，只画出基础墙、柱和基础底面轮廓线；梁和墙身的投影重合时，梁可用单线结构构件画出；基础、大放脚等细部的可见轮廓线省略不画，这些细部形状，将具体反映在基础详图中。在基础平面图中，剖切到的基础墙画中实线，基础底面画细实线，可见的梁画粗实线，不可见的梁画粗虚线，如果剖切到钢筋混凝土柱，则用涂黑表示。

基础平面图中应标注各部分的定形尺寸和定位尺寸。基础的定形尺寸即基础墙宽度、柱外形尺寸以及基础的底面尺寸，这些尺寸可直接标注在基础平面图上，也可以用文字加以说明（如图中基础墙宽均为 240）；基础定位尺寸也就是基础墙、柱的轴线尺寸，轴线编号应和建筑施工图中的底层平面图一致。

2. 基础平面图识读

图 9-21 是某教学楼的条形基础平面图。图中可看出该楼共有 1 ~ 5 五种不同的条形基础，它们的构造、尺寸和配筋，分别由编号为 J_1 ~ J_5 的剖切平面所剖切到的断面详图来表达；JL－1 和 JL－2 是基础梁，它们的构造、尺寸和配筋也将由详图表达。通常将基础梁与基础浇捣在一起，基础梁 JL－1 可表示在 J_3 的详图中，而 JL－2 可表示在 J_1 和 J_2 的详图中。

9.4.1.2　基础断面详图

基础平面图只表明了基础的平面布置，而基础各部分的形状、大小、材料、构造以及基础的埋置深度等都没有表达出来，这就需要画出各部分的断面详图，作为砌筑基础的依据。基础详图就是基础的垂直断面图，一般采用 1∶20、1∶30 等较大的比例。

1. 图示内容和要求

基础详图一般应包括以下内容：图名、比例，定位轴线及其编号，基础墙厚度、大放脚每步的高度及宽度，基础断面的形状、大小、材料及配筋，基础梁的宽度、高度及配筋，室内外地面、基础垫层底面的标高，防潮层的位置和做法等。

在基础详图中应标注出基础各部分（如基础墙、柱、基础垫层等）的详细尺寸、钢筋尺寸（包括钢筋搭接长度）以及室内地面标高和基础底面（基础埋置深度）的标高。

2. 基础详图识读

图 9-22 是前边四层住宅楼的外墙基础详图，上面是砖砌的基础墙，下面的基础采用钢筋混凝土结构。因为是通用详图，所以在定位轴线圆圈内不注写编号。在钢筋混凝土基础下铺设 100 mm 厚的混凝土垫层，使用垫层的作用是使基础与地基有良好的接触，以便均匀地传布压力，并且使基础底面处的钢筋不与泥土直接接触，以防止钢筋锈蚀。从室外设计地面到基础垫层底面之间的深度称为基础的埋置深度，图中所示基础的埋置深度为 －0.600m －（－2.000m）＝1.400m。另外，还在基础梁中配置了钢筋，如图中的 4 Φ 12和 4 Φ 14 及四支箍Φ 8@ 200，四支箍可以由大小钢箍组成，也可以由两个相同的矩形钢箍拼成。

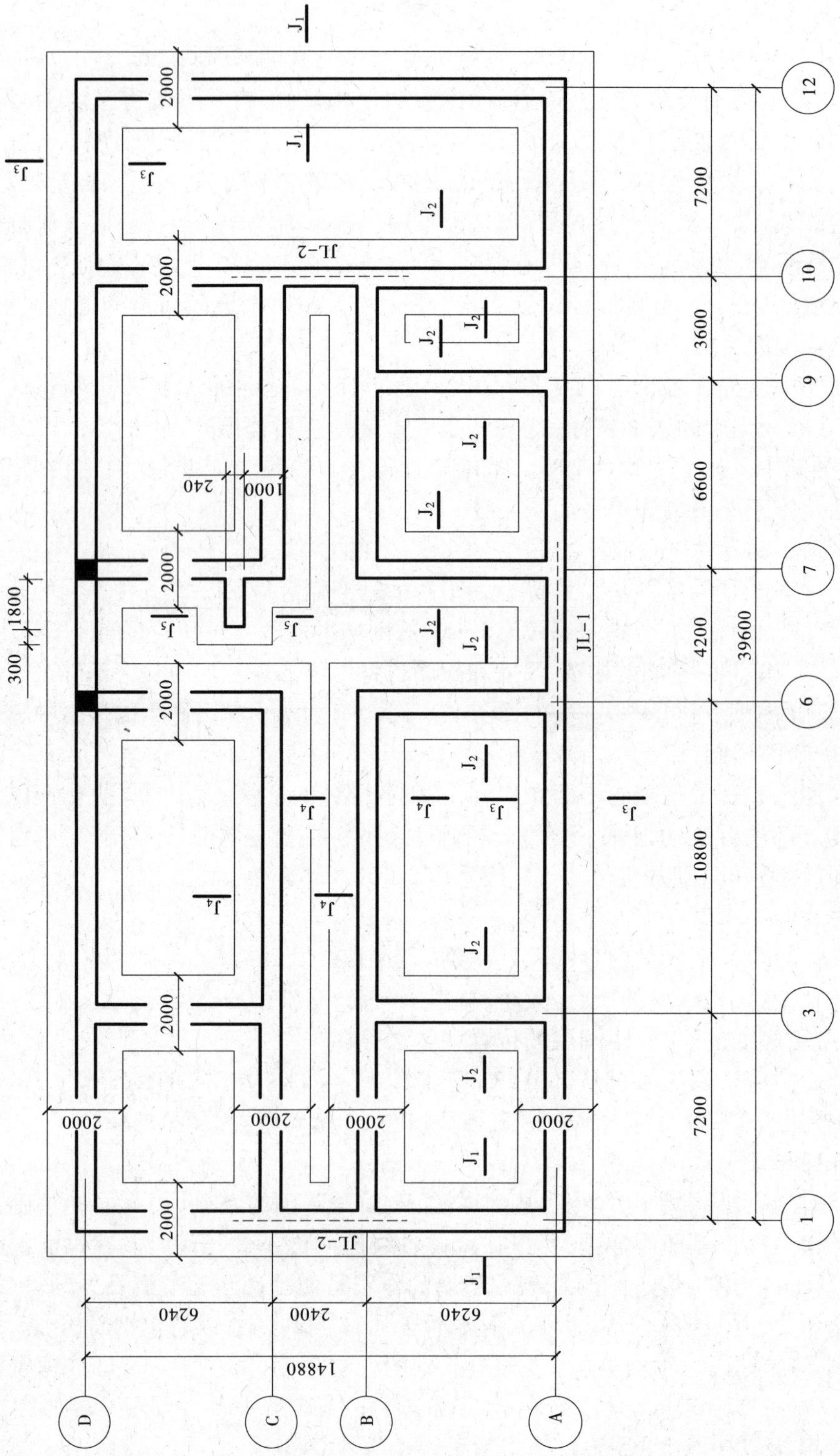
J₁
J₂
J₃
J₄
J₅
JL-1
JL-2
2000
240
1000
300
1800
7200
3600
6600
4200
10800
39600
6240
2400
14880
1
3
6
7
9
10
12
A
B
C
D

图 9-21　基础平面图

外墙室内地面下连通的钢筋混凝土基础圈梁 JQL，断面尺寸为 240 mm × 240 mm，配置了纵向钢筋 4 Φ 12 和钢箍Φ 8@200。

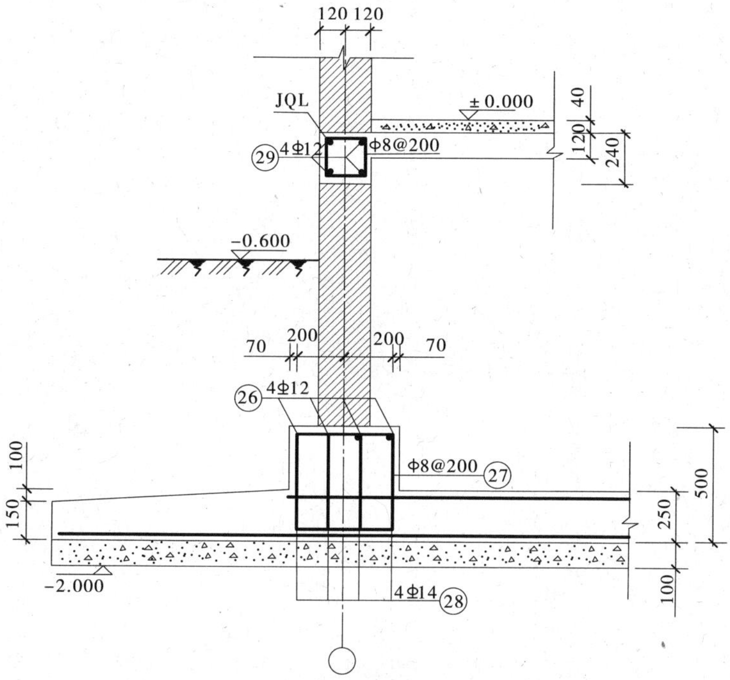

图 9-22　外墙基础详图

9.4.2　楼层结构平面图

楼层结构平面图是假想沿楼板面将房屋水平剖切后所作的水平投影图，主要表示楼面板及其下面的墙、梁、柱等承重构件的平面布置情况，它是施工时布置或安放各层承重构件的依据。如果各层楼面结构布置情况相同，可只画一个楼层结构平面图，但应注明合用各层的层数。

9.4.2.1　图示内容和要求

楼层结构平面图一般包括图名、比例，定位轴线及编号，各种梁、柱、楼板的布置和代号，承重墙和柱子的位置等。

结构平面图中应标注各轴线间尺寸、轴线总尺寸，还应标注有关承重构件的尺寸，如雨篷和阳台的外挑尺寸、雨篷梁和阳台梁伸进墙内的尺寸、楼梯间两侧横墙的外伸尺寸和现浇板的宽度尺寸等。此外，还必须注明各种梁、板的底面结构标高，作为安装或支模的依据。

在结构平面图中，可见的钢筋混凝土楼板的轮廓线用细实线表示，剖切到的墙身轮廓线用中实线表示，楼板下面不可见的墙身轮廓线用中虚线表示，钢筋用粗实线表示，剖切到的钢筋混凝土柱子用涂黑表示。

9.4.2.2　楼层结构平面图读图

图 9-23 是住宅楼二层结构平面图。图中可看出大部分楼面采用 120 mm 厚的现浇钢筋混凝土板，在楼梯间两边，厨房和卫生间采用 100 mm 厚的现浇钢筋混凝土板。由于厨

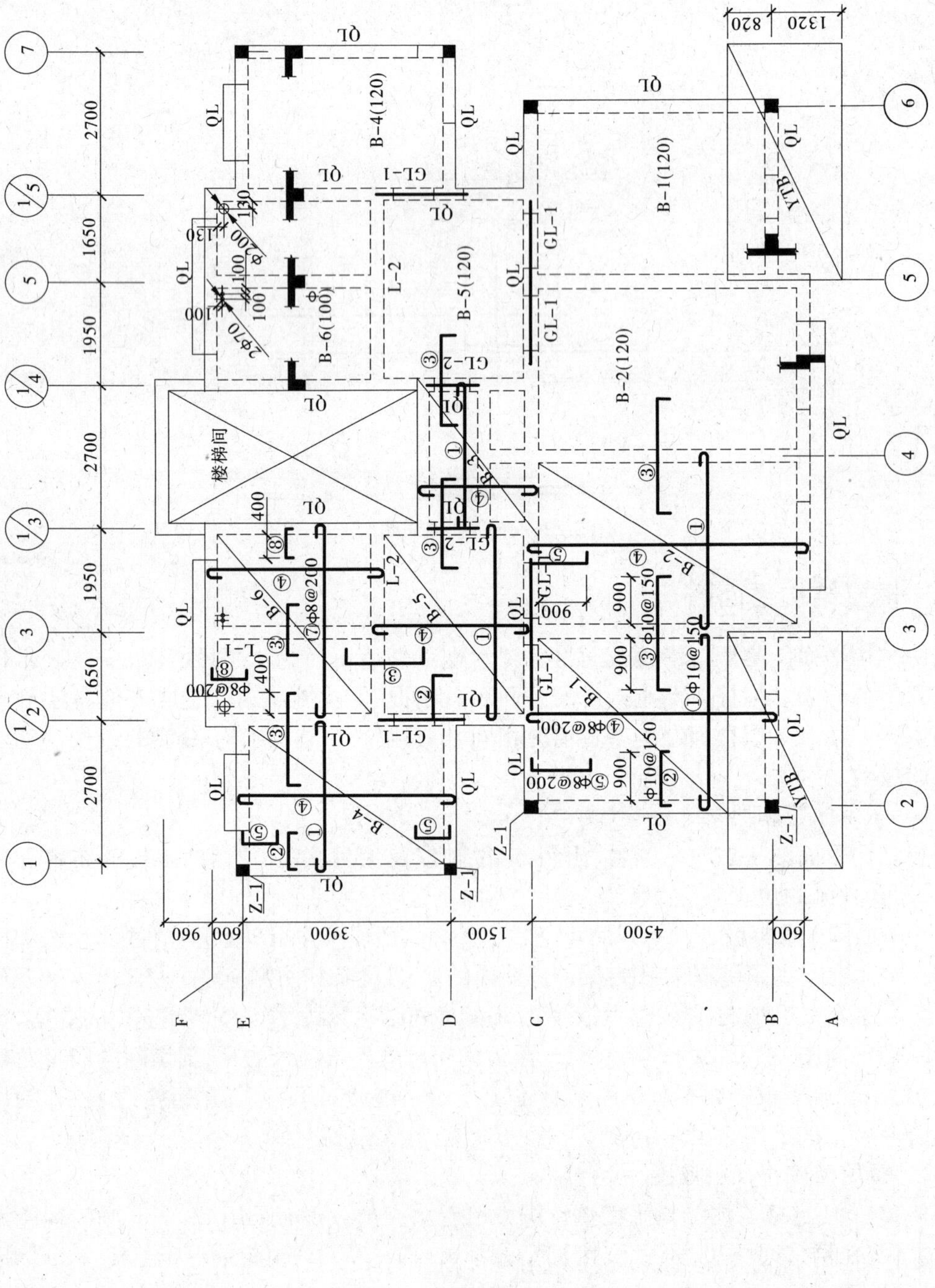

图 9-23　楼层结构平面图

房和卫生间需要安装管道,浇筑时要在楼板上预留管道孔洞。现浇的钢筋混凝土楼板采用规定的代号B表示,其后的数字是编号,括号内数字是板的厚度。现浇楼板B-6上的荷载,在中间部分传给梁L-1后,再传给梁下面的墙身。现浇楼板的钢筋配置采用将钢筋直接画在平面图中的表示方法,如B-1,板底受力钢筋是编号为1的Φ10@150,分布钢筋是编号为4的Φ8@200。每一代号的布置,只要详细画出一处,在这一处楼板的总范围内用细实线画一条对角线,其他各处相同布置的楼板,只标注板的编号就可以了。

圈梁、过梁和梁L-1的断面形状、大小和配筋,均在断面图中表示清楚,并标注出了梁底的结构标高2.700 m,作为施工的依据。梁底的结构标高也可加括号,直接标注在结构平面图中梁的代号和编号之后,如QL(2.700)。

在图9-23的楼层结构平面图中,圈梁的断面尺寸不相同,与板的连接情况也有所不同,如QL-1是矩形,而用于窗套处的QL-2是L型,只有一边与板连接。水平剖切后,有的圈梁是可见的,有的圈梁只有一部分可见。为了清楚表示圈梁的平面布置连通情况,图中只画出圈梁的轮廓线并标注QL。此外,还用粗虚线表示出了不可见过梁的平面布置情况。

楼梯部分的结构较复杂,在楼层结构平面图中,由于比例过小,不能清楚表达楼梯结构的平面布置,故需另外画出楼梯结构详图,在这里只需画出两条细实线对角线,并注明“楼梯间”就可以了。

小　结

本章重点是掌握结构施工图的图示方法、图示内容和图示要求;难点是结构构件详图、楼层结构平面布置图、基础图、梁平法图的识读。要求具备识读结构设计说明;识读和抄绘基础平面布置图,基础详图,楼层、屋顶平面布置图,结构构件详图的能力。

思考与练习题

一、思考题

1. 建筑施工图与结构施工图的表现内容有哪些不同?
2. 钢筋混凝土构件图包括哪些内容?
3. 钢筋混凝土构件平面整体表示方法的特点。
4. 结构施工图包括哪些内容?

二、练习题

1. 根据课堂布置的指定图纸,抄绘基础平面布置图、基础详图并写出识读报告。
2. 根据课堂布置的指定图纸,抄绘楼层、屋顶平面布置图并写出识读报告。
3. 根据课堂布置的指定图纸,抄绘结构构件详图并写出识读报告。
4. 根据课堂布置的指定图纸,抄绘结构施工图并写出识读报告。

第 10 章　给排水施工图的识读

【实训活动】

识读民用建筑物的给排水平面图、给排水系统图和安装详图；完成给排水施工图的抄绘任务。

【技能掌握】

通过实训活动和本章的理论学习，结合给排水施工图识读和抄绘的工作任务，掌握给排水施工图的有关规定和内容。重点掌握民用建筑物给排水平面图和给排水系统图的表达内容和图示特点。

给排水工程包括给水工程与排水工程。给水工程是指水源取水，水质净化、管道配水、输送过程等工程；排水工程是指经过生活和生产使用后的污水、废水以及雨水，通过管道汇总、排除以及污水处理等工程。

本章主要讲述室内给水与排水施工图的图示特点和画法。室内给水与排水施工图是用来表示卫生设备、管道及其附件的类型、大小及其在房屋中的位置、安装方法等的图样。室内给水与排水施工图通常由给水排水平面图、管道轴测图、安装详图、施工说明等组成。

给水与排水工程图与其他专业图样一样，要符合正投影原理和视图、剖面图和断面图的基本画法规定，另外给水与排水专业制图还应遵守《建筑给水排水制图标准》(GB/T 50106—2010)和《房屋建筑制图统一标准》(GB/T 50001—2010)以及国家现行的有关标准、规范的规定。

10.1　给排水施工图常用图例

给水与排水工程中管道很多，它们都按一定方向通过干管、支管，最后与具体设备相连接。如室内给水系统的流程为：进户管—水表—干管—支管—用水设备；室内排水系统的流程为：排水设备—支管—干管—户外排出管。常用 J 作为给水系统和给水管的代号，用 F 作为废水系统和废水管的代号，用 W 作为污水系统和污水管的代号。这些给水和排水的器具、仪表、阀门和管道，绝大部分都是工业部门的定型系列产品，一般只须按设计需要，选用其相应的规格产品即可。由于在房屋建筑工程和给排水工程设计中，一般用 1∶50～1∶100 的比例，在这样相对较小比例的图样中，不必详细表达它们的形状。在给水排水工程图中，各种管道及附件、管道连接、阀门、卫生器具、水池、设备及仪表等，都采用统一的图例表示。

表 10-1 中摘录了《建筑给水排水制图标准》(GB/T 50106—2010)中规定的一部分图例，其它图例可直接查阅该国家标准。对于标准中尚未列入的图例，则可自行拟设，但应

在图纸上专门画出，并加以说明，以免引起误解。

表10-1 给水与排水工程图中常见图例

名称	图例	名称	图例
生活给水管	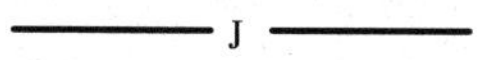	自动冲洗箱	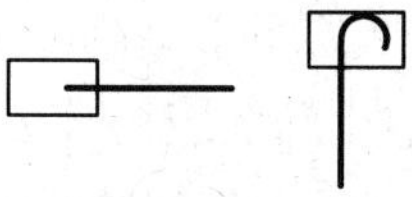
废水管	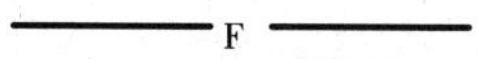	闸阀	
污水管	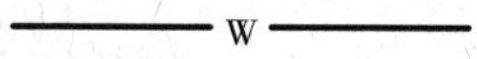	截止阀	 DN≥50 DN<50
雨水管	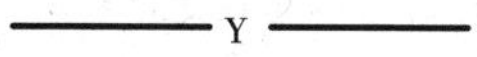	浮球阀	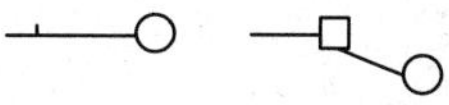 平面 系统
管道交叉	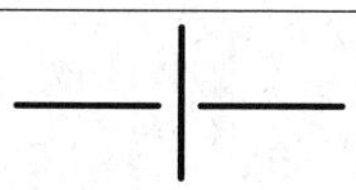 下面或后面的管道断开	放水龙头	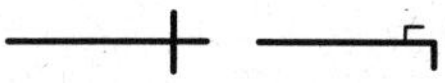 平面 系统
三通连接	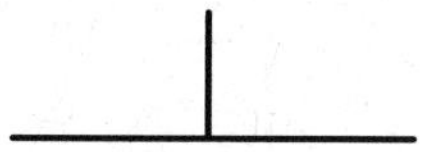	台式洗脸盆	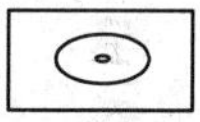
四通连接	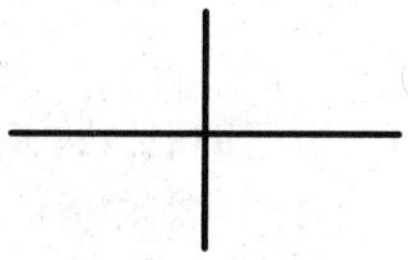	浴盆	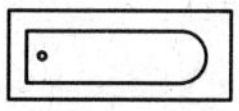
多孔管		坐便器	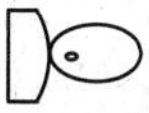
存水弯		淋浴喷头	
立管检查口		水表	
		圆形地漏	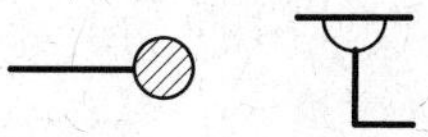

10.2 给排水平面图

给排水平面图一般采用与建筑平面图相同的比例，主要反映卫生设备及水池、管道及其附件在房屋中的平面位置。

10.2.1 图示内容和要求

在给排水平面图中，房屋轮廓线应与建筑施工图一致，墙、柱、门窗等都用细实线表示。抄绘建筑平面图的数量，宜视卫生设备和给排水管道的布置情况而定。对于多层房屋，底层由于室内管道需与室外管道相连，一般需单独画出一个完整的平面图（这里仅画出卫生间及厨房部分平面图，其余部分省略，用折断线断开）。楼层建筑平面图只抄绘与卫生设备和管道布置有关的部分即可，一般应分层抄绘，如楼层的卫生设备和管道布置完全相同时，只需画出一个平面图，但在图中必须注明各楼层的层次和标高。设有屋顶水箱的楼层，可单独画出屋顶给水排水平面图。

为了使土建施工与管道设备的安装协调统一，在各层给水排水平面图上，均须标明墙、柱的定位轴线，并在底层平面图的定位轴线间标注尺寸；同时还应标注出各层平面图上的有关标高。

各类卫生设备及水池均可按表 10-1 的图例绘制，用中实线画出其平面图形的外轮廓。各种室内给水排水管道，不论直径大小，应按表 10-1 所述图例画出。给水排水管的管径尺寸应以 mm 为单位，以公称直径 *DN* 表示，如 *DN*15、*DN*50 等。

当室内给水排水管道系统的进出口数为两个或两个以上时，宜用阿拉伯数字编号。编号圆用细实线绘制，直径为 12 mm，直接画在管道进出口处，也可用指引线与引入管或排出管相连。在水平细实线以上注写管道类别的代号，以汉语拼音字头表示；在水平细实线以下注写管道的编号，用阿拉伯数字表示，如图 10-1 所示。

给水排水立管是指穿过一层及多层的竖向供水管道和排水管道。立管在平面图中以空心小圆圈表示，并用指引线注明管道类别代号。当一种系统的立管数量多于一根时，宜用阿拉伯数字编号，如 JL－1 中的 J 表示给水管，L 表示立管，1 表示编号。

管道的长度是在施工安装时根据设备间的距离直接测量截割的，所以在图中不必标注。

10.2.2 平面图识读

图 10-1 是住宅楼底层给水排水平面图，西边住户的给排水系统编号为 1，东边住户的给排水系统编号为 2。在给水系统 2 中，设有通向水箱的给水立管 JL－2，管径为 50 mm，另有从水箱引出的给水立管 JL－4，管径分别为 20 mm 和 32 mm；在给水系统 1 中，设有给水立管 JL－1，管径分别为 32 mm 和 20 mm，给水立管 JL－3，管径分别为 20 mm 和 32 mm。在污水系统 1 和 2 中，设有污水立管 WL－1 和 WL－2，管径为 *DN*100。在废水系统中 1 和 2，设有废水立管 FL－1 和 FL－2，管径均为 *DN*50。

为了使图形表达得更清晰，给水管、废水管、污水管等自设图例，如图 10-2 所示。

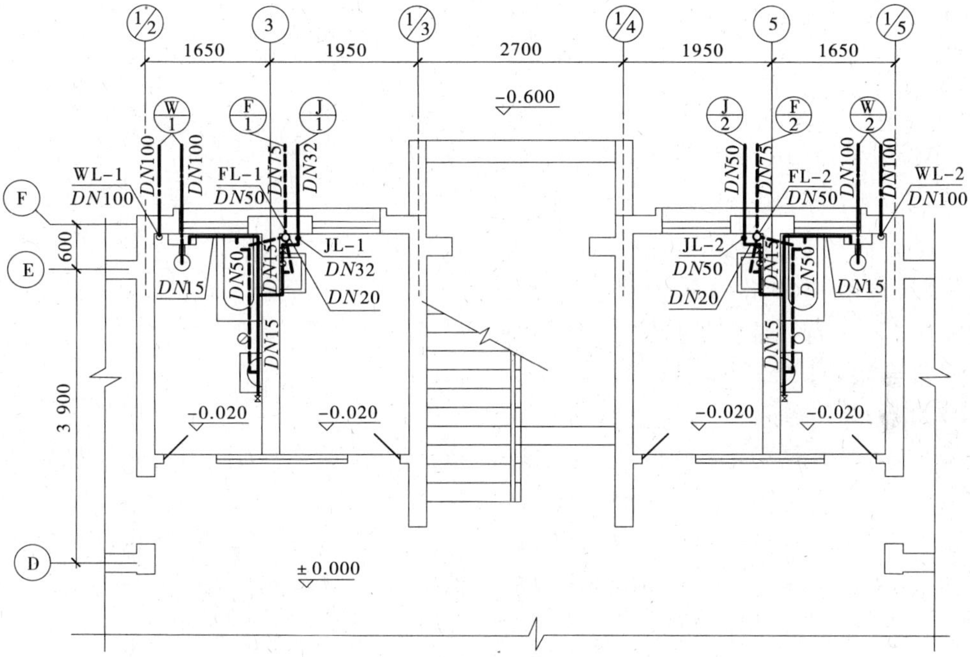

图 10-1 底层给水排水平面图

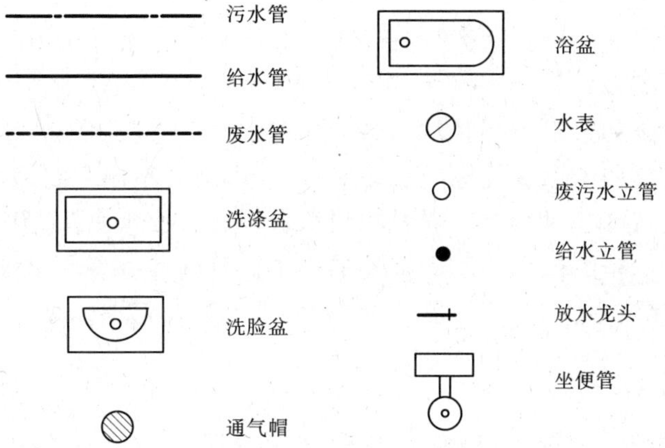

图 10-2 图例说明

10.3 给排水系统图

给水排水平面图按投影关系表示了管道的平面布置和走向，对管道的空间位置表达得不够明显，所以还必须绘制管道的系统轴测图。给排水系统图分给水系统图和排水系统图，它们是根据各层给排水平面图中卫生设备、管道及竖向标高，用斜等轴测投影方法绘制而成的图形，分别表示给水系统和排水系统的上下、前后和左右的空间位置关系。给水排水系统图一般采用和平面图相同的比例。

10.3.1　图示内容和要求

给排水平面图只显示了室内给水排水设备的布置，由于输水管道的形体是细长的，在空间往往转折较多，采用多面视图来表达时，显得交叉重叠，不易表达完整清晰。所以，将管道画成轴测图，显示其在空间三个方向的延伸，效果较好。《建筑给水排水制图标准》（GB/T 50106—2010）规定，给水排水轴测图宜按45°正面斜轴测投影法绘制，我国习惯采用正面斜等轴测来绘制轴测图，其轴间角和轴向伸缩系数如图10-3所示。

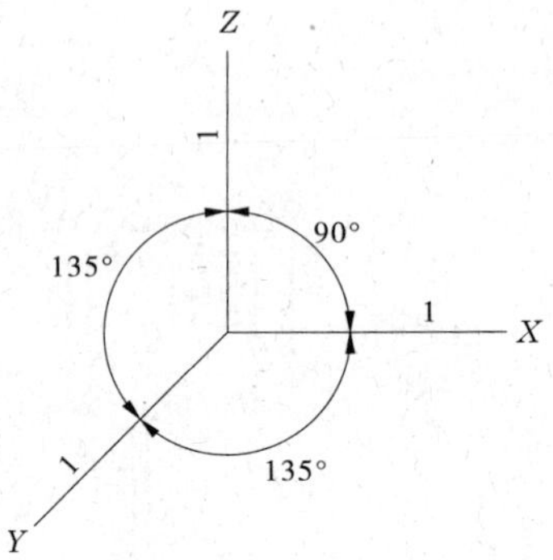

图10-3　正面斜等轴测图

给水排水系统图中每个管道应编号，编号与底层给水排水平面图中管道进出口的编号相一致。在管道系统图中的水表、截止阀、放水龙头等，可用图例画出，但不必每层都画，相同布置的各层，只需将其中的一层画完整，其他各层只在立管分支处用折断线表示即可。

为了反映管道和房屋的联系，轴测图中还要画出被管道穿越的墙、地面、楼面、屋面的位置，一般用细实线画出地面和墙面，并画出材料图例线，用一条水平细实线画出楼面和屋面（见图10-4）。

当管道在系统图中交叉时，在交叉处将可见的管道画成连续线，而将不可见的管道画成断开线。

管道的管径一般标注在管道旁边，标注空间不够时，可用引线引出标注，室内给水排水管道标注公称直径*DN*，管道各管段的管径要逐段注出，当连续几段的管径都相同时，可以仅标注它的始段和末段，中间段可以省略不注。

室内给排水系统图中标注的标高是相对标高，即底层室内主要地面为±0.000 m。在给水系统中，标高以管中心为准，一般要注引水管、阀门、放水龙头、卫生设备的连接支管、各层楼地面、屋面、水箱的顶面和底面等处的标高。在排水系统图中，横管的标高以管道内底为准，一般应标注立管上的通气帽、检查口、排出管的起点标高。

10.3.2　系统图识读

图10-4为住宅楼底楼给水系统图。给水系统2中，2号给水管（*DN*50）从户外相对标高－0.080 m处穿墙入户后，向上转折成JL－2（*DN*50），穿出标高为－0.020 m的地面，进入东边底层住户的厨房。在标高1.000 m处接有*DN*20水平支管，接阀门、水表、水龙头后然后向下，在标高0.250 m处穿墙进入卫生间，接*DN*15支管，向南接脸盆上的水龙头，向北折向东后在标高0.670 m处，接浴盆上的水龙头，支管的最东边接坐便器的给水口。JL－2继续上行，在标高为2.980 m处穿过二层楼板，在标高为4.000 m处，接水平支管，为西边二层住户的厨房和卫生间配水。1号给水管，只供应西边底层和二层两户用水，与西边完全相同。

JL－2穿过三层、四层楼板和屋面板，到达屋顶，分东西两路向水箱供水。在标高为12.500 m的水箱底面有一*DN*50的竖管向下，向南接阀门后再向下，为一排污口。水箱前壁上方正中，有一 *DN*70 的溢流管，当水箱的浮球阀失去控制时，发生溢流，排出箱内多余积水。水箱西壁上引出 3 号给水立管 JL－3，分别在标高为 10.000 m 和 7.000 m 处接水平支管，为西边四层和三层住户的厨房和卫生间配水。水箱东壁上，向东引 4 号给水立管 JL－4，分别向东边四层和三层住户的厨房和卫生间配水。

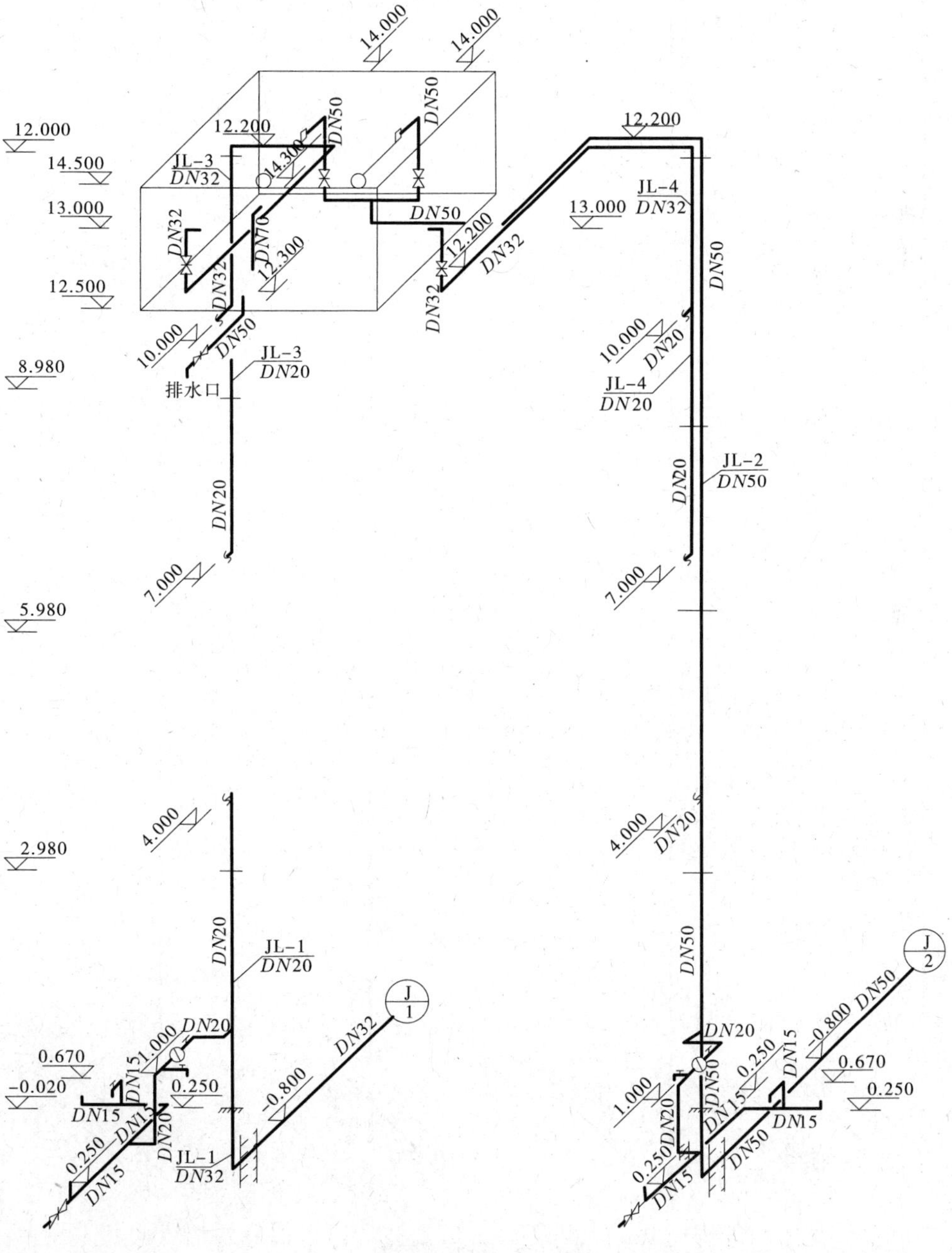

图 10-4 给水系统图

图 10-5 为四层住宅楼排水系统图。图中可看出 1 号排污系统有两根排出管，一根直

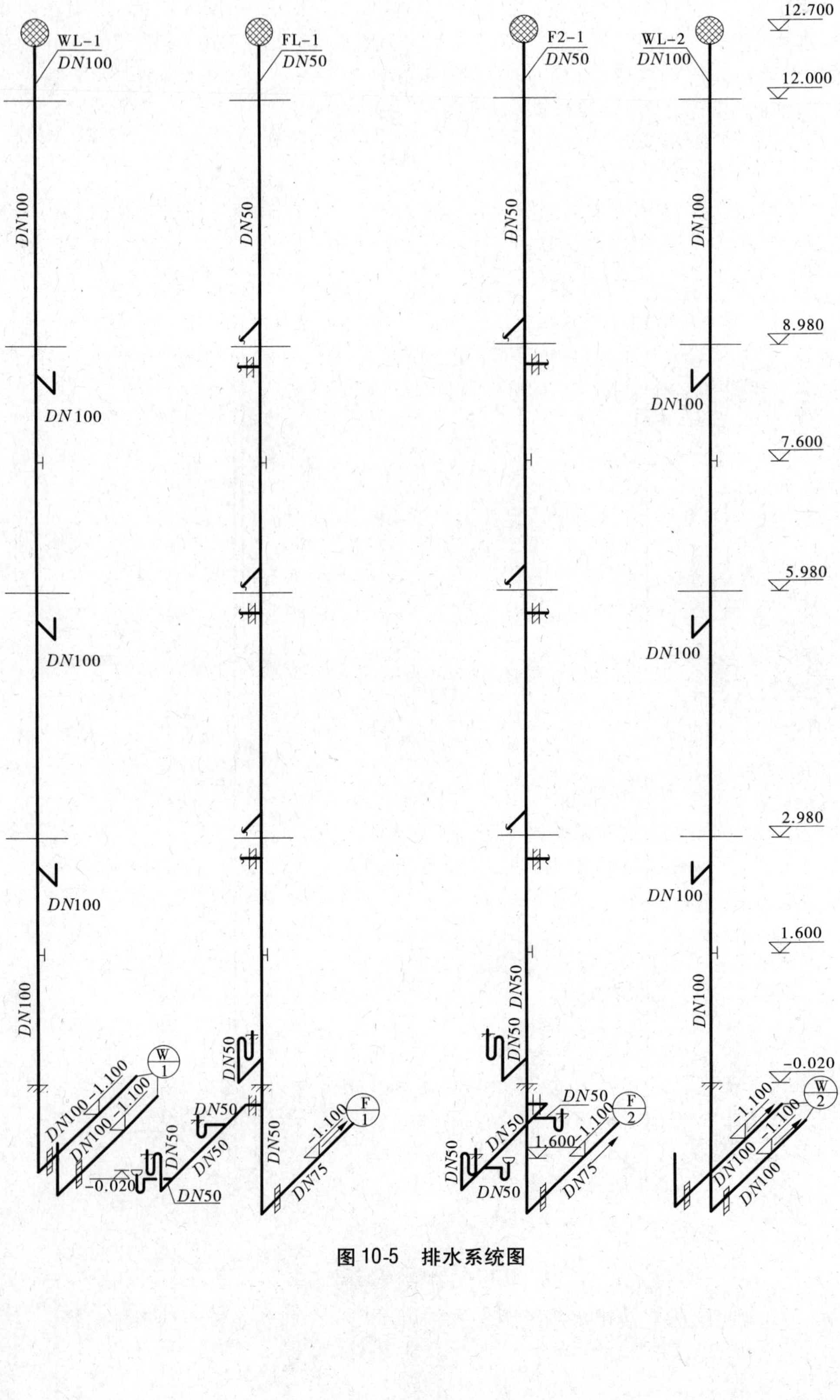
WL-1
DN100
FL-1
DN50
F2-1
DN50
WL-2
DN100
12.700
12.000
8.980
7.600
5.980
2.980
1.600
-0.020
DN100
DN50
DN75
-1.100
1.600
W 1
F 1
F 2
W 2

图 10-5　排水系统图

接排除西边底层住户大便器所排出的污水；另一根排除由 WL－1 汇总的西边二、三、四层住户大便器所排出的污水。WL－1 在接了顶层大便器的支管后，作为通气管，向上延伸，穿出四层楼板和屋面板，成为通气孔。污水立管在标高为 1.600 m 和 7.600 m 处各装有一个检查口。2 号排污系统与 1 号排污系统情况基本相同，读者可自行识读。

1 号废水系统的排出管，在西边底层住户的厨房穿墙出户，标高为－1.100 m，管径为 *DN*75，西边四户的废水，都汇总到 FL－1 中，然后由 1 号废水排出管排出。从图 10-5 中可看出，排出厨房洗涤盆废水的支管，在各层楼地面的上方；而排出卫生间洗脸盆、地漏和浴盆废水的支管，则在各层楼地板的下方。FL－1 在四层楼面之上与厨房中洗涤盆废水支管连接后，作为通气管，向上延伸出屋面，至标高 12.700 m 处，加镀锌铁丝球通气帽。为了便于检查和疏通管道，在标高 1.600 m 和 7.600 m 处设置两个检查口。在卫生设备的泄口处，要设置存水弯，以便利用弯内存水形成的水封，阻止废水管内的臭气向卫生间或厨房外溢。2 号废水系统与 1 号废水系统情况基本相同。

小　结

本章重点是掌握给水施工图和排水施工图的图示方法、图示内容和图示要求；难点是给排水平面图、给排水系统图、设备安装详图的识读。要求具备识读施工说明，识读和抄绘给排水平面图、给排水系统图、设备安装详图的能力。

思考与练习题

一、思考题

1. 给水施工图与排水施工图的表现内容有哪些不同？
2. 给排水平面图主要表示哪些内容？
3. 给水系统图包括哪些内容？
4. 排水系统图包括哪些内容？

二、练习题

1. 根据课堂布置的指定图纸，抄绘给排水平面图并写出识读报告。
2. 根据课堂布置的指定图纸，抄绘给排水系统图并写出识读报告。
3. 根据课堂布置的指定图纸，抄绘设备安装详图并写出识读报告。

第 11 章　钢结构施工图的识读

【实训活动】

识读钢结构施工图，完成钢结构施工图的标注任务。

【技能掌握】

通过实训活动和本章的理论学习，结合钢结构施工图识读和标注的工作任务，掌握钢结构施工图的有关规定和内容。重点掌握钢结构构件图基本表达方法和标注方式。

钢结构是用型钢或钢板，根据设计和使用者的要求，通过焊接、螺栓连接、铆钉连接来组成承重结构。它与钢筋混凝土结构、木结构和砖石结构相比，具有自重轻、可靠性高、装配速度快等优点，因此在工程建设中得到了广泛应用，如钢厂房、桥梁、大跨建筑、高耸建筑等。

本章将依据《建筑结构制图标准》(GB/T 50105—2010)和《焊缝符号表示方法》(GB 324—2008)，介绍钢结构图基本表达方法和标注方式。

11.1　常用型钢及其标注

常用的型钢有角钢、工字钢和槽钢，其图例、截面种类和标注方法见表 11-1。

表 11-1　常用型钢的标注方法

序号	名称	截面	标注	说明
1	等边角钢		 $b \times t$	b 为肢宽，t 为肢厚
2	不等边角钢		 $B \times b \times t$	B 为长肢宽，b 为短肢宽，t 为肢厚
3	工字钢		 N　Q N	轻型工字钢加注 Q 字 N 工字钢的型号
4	槽钢		 N　Q N	轻型槽钢加注 Q 字 N 槽钢的型号

续表 11-1

序号	名称	截面	标注	说明
5	方钢	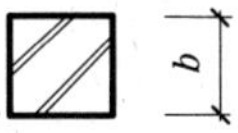	□ *b*	—
6	扁钢	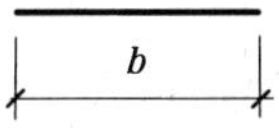	— *b*×*t*	—
7	钢板	—	— $\frac{b\times t}{l}$	$\frac{\text{宽}\times\text{厚}}{\text{板长}}$
8	圆钢		ϕ*d*	—
9	钢管	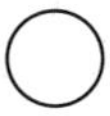	*DN*×× *d*×*t*	内径 外径×壁厚
11	薄壁方钢管		B □ *b*×*t*	薄壁型钢加注 B 字，*t* 为壁厚
11	薄壁等肢角钢		B ∟ *b*×*t*	
12	薄壁等肢卷边角钢	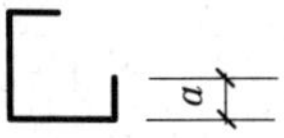	B *b*×*a*×*t*	
13	薄壁槽钢	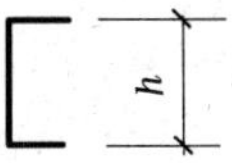	B [*h*×*b*×*t*	
14	薄壁卷边槽钢	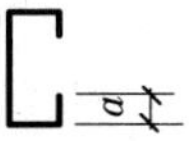	B *h*×*b*×*a*×*t*	
15	薄壁卷边 Z 型钢	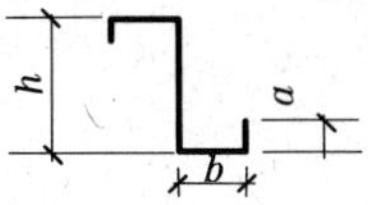	B *h*×*b*×*a*×*t*	
16	T 型钢		TW×× TM×× TN××	TW 为宽翼缘 T 型钢 TM 为中翼缘 T 型钢 TN 为窄翼缘 T 型钢

续表 11-1

序号	名称	截面	标注	说明
17	H 型钢		HW×× HM×× HN××	HW 为宽翼缘 H 型钢 HM 为中翼缘 H 型钢 HN 为窄翼缘 H 型钢
18	起重机钢轨		 QU××	详细说明产品规格型号
19	轻轨及钢轨		 ××kg/m钢轨	

11.2　螺栓、铆、焊等结构图例及标注

11.2.1　螺栓、孔、电焊铆钉结构图例

在绘制钢结构图时，螺栓、孔、电焊铆钉等结构用图例表示，具体名称和规定见表 11-2。

表 11-2　螺栓、孔、电焊铆钉的表示方法

序号	名称	图例	说明
1	永久螺栓	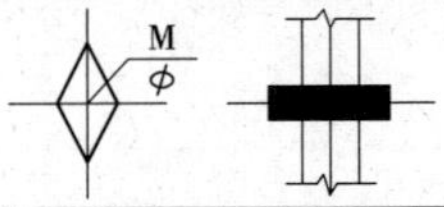	1. 细"+"线表示定位线； 2. M 表示螺栓型号； 3. Φ表示螺栓孔直径； 4. d 表示膨胀螺栓、电焊铆钉直径； 5. 采用引出线标注螺栓时，横线上标注螺栓规格，横线下标注螺栓孔直径
2	高强螺栓	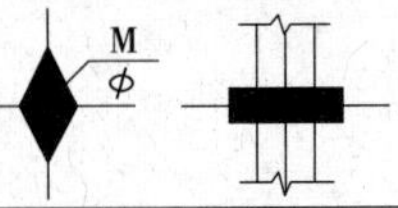	
3	安装螺栓	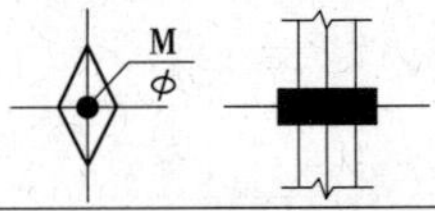	
4	胀锚螺栓	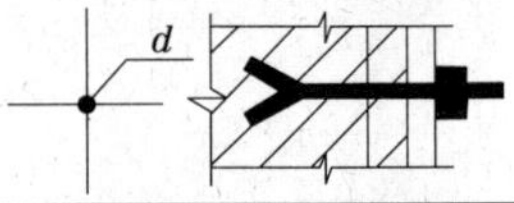	
5	圆形螺栓孔	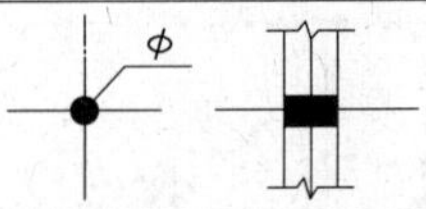	
6	长圆形螺栓孔	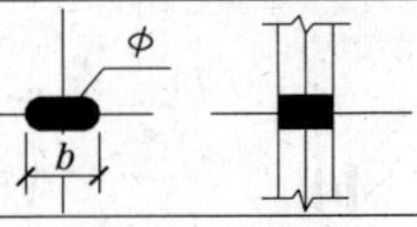	
7	电焊铆钉	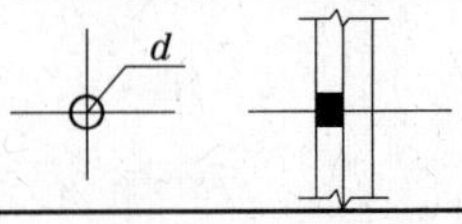	

11.2.2　常用焊缝的符号及标注

钢结构采用的主要连接方式为焊接，它具有构造简单、不削弱构件截面和节约钢材等优点。

在钢结构施工中，由于设计时对连接有不同的要求，产生不同的焊接形式。其基本焊接形式可分为四种，即对接接头、角接接头、T 形接头和搭接接头。

焊缝按焊接位置分为俯焊、立焊和仰焊，按构造分有对接焊缝、角焊缝和点焊缝，如图 11-1所示。

为了把焊缝的位置、形式和尺寸标注清楚，在焊接的钢结构图纸上，焊缝要按“国标”规定，采用“焊缝代号”标注在钢结构图上，为了简化图样，焊缝一般采用焊缝代号表示。焊缝代号一般由基本符号与指引线组成，必要时还可以加上辅助符号、补充符号和焊缝尺寸符号，其组成如图 11-2 所示。

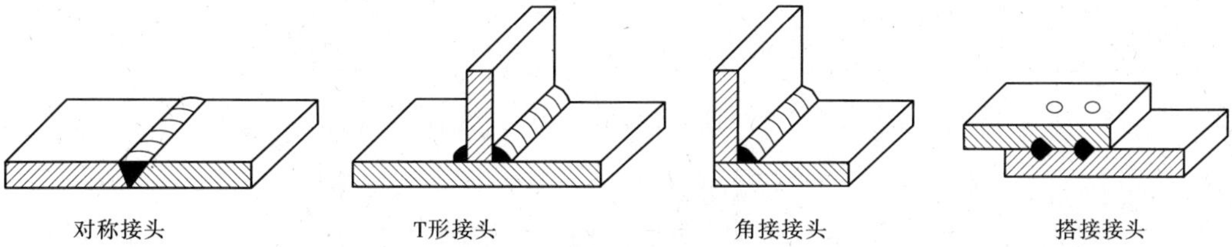

(a)对接焊缝　(b)角焊缝　(c)点焊缝

图 11-1　焊接接头

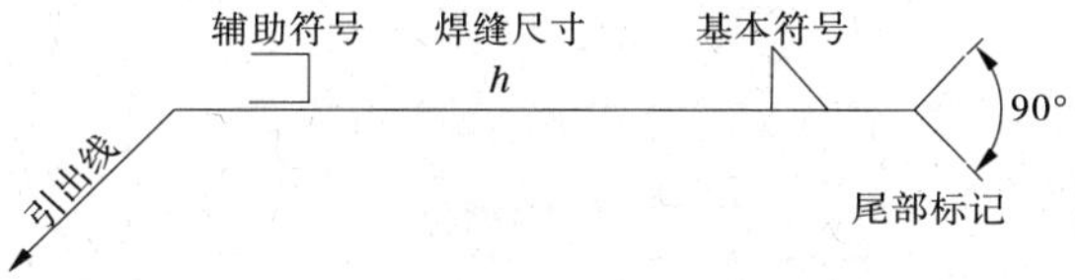

图 11-2　焊缝代号

11.2.2.1　基本符号

基本符号是表示焊缝横断面形状的符号，用粗实线绘制。常用焊缝的基本符号如表 11-3 所示。

表 11-3　基本符号及标注示例

序号	名称	基本符号	示意图	标注示例
1	I 形焊缝		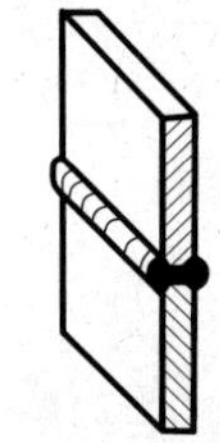	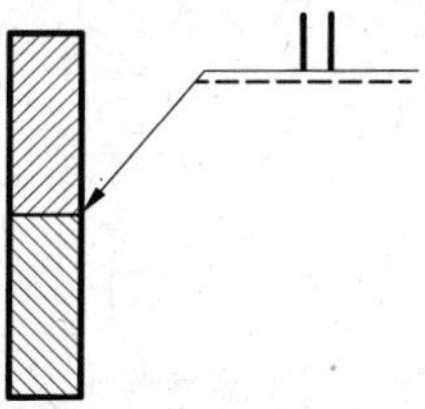

续表 11-3

序号	名称	基本符号	示意图	标注示例
2	V形焊缝			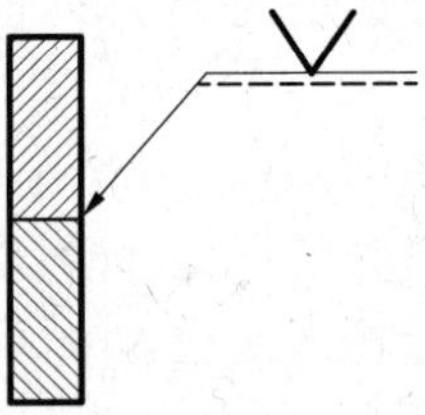
3	单边V形焊缝		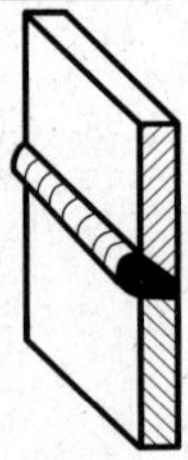	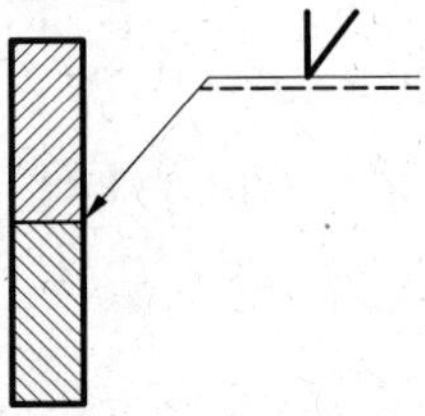
4	带钝边V形焊缝		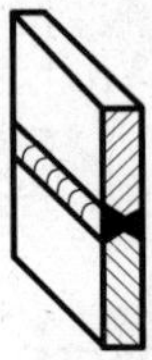	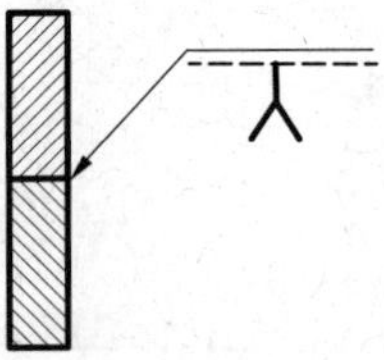
5	角焊缝			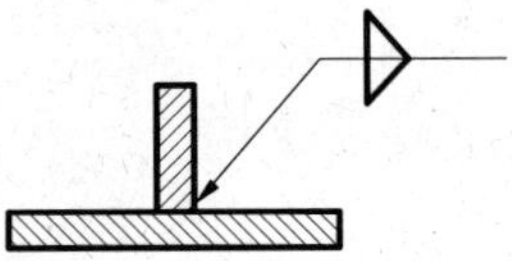
6	带钝边V形焊缝		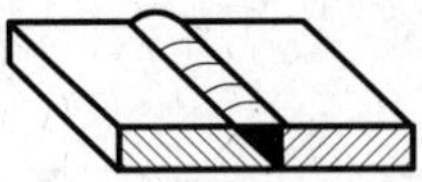	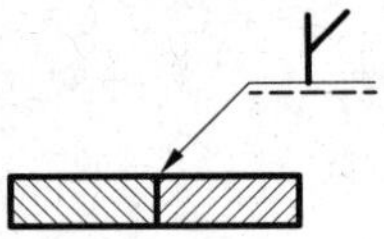
7	带钝边U形焊缝			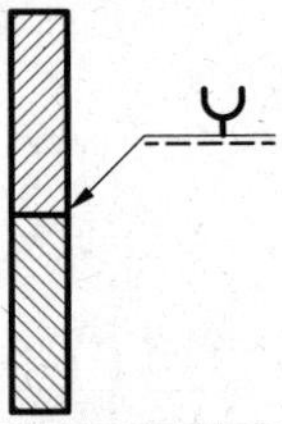

续表 11-3

序号	名称	基本符号	示意图	标注示例
8	封底焊缝		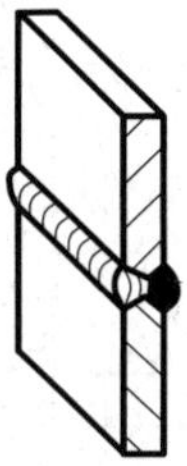	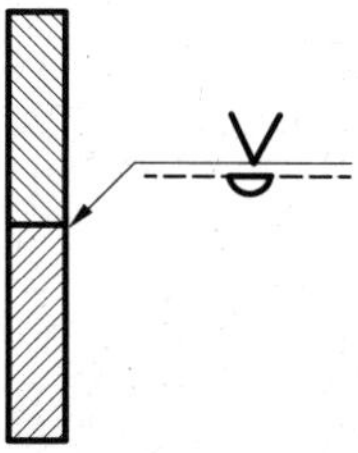
9	点焊缝		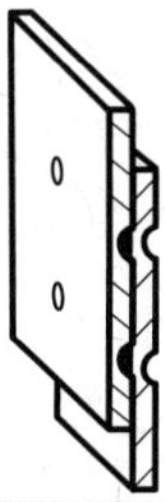	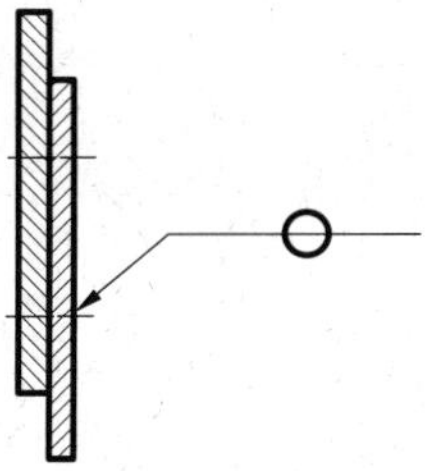
10	塞焊缝		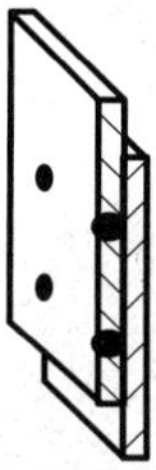	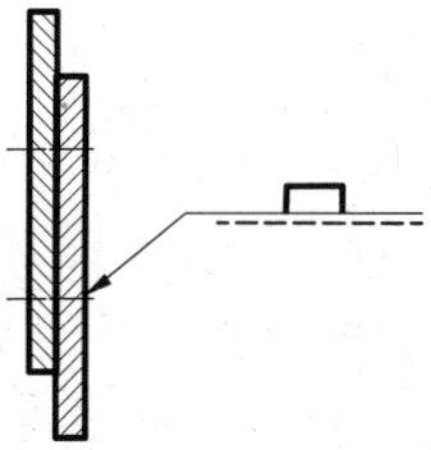

11.2.2.2 辅助符号

辅助符号是表示焊缝表面特征的符号，用粗实线绘制，如表 11-4 所示。在不需要确切说明焊缝表面形状时，可以不用辅助符号。

表 11-4 辅助符号及标注示例

序号	名称	辅助符号	示意图	标注示例	说明
1	平面符号			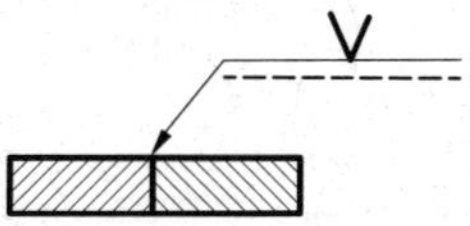	表示焊缝表面齐平（一般通过加工）
2	凹面符号		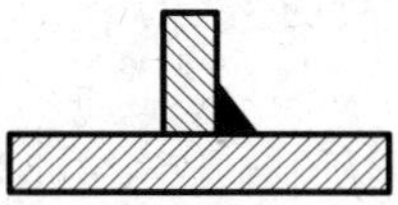	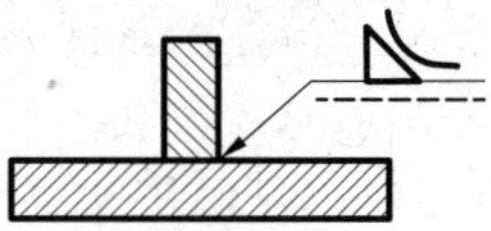	焊缝表面凹陷
3	凸面符号			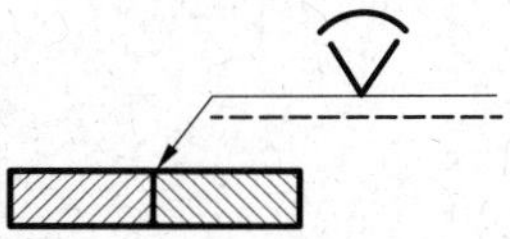	表示 V 形焊缝表面凸起

11. 2. 2. 3　补充符号

补充符号是为了补充说明焊缝的某些表面特征而采用的符号，用粗实线绘制，如表 11-5 所示。

表 11-5　补充符号及标注示例

序号	名称	补充符号	示意图	标注示例	说明
1	带垫板符号		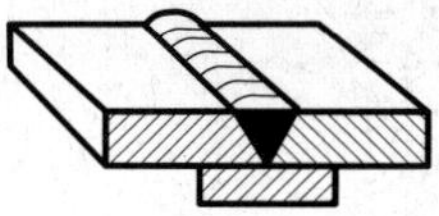	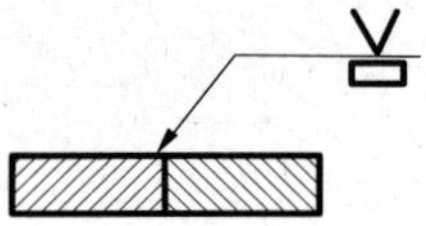	表示 V 形焊缝的背面有垫板
2	三面焊缝符号	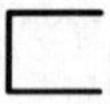	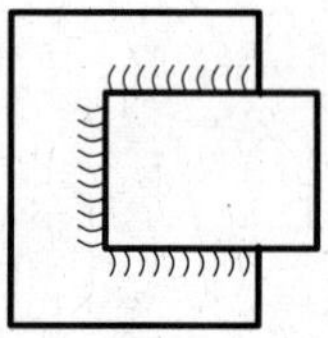	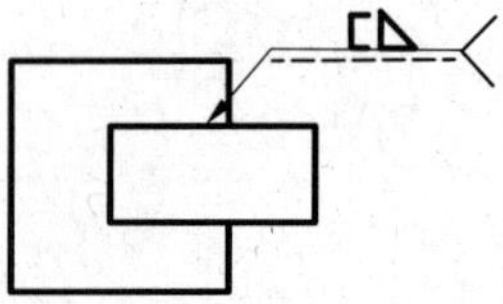	工件三面带有焊缝
3	周围焊缝符号		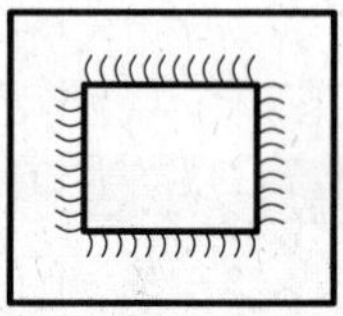	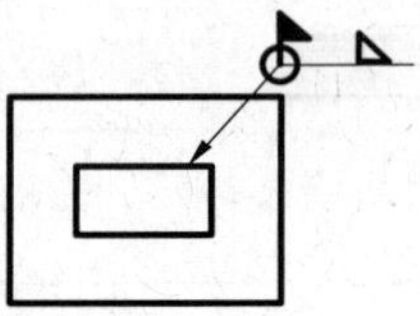	表示环绕工件周围焊缝
4	现场符号				表示在现场或工地上进行焊接
5	尾部符号			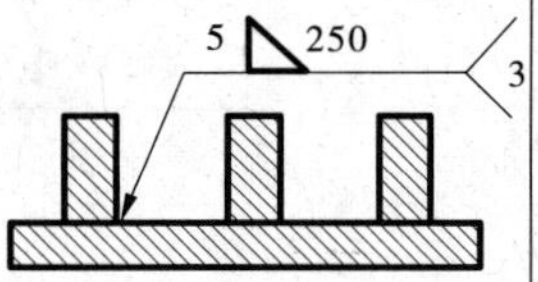	表示有三条相同的角焊缝

11. 2. 2. 4　常用焊缝符号标注的其他规定

1. 焊缝尺寸符号及其标注位置

焊缝尺寸在标注时，可以将尺寸符号和数据随同基本符号标注在规定位置，常用焊缝的尺寸符号及标注示例如表 11-6 所示。

表 11-6 常用焊缝尺寸符号及标注示例

名称	符号	示意图及标注示例
工件厚度	δ	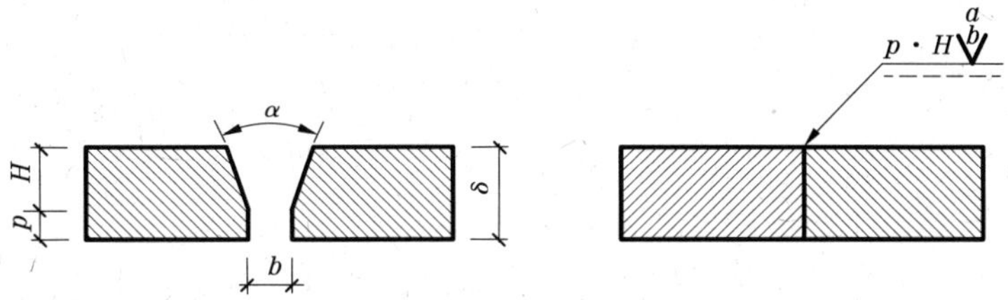
坡口角度	α	
钝边高度	p	
根部间隙	b	
坡口深度	H	
焊缝宽度	c	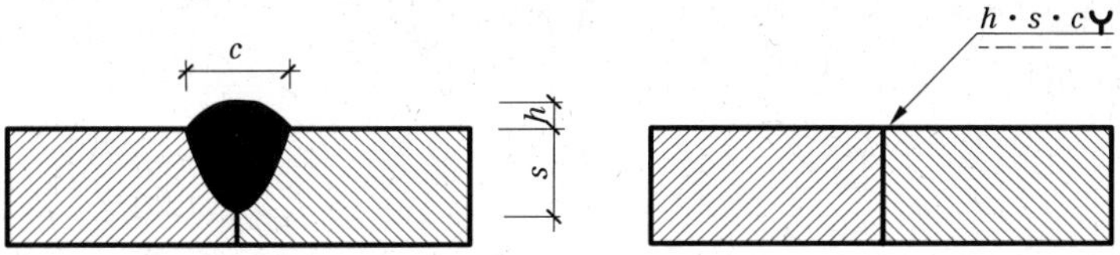
焊缝有效厚度	s	
余高	h	
焊缝间距	e	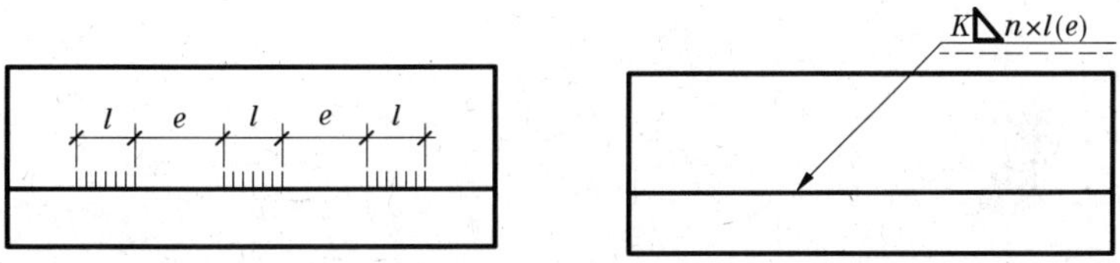
焊缝长度	l	
焊缝段数	n	
焊缝高度	K	
相同焊缝数量代号	N	
熔核直径	d	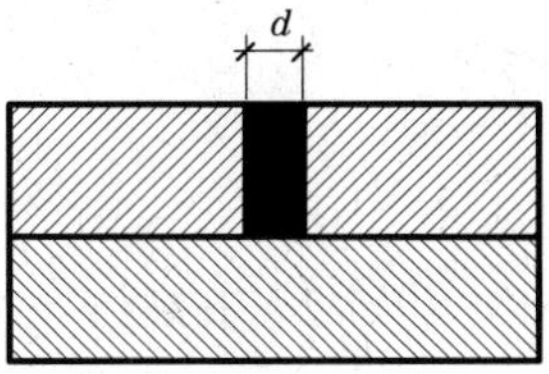

2. 焊缝尺寸符号及数据标注原则

焊缝尺寸符号及数据标注原则如图 11-3 所示。

(1)焊缝横截面上的尺寸标在基本符号的左侧。

(2)焊缝长度方向尺寸标在基本符号的右侧。

(3)坡口角度、坡口面角度、根部间隙等尺寸标在基本符号的上侧或下侧。

(4)相同焊缝数量符号标在尾部。

(5)当需要标注的尺寸数据较多又不易分辨时,可在数据前面增加相应的尺寸符号。

3. 单面焊缝的标注方法

(1)如图 11-4(a)所示,当箭头指向焊缝所在的一面时,应将焊缝符号和尺寸标注在

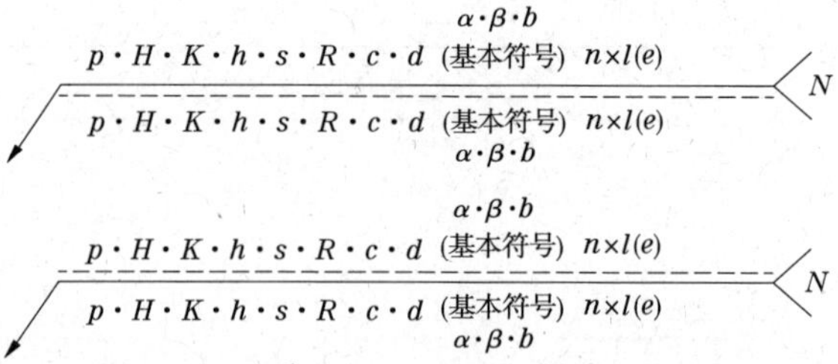

图 11-3　焊缝尺寸的标注原则

横线的上方；而当箭头指向焊缝所在另一面（对应面）时，应将焊缝符号和尺寸标注在横线的下方，如图 11-4（b）所示。

（2）表示环绕工作件周围的焊缝时，其围焊焊缝符号为圆圈，绘在引出线的转折处，并标注焊角尺寸 K，如图 11-5 所示。

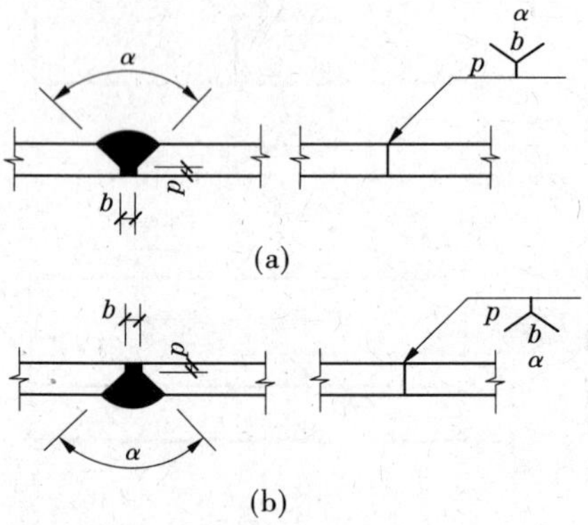

图 11-4　单面焊缝标注方法

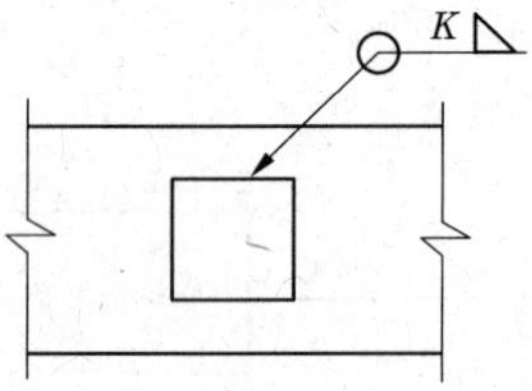

图 11-5　单面焊缝中周围焊缝标注方法

4. 双面焊缝的标注方法

双面焊缝的标注，应在横线的上、下都标注符号和尺寸。上方表示箭头一面的符号和尺寸，下方表示另一面的符号和尺寸，如图 11-6（a）所示；当两面的焊缝尺寸相同时，只需在横线上方标注焊缝的符号和尺寸，如图 11-6（b）、（c）、（d）所示。

5. 3 个以上焊件的焊缝标注方法

3 个和 3 个以上焊件相互焊接的焊缝，不得作为双面焊缝标注。其焊缝符号和尺寸应分别标注，如图 11-7 所示。

6. 1 个焊件带坡口的焊缝标注方法

相互焊接的 2 个焊件中，当只有 1 个焊件带坡口时，引出线箭头必须指向带坡口的焊件，如图 11-8 所示。

7. 不对称坡口焊缝的标注方法

相互焊接的 2 个焊件，当为单面带双边不对称坡口焊缝时，引出线箭头必须指向较大坡口的焊件，如图 11-9 所示。

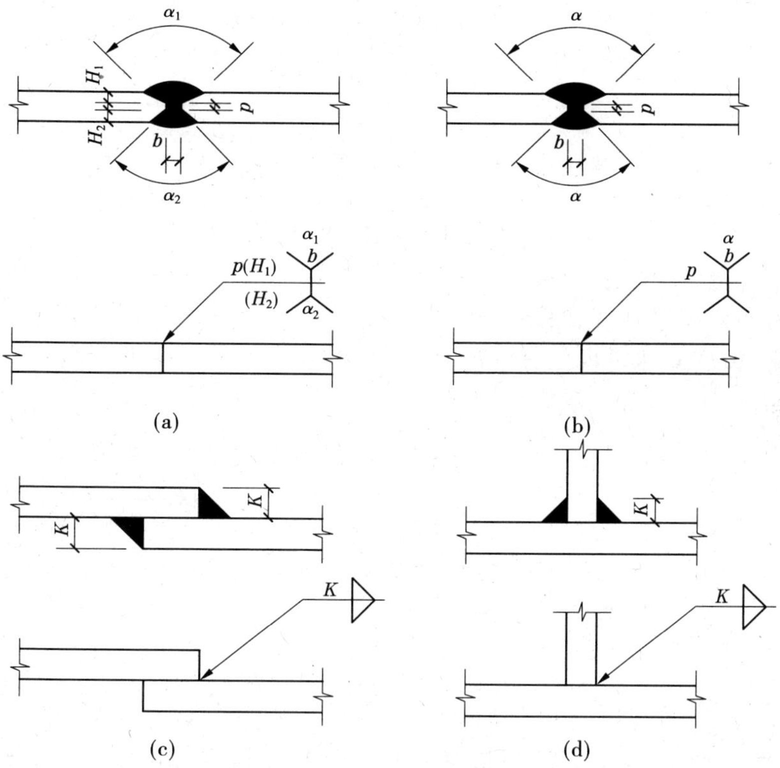

图 11-6　双面焊缝的标注方法

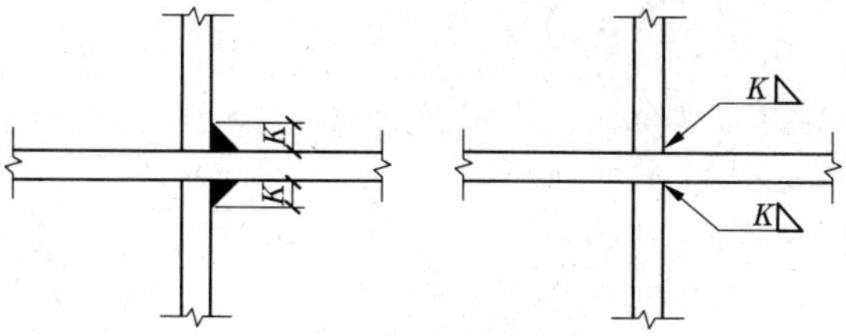

图 11-7　3 个以上焊件的焊缝标注方法

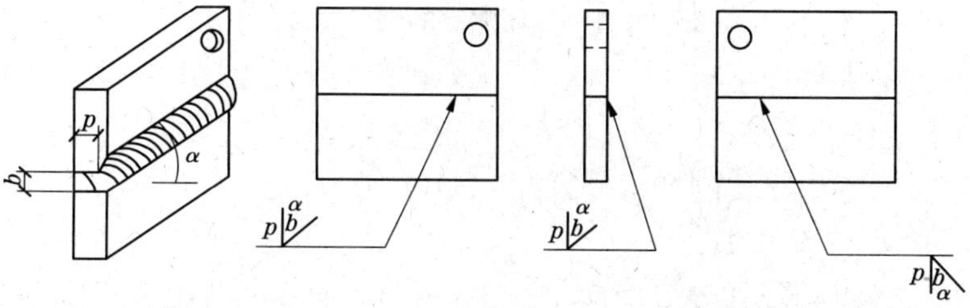

图 11-8　1 个焊件带坡口的焊缝标注方法

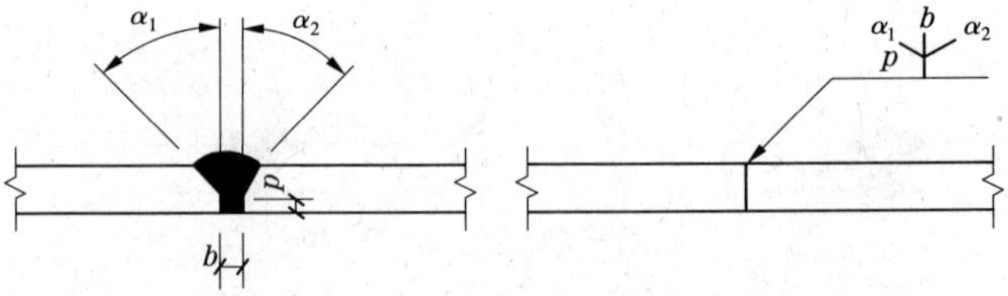

图 11-9　不对称坡口焊缝的标注方法

8. 不规则焊缝的标注方法

当焊缝分布不规则时，在标注焊缝符号的同时，宜在焊缝处加中实线（表示可见焊缝），或加细栅线（表示不可见焊缝），如图 11-10 所示。

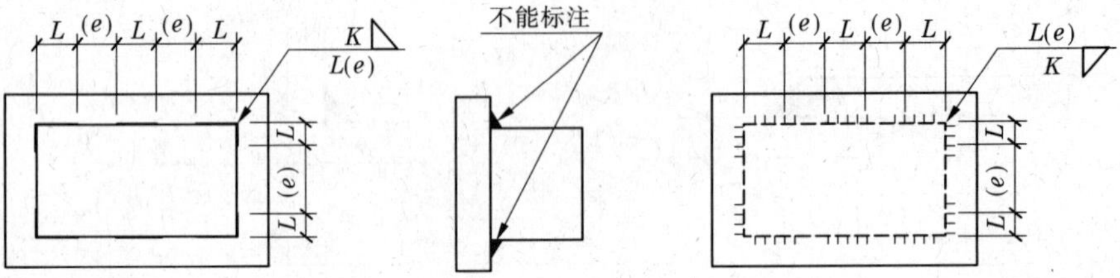

图 11-10　不规则焊缝的标注方法

9. 相同焊缝的表示方法

（1）在同一图形上，当焊缝形式、断面尺寸和辅助要求均相同时，可只选择一处标注焊缝的符号和尺寸，并加注“相同焊缝符号”，相同焊缝符号为 3/4 圆弧，绘在引出线的转折处（见图 11-11（a））。

（2）在同一图形上，当有数种相同的焊缝时，可将焊缝分类编号标注。在同一类焊缝中可选择一处标注焊缝符号和尺寸。分类编号采用大写的拉丁字母 A、B、C……（见图 11-11（b））。

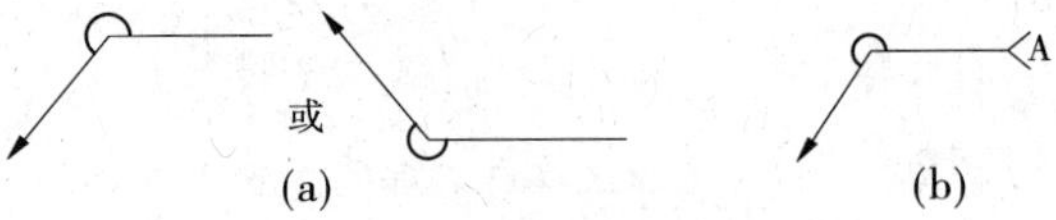

图 11-11　相同焊缝的表示方法

10. 现场焊缝的表示方法

需要在施工现场进行焊接的焊件焊缝，应标注“现场焊缝”符号。现场焊缝符号为涂黑的三角形旗号，绘在引出线的转折处，如图 11-12 所示。

11. 较长焊缝的标注方法

图样中较长的角焊缝（如焊接实腹钢梁的翼缘焊缝），可不用引出线标注，而直接在角焊缝旁标注焊缝尺寸值 K（见图 11-13）。

12. 熔透角焊缝的标注方法

熔透角焊缝的符号应按图 11-14 方式标注。熔透角焊缝的符号为涂黑的圆圈，绘在

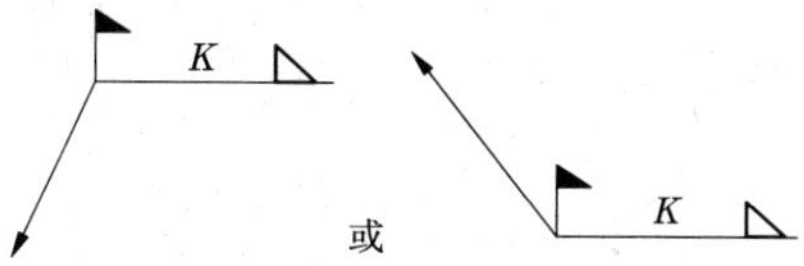

图 11-12　现场焊缝的表示方法

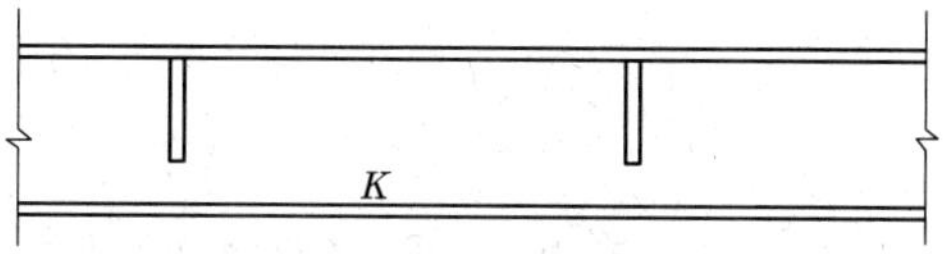

图 11-13　较长焊缝的标注方法

引出线的转折处。

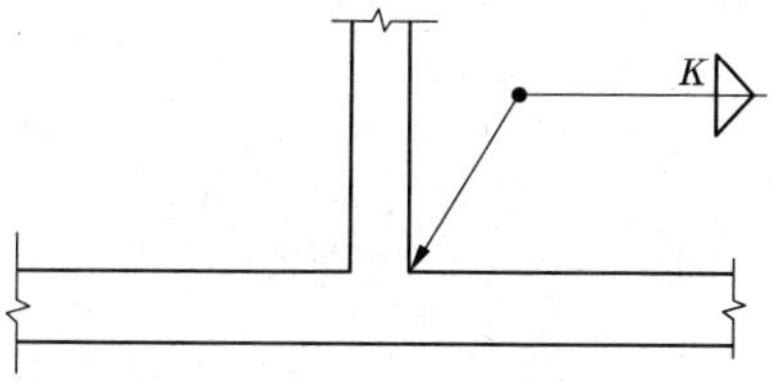

图 11-14　熔透角焊缝的标注方法

13. 局部焊缝的标注方法

局部焊缝应按图 11-15 方式标注。

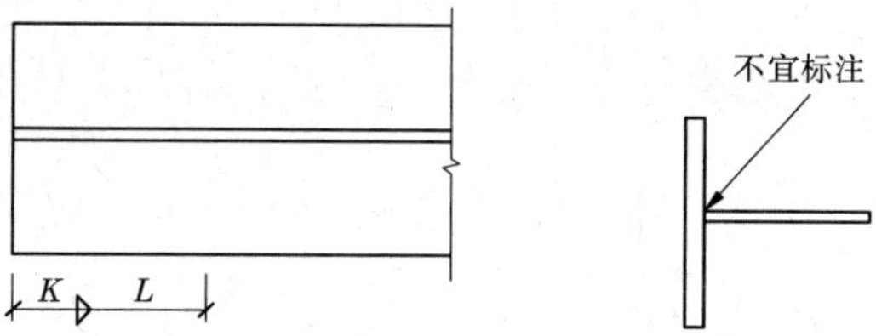

图 11-15　局部焊缝的标注方法

11.3　钢构件图的尺寸标注

根据《建筑结构制图标准》(GB/T 50105—2010)钢构件图的绘制应遵守以下的规定:

(1)两构件的两条很近的重心线,应在交汇处将其各自向外错开,如图 11-16 所示。

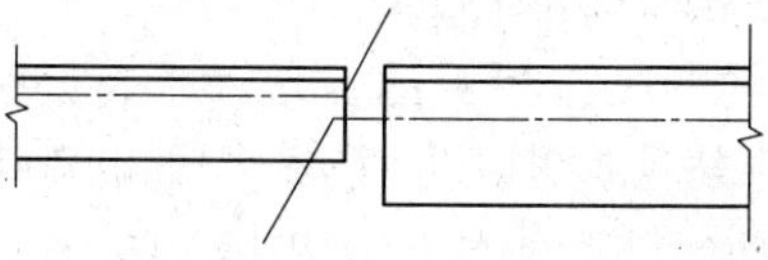

图 11-16　两构件重心线不重合的表示方法

(2)弯曲构件的尺寸应沿其弧度的曲线标注弧的轴线长度,如图 11-17 所示。

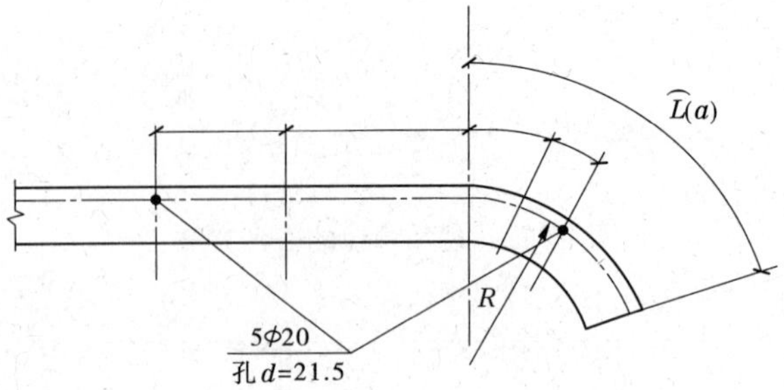

图 11-17　弯曲构件弧度的轴线长度标注

(3)切割的板材,应标注各线段的长度及位置,如图 11-18 所示。

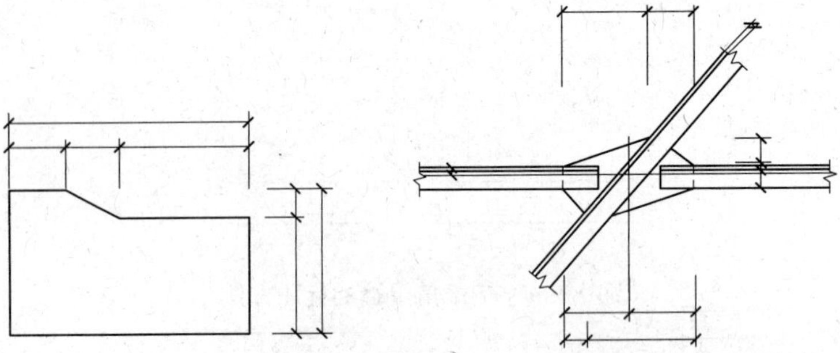

图 11-18　切割板材尺寸的标注方法

(4)不等边角钢的构件,必须标注出角钢一肢的尺寸,如图 11-19 所示。

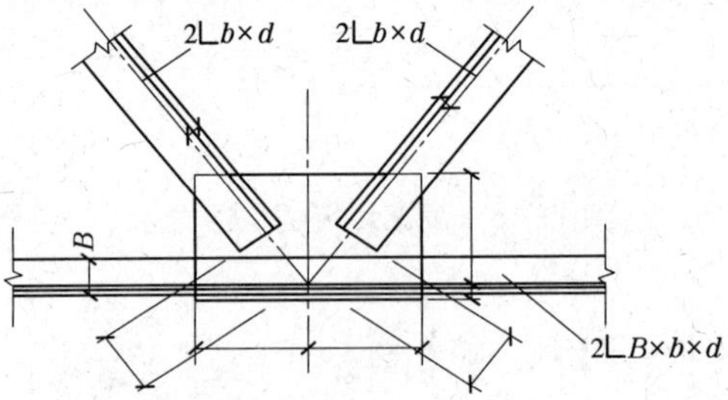

图 11-19　节点尺寸及不等边角钢的标注方法

(5)节点尺寸,应注明节点板的尺寸和各杆件螺栓孔中心或中心距,以及杆件端部至几何中心线交点的距离,如图 11-19 和图 11-20 所示。

(6)双型钢组合截面的构件,应注明板的数量及尺寸。引出横线上方标注板的数量及板的厚度、宽度,引出横线下方标注板的长度尺寸,如图 11-21 所示。

(7)非焊接的接点板,应注明节点板的尺寸和螺栓孔中心与几何中心线交点的距离,如图 11-22 所示。

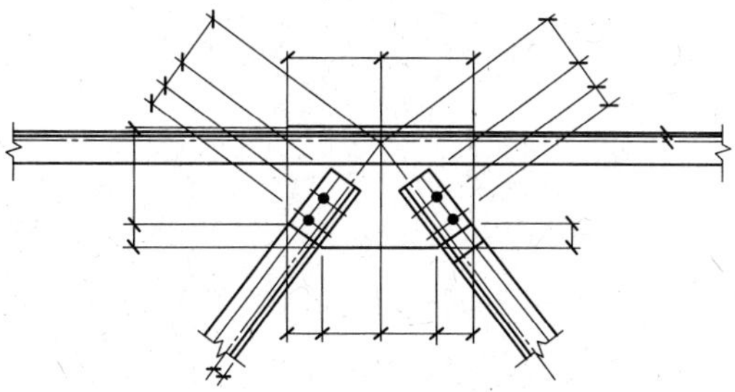

图11-20 节点尺寸的标注方法

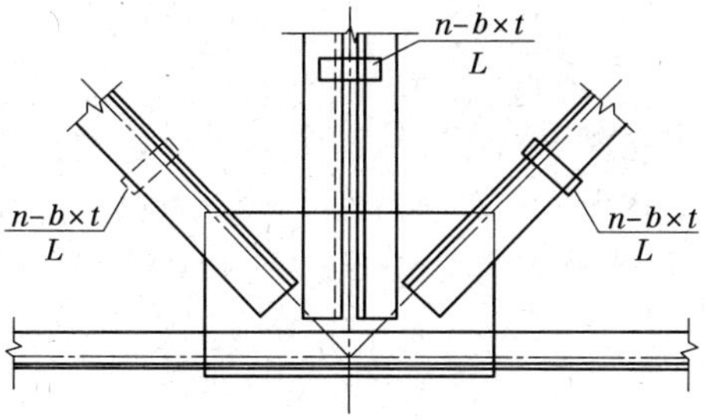

图11-21 板的标注方法

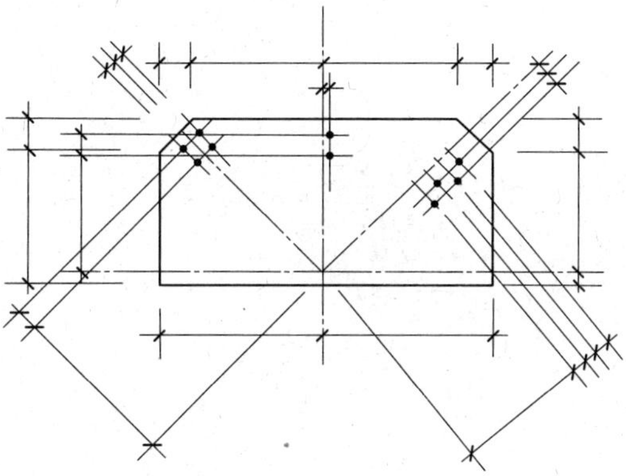

图11-22 非焊接节点板尺寸的标注方法

小　结

本章重点是掌握常见型钢的标注方法，螺栓、铆、焊等结构图例及标注方法，钢结构图的图示内容，图示要求；难点是螺栓、铆、焊等结构图例和钢结构图的识读。要求具备识读施工说明，识读和标注钢结构构件图，识读和抄绘钢结构图的能力。

思考与练习题

一、思考题

1. 常见的型钢有哪几种？各举一例说明型钢的截面种类和标注方法。
2. 绘图说明钢结构图中螺栓、孔的表示方法。
3. 焊缝代号由哪些符号组成？
4. 钢构件图的尺寸标注有哪些规定？

二、练习题

1. 根据课堂布置的指定图纸，识读钢构件中所有型钢的类型、尺寸并写出识读报告。
2. 根据课堂布置的指定图纸，识读钢构件中螺栓、铆、焊等结构细节并写出识读报告。
3. 根据课堂布置的指定图纸，抄绘钢结构构件图并写出识读报告。

参考文献

[1] 同济大学建筑制图教研室. 建筑工程制图[M]. 上海:同济大学出版社, 1984.
[2] 陈玉芳,王德芳. 土建制图[M]. 上海:同济大学出版社, 1991.
[3] 何铭新,郎宝敏,陈星铭. 建筑工程制图[M]. 北京:高等教育出版社,2001.
[4] 朱育万. 画法几何及工程制图[M]. 北京:高等教育出版社,2001.
[5] 杨忠贤. 建筑工程制图[M]. 郑州:黄河水利出版社,2002.
[6] 李国生,黄水生. 土建工程制图[M]. 广州:华南理工大学出版社,2002.
[7] 黄永生. 画法几何及土木建筑制图[M]. 广州:华南理工大学出版社,2003.
[8] 关俊良,孙世青. 土建工程制图与 AutoCAD[M]. 北京:科学出版社,2004.
[9] 焦鹏寿. 建筑制图[M]. 北京:中国电力出版社,2004.
[10] 乐荷卿. 土木建筑制图[M]. 武汉:武汉理工大学出版社,2005.
[11] 张多峰. 建筑工程制图[M]. 北京:水利水电出版社,2007.
[12] 赵研. 房屋建筑学[M]. 北京:高等教育出版社,2002.
[13] 王崇杰. 房屋建筑学[M]. 北京:中国建筑工业出版社,1997.
[14] 舒秋华. 房屋建筑学[M]. 武汉:武汉理工大学出版社,2002.
[15] 袁雪峰,王志军. 房屋建筑学[M]. 北京:科学出版社,2002.
[16] 同济大学,西安建筑科技大学,东南大学,等. 房屋建筑学[M]. 3 版. 北京:中国建筑工业出版社,1997.
[17] 上海市政工程设计研究院. GB 50013—2006 室外给水设计规范[Z]. 北京:中国计划出版社,2006.
[18] 上海市政工程设计研究院. GB 50014—2006 室外排水设计规范[Z]. 北京:中国计划出版社,2006.
[19] 中华人民共和国住房和城乡建设部. GB/T 50001—2010 房屋建筑制图统一标准[Z]. 北京:中国建筑工业出版社,2011.
[20] 中华人民共和国住房和城乡建设部,中华人民共和国国家质量监督检验检疫总局. GB/T 50103—2010 总图制图标准[Z]. 北京:中国建筑工业出版社,2011.
[21] 中华人民共和国住房和城乡建设部,中华人民共和国国家质量监督检验检疫总局. GB/T 50104—2010 建筑制图标准[Z]. 北京:中国建筑工业出版社,2011.
[22] 中华人民共和国住房和城乡建设部,中华人民共和国国家质量监督检验检疫总局. GB/T 50105—2010 建筑结构制图标准[Z]. 北京:中国建筑工业出版社,2011.
[23] 中华人民共和国住房和城乡建设部,中华人民共和国国家质量监督检验检疫总局. GB/T 50106—2010 建筑给水排水制图标准[Z]. 北京:中国建筑工业出版社,2011.
[24] 中华人民共和国住房和城乡建设部,中华人民共和国国家质量监督检验检疫总局. GB/T 50114—2001 暖通空调制图标准[Z]. 北京:中国建筑工业出版社,2011.
[25] 中国建筑设计研究院. GB 50352—2005 民用建筑设计通则[Z]. 北京:中国建筑工业出版社,2005.